机工汽车

汽车海归故事

怡雪 著

机械工业出版社
CHINA MACHINE PRESS

本书通过采访，讲述了 8 位汽车海归精英的人生故事。从他们的人生故事中，读者能够了解一个时代的变迁，学习他们身上凝聚的精神特质，解读他们成功的秘诀，还能收获生活方面的一些经验教训。

这 8 位海归精英是清华大学教授、清华大学汽车产业与技术战略研究院院长、世界汽车工程师学会联合会（FISITA）终身名誉主席赵福全；吉林大学长沙汽车创新研究院副院长、瑞典查尔姆斯理工大学原终身教授陈芳；奇瑞汽车工程研究院原常务副院长、上海汽车集团技术中心原副主任、奕森科技（上海）有限公司创始人兼董事长辛军；福耀玻璃工业集团股份有限公司原独立董事、通用汽车大中华区原首席技术官刘小稚；重庆长安汽车股份有限公司院士、碰撞安全首席专家赵会；美国博格华纳摩斯系统原全球采购及供应链管理副总裁、敏实集团原采购总经理杜敏；宝马汽车原驻华首席代表、重庆长安汽车股份有限公司原董事长顾问、奇瑞汽车原总经理高级顾问董显铨；福特汽车公司原总部高管、中国海归汽车成就奖获得者蓬蕾。

本书适合汽车及相关行业从业人员、出国留学及归国人员，以及所有关注海归群体、个人成长的读者阅读。

图书在版编目（CIP）数据

汽车海归故事／怡雪著. —北京：机械工业出版社，2022.4
ISBN 978-7-111-70229-0

Ⅰ.①汽…　Ⅱ.①怡…　Ⅲ.①汽车工业-工作人员-生平事迹-中国　Ⅳ.①K826.16

中国版本图书馆 CIP 数据核字（2022）第 032163 号

机械工业出版社（北京市百万庄大街 22 号　邮政编码 100037）
策划编辑：母云红　　　　　　责任编辑：母云红　孟　阳
责任校对：炊小云　贾立萍　　责任印制：常天培
北京市雅迪彩色印刷有限公司印刷

2022 年 5 月第 1 版第 1 次印刷
180mm×250mm·19.5 印张·1 插页·303 千字
标准书号：ISBN 978-7-111-70229-0
定价：99.00 元

电话服务　　　　　　　　　网络服务
客服电话：010-88361066　　机　工　官　网：www.cmpbook.com
　　　　　010-88379833　　机　工　官　博：weibo.com/cmp1952
　　　　　010-68326294　　金　书　网：www.golden-book.com
封底无防伪标均为盗版　　机工教育服务网：www.cmpedu.com

目　录

叁

汽车海归成长的

故事

灿烂人生

赵福全

每个人对成功的理解都不尽相同，地位、权力、财富都可以作为评价成功的标准。成功也是相对的，与其追求地位有多高、权力有多大、财富有多少的辉煌人生，不如去享受丰富多彩、厚重饱满、充满阳光的灿烂人生。只要对社会有贡献，自己有成就感，生活开心踏实，就是成功的人生。

赵福全近照

人生，其实是一个不断追求梦想的过程，考上梦想中的学校，从事梦想中的职业，获得梦想中的财富，找到梦想中的爱人，住进梦想中的美屋，游历梦想中的国家，开上梦想中的名车，吃到梦想中的美食……有梦想，才会有追求，到了八十岁，只要心中还有梦，也会把广场舞跳好。

可以说，梦想是人类进步的源泉，人们在追求梦想的过程中，实现了自身价值，得到了应有回报，同时给社会做出了相应的贡献。

赵福全，就是一位执着的追梦人，为了心中的梦想，为了广阔的天地，为了更大的舞台，为了创造更多的价值，不惜冒险，不辞辛劳，不断"折腾"，虽千万人吾往矣。

他的故事，从东渡日本开始。

人生转折

时也，运也，命也！

如果不认识刘大伟，赵福全的人生轨迹或许会是另外一番模样。

时光回到 1984 年，此时刘大伟是吉林工业大学[○]的一名助教，赵福全是吉林工业大学内燃机专业大三的一名学生。

有一天，刘助教对赵福全说："你很优秀，不应该满足于在国内读研，应该争取出国，到国外，见识会不一样，可以学到很多东西，机会也更多一些。"

刘助教视野颇宽，也很有见识，他妹妹就在国外留学。

在那个年代，没有网络，信息闭塞，"出国"意味着什么，对大三学生赵福

○ 2000 年，吉林工业大学与其他四所院校合并组建新的吉林大学。

全来说，是没有任何概念的。

赵福全能有今天，是因为他是一个敢为梦想去"赌"的人，总想干点与众不同的事，并且愿意为此去"折腾"。刘助教的这些话，无疑点燃了他那颗不安分的心。20出头的青年，对世界的憧憬，是可以压倒一切的，他要去试一试。

那时，赵福全已经获得了保送研究生的资格，在本科生都属凤毛麟角的20世纪80年代，能够保送读研究生是一件十分难得的事情。他去学校咨询了公派出国读研究生的相关规定，得到的答案是，要参加出国考试就要放弃国内的保研机会，还必须考第一，因为仅有一个公派出国读研究生名额。

是接受保送研究生，还是去追求虚无缥缈的出国梦？赵福全遇到了人生中的第一次重大选择。

人的一生，选择无处不在。有些选择无关紧要，而有些选择将直接影响未来的发展。很多时候，不是你的能力决定了你的命运，而是你的选择改变了你的命运。

有必要自断后路，破釜沉舟吗？

多年后，赵福全说过一句金句："一个人想把事情做成功，需要有'三识'：既要有知识，还要有见识，更要有胆识。"知识、见识可以培养，而胆识，通常是与生俱来的。赵福全无疑是个胆识十足的人。

一个被梦想和野心驱动的人，总能想方设法克服困难达成目标，他会极度自律，朝练暮习，殚精竭虑。他不是想赢，是必须赢。

终于，赵福全得偿所愿，考上了公派留学生，并在日语培训时获得了留日奖学金，成为一名国家公派、获得日本政府奖学金资助的留日学子。

一切才刚刚开始，赵福全无从知道，也未曾想过，自己的人生画卷将如何展开。

融入圈子

在赵福全家里，有一只东方红牌皮箱，每次看到它，都会让赵福全想起那些充满了希望、充满了激情的留学岁月。

23岁的赵福全，提着这只从沈阳联营公司买来的皮箱，东渡日本，入学广岛大学，成为一名穷学生。

那时的他是真穷，手上没有任何积蓄，每月拿到的1100美元的奖学金，除了支付生活费以外，还要存钱给家里买电视、冰箱、洗衣机等"四大件"。

20世纪80年代，正值日本经济发展的巅峰时期，仅东京一地的年国民生产总值（GDP）比我国全国的国民生产总值还高，小汽车早已是家家普及的代步工具。

可是赵福全连小汽车都还没有摸过，在大学学了四年汽车内燃机工程，也不过是在纸上谈兵，如果能够亲自驾驶，对车的功能和性能的感受肯定会完全不一样。比起"四大件"，他更想拥有一辆属于自己的小汽车。

赵福全觉得自己除了缺钱，其他啥都不缺。

初来乍到，赵福全不得不面对文化的差异、语言的挑战和生活的压力，他在国内只学了八个月日语，读写还凑合（日语里的许多字和中文的汉字差不多），听说差距就很大了。赵福全十分清楚，要想在日本生存下来，就必须过语言关，否则一切都免谈。

学语言最好的方法是与日本人交上朋友、打成一片，用现在时髦的说法叫"混圈子"。在语言不通、听不懂别人说话的时候，混圈子一点都不好玩，感受更多的是一种痛苦和煎熬。为了学口语，赵福全硬着头皮跟日本同学一起做实验、吃饭、喝咖啡……默默地参与，感觉自己就像一个无声的"跟屁虫"。

赵福全跟随日本同学去打保龄球，土里吧唧的，完全不会打，他不怕被人笑话，厚着脸皮去请同学教自己，打完球又跟着他们去吃烤肉自助餐。日本学生总会找到一些又好玩又便宜的地方，他没有车，如果不跟着去，无论如何也不会知道还有这种场合、这类活动。

吃喝玩都要产生费用，对于数着钱花的穷留学生来说，这确实是一个很难的选择，但在取与舍之间，赵福全选择了融入。到日本就是为了融入日本社会，不去跟日本人打交道，来日本留学还有什么意义呢？如果只是跟中国留学生混在一起自娱自乐，还不如在国内待着。

时间一长，日本同学接纳了他，也不把他当局外人看待了，出去玩都叫上他，做实验会帮他，缺什么会借给他，毕业时会送他一些家具、电器之类的东西，交往深的还会把他带到家里，介绍给自己的父母和其他家人认识。

赵福全在日本广岛大学
的实验室

在这种环境中，赵福全的日语水平进步很快，对日本文化的理解也更为深刻。

时过境迁，25 年以后，赵福全到清华大学任教，时任本田全球技术副总裁（现本田总裁）三部敏宏先生通过朋友找到他，并相约在北京见面。三部敏宏是赵福全在日本读研究生时的学长，也是一起打保龄球、吃烤肉的朋友。再聚时，当初意气风发的青年已是略微发福的中年大叔，两人热情拥抱，都为彼此的成就感到自豪，相互用日语调侃。

赵福全："我那时日语不好，幸好他没欺负我，否则现在肯定没的朋友做了。"

三部敏宏："那时候连日语都讲不好的赵君，没想到现在干得这么好。"

流利的日语，跨越国籍的朋友，都是拜当初"混圈子"所赐的收获。

地球是平的，沟通、合作和友谊是人类共同的本性，只要尝试理解和接受彼此，生命一定会更快乐、更美好！

梦在别处

两年以后，靠省吃俭用积攒的奖学金，赵福全买了一辆属于自己的小汽车，大约花了 2000 美元。那是一辆日产牌二手轿车，他选了自己最喜欢的红色。这是赵福全人生中的第一辆车，为此，他开心了好久。

有车以后，逢年过节，交往颇深的几家日本朋友会邀约赵福全一起去爬富士山、泡温泉、赏樱花，游览各地的名胜古迹，领略不同的风俗习惯，日子过得开心充实。

此时，赵福全已经成家，妻子也是一名中国留学生，一切都按部就班，舒适安逸。

然而，赵福全骨子里的"不安分"天性，决定了他不会满足于过平淡安稳的小日子，他一定会走出舒适区。

那时，出国梦可以简称"美国梦"，人们普遍认为到美国留学是最高境界、到美国打拼才是真正意义上的成功。没有人能超越自己的时代，赵福全也是出国大潮中的一员，来日本留学是国家选派，自己无法选择，他的梦想之地是美国，他盼望着有一天能去美国工作和生活。

为了梦中的"橄榄树"，赵福全始终没有放弃学习和使用英语，他的硕士和博士论文都是用英文撰写的，这还引起了博士论文答辩委员会一位日本教授的不满，认为这是对日文的轻视，他责问赵福全："你的日语这么好，为什么在日本学习却要用英文来写博士论文？"

"燕雀安知鸿鹄之志！"一个外国教授，怎么能理解自己的抱负呢？赵福全用沉默代替了回答。

在获得了工学博士学位以后，赵福全开始寻找去美国的发展机会，可是一直没能如愿。

此路不通，换条路再试试。赵福全选择了"曲线救国"，申请去英国帝国理工学院做研究员，他认为有了在英国的科研经历，去美国的机会可能会更多一些。

赵福全与他的第一辆
小轿车

可是一旦跳出舒适区，便走上了一条没有回头的路，赵福全的心情变得复杂起来。留在日本，一切都是那么熟悉和顺理成章，为什么非要选择"曲线救国"来折腾自己呢？去英国还要面临夫妻两地分居这一现实问题……

最终，赵福全还是选择了去英国，这让他对妻子心生愧疚。"世间安得双全法，不负如来不负卿。"仓央嘉措的诗正是此时此刻赵福全的心理写照，要去追求梦想，只能舍弃眼前的儿女情长。

再次起航

在英国帝国理工学院做研究员，相对比较轻松。工作之余，赵福全几乎逛遍了伦敦大大小小的博物馆，欧洲文艺复兴以来的文学、艺术、科学、技术……都让他深受触动、感慨万千。

面对发达国家的辉煌与领先，赵福全不免有些英雄气短，作为一个怀揣汽车梦的青年，羸弱的国内汽车产业放不下他的抱负，到美国去发展、圆梦成了他此时最大的精神寄托。

俗话说，三十年河东，三十年河西。赵福全何曾想到，有朝一日，他会回到中国，不仅直接领军自主研发大业，自己的战略思想也影响到了汽车产业未来的发展，更出乎意料的是，25 年后，他能成为总部设在英国的世界汽车工程师学会联合会（FISITA）主席。

不知是机缘巧合，还是"曲线救国"的战略正确，赵福全获得了以工作签证（H1）去美国韦恩州立大学（Wayne State University）做博士后的邀约。这种直接以工作签证去美国的机会，对于想到美国长期发展的人来说，无疑扫清了诸多身份上的障碍。

博士后听起来高大上，其实不过是暂时找不到合适的工作，不得不继续留在学校做一段研究的"待岗"博士而已，薪酬、福利都不高。

但对赵福全来说，这些都不重要，重要的是自己多年的"入美发展战略"终于得以实现，还有什么能比这个更令人开心的呢？

偏偏在这个时候，上帝给他出了一道难题。

原来赵福全在寻找赴美发展机会的同时，也试着申请了日本工业大学的副教授职位。这是一个终身教职，对于当时的中国留学生来说，也是一个极其难得的好机会，业绩优异的他竟然真的拿到了这个职位，只不过这个惊喜姗姗来迟，几乎与韦恩州立大学的 offer（录取书）同时摆在了赵福全的面前。

比较起来，韦恩州立大学和日本工业大学各有千秋。论收入，在韦恩州立大学做博士后肯定无法与在日本工业大学当副教授相比；论生活，在日本工业大学做副教授肯定会十分体面、稳定和舒适，况且妻子还在日本工作；论发展，韦恩州立大学地处美国汽车城底特律，虽然只是从博士后起步，但后续的发展极具想象空间……

何去何从，赵福全迷茫了。

他徘徊在绿草如茵的公园里，呼吸着清新怡人的空气，他想到用掷硬币来做决定，第一次，硬币告诉他，应该去日本，他告诉自己，这个不能算，要掷三次才行，结果后面的两次，都是去美国。

他又去征求朋友们的意见，在英国工作稳定的朋友建议他去美国闯天下，还在打拼的朋友劝他回日本过稳定、舒适的日子，貌似每个人都说得有道理，真是越咨询，越迷惘。

犹疑之际，妻子说话了："你不是一直想去美国发展吗？为什么机会来了，反而犹豫了呢？可能这一段时间你的身心都很疲惫，但就此回到日本，凭我对你的了解，用不了多久，你就会后悔的。"

一语惊醒梦中人，他不能做"叶公好龙"式的人物，围棋高手走一步看三步，只有低段棋手才走一步看一步，选择看得见摸得着的利益而放弃"虚无缥缈"的梦想，这是很多人的选择，但不是他的选择。

赵福全提起东方红牌皮箱，再一次起航了。

赵福全在英国

教授梦殇

世事无常，如果不是因为后来发生了一件事情，赵福全大概率会在韦恩州立大学做一辈子教授。此刻，赵福全历经艰难实现的美国梦，也不过是换一个地方当教授而已。可见他的"鸿鹄之志"也是随着各种机缘巧合才逐渐完善起来的。

赵福全夜以继日地拼命工作，无论是学术成果还是科研经费都有了可观的积累，他对留在韦恩州立大学充满了期待，盼着系里有位置空出来让自己能"转正"，获得韦恩州立大学的正式教职。

好不容易等来了正式教职的空缺，他也积极参与了面试考核的全部环节，但终因资历等多种原因，这个职位"花落旁家"。

赵福全十分沮丧，心灰意冷中，想到了离开。

韦恩州立大学坐落在美国著名的汽车城底特律，近在咫尺的美国通用、福特、克莱斯勒三大汽车公司正发展得红红火火，赵福全有许多朋友在三大汽车公司工作，大家相聚时，也会聊起公司里的各种逸闻趣事。

赵福全有一位忘年之交 Harrington 先生，他是通用汽车研究院的资深发动机专家，十分熟悉三大汽车公司的情况，老先生也是赵福全主笔的第一本英文专著《汽油机直喷技术》的第二联名作者，对赵福全的能力及个性非常了解。

Harrington 先生建议赵福全考虑福特汽车或克莱斯勒汽车，不用考虑通用汽车，因为通用汽车人才济济，去了很难熬得出头。他给赵福全介绍了一位做技术战略的 Asmus 先生，说此人是克莱斯勒汽车公司的技术智囊，非常有水平，在底特律的圈子里有很高的威望，建议赵福全发封邮件去问问他，看克莱斯勒是否有用人需求。

邮件发出去一周后，赵福全收到了面试邀约。

Asmus 先生和他的老板 Moore 先生亲自面试了赵福全。原来这位 Asmus 先生（当时 55 岁）是在为自己挑选接班人。在面试的过程中，赵福全了解到这份工作要求知识面广、专业扎实、沟通能力强，同时还要具备一定的战略眼光……对于当时的赵福全来说，这个职位太具诱惑力了，就像是为他量身定制的一个梦中工作呀！

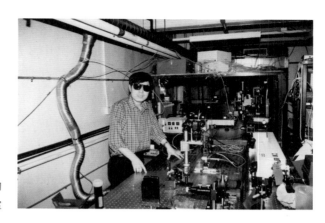

赵福全在韦恩州立大学的
实验室

在面试结束回家的途中，赵福全接到了 Asmus 先生打来的电话："你愿意来我手下做事吗？"

在那一瞬间，赵福全激动得声音都变得有些颤抖："愿意，非常愿意！"

"那你有什么特殊要求，比如工资、待遇？"

"没有，只要能在您手下工作，给多少工资、什么级别都行。"

格局决定了一个人为人处事的分寸，赵福全不会因为对方想录用自己就不知深浅地提出条件，有时候好机会也会因为细节的纠缠而失之交臂。当然，他也相信克莱斯勒这种国际化大企业，有一套完整的薪酬体系，不提要求也不会亏待自己。

失之东隅，收之桑榆。如果不是失去了韦恩州立大学正式教职的机会，赵福全也不会考虑离开高校转战企业，自然也不可能得到 Asmus 先生的面试机会。

一切过往，皆为序章，他对未来，充满了信心。

拓展边界

1997 年 4 月，赵福全正式入职克莱斯勒，跟着 Asmus 先生做动力总成领域的产品与技术战略。

第一年，可以用"如坐针毡"四个字来形容。

Asmus 先生的工作与其说是技术战略专家，不如说是内部的"多面手"顾问，必须是知识面既宽又深的"万金油"才能够应付自如，不同领域、不同层次的人，遇到任何问题，大到集团副总对技术路线的决策，小到工程师对某个试验结果的分析，都会来找他讨论求教，其中涉及的内容非常宽泛，有时候仅仅把问题弄明白都很困难，更不用说还要有凭有据地帮助别人分析问题、解决问题和提出建议了。

Asmus 先生大学毕业后就到了克莱斯勒，工作了近 30 年才拥有如此广博的学识和"江湖地位"，而赵福全不过是一个从"象牙塔"里走出来的书生，尽管理论功底不错，但人家问的都是涉及企业战略与战术细节的实际问题，一来就能像 Asmus 先生那样游刃有余，实在太难了，也不太可能。

作为 Asmus 先生的接班人，赵福全必须去面对这些挑战。如果不能迅速做出业绩，得到大家的认可，成为"不可替代"的那个人，那么这个职位所代表的所有光鲜，都只会是昙花一现。

赵福全是一个善于审时度势、突破能力边界的人，面对困难，逢山开路，遇水搭桥，总能找到解决的办法。他认为无论什么实际问题都是以理论作为支撑的，而自己的强项正是理论基础，通过科学分析，反复拆解，深度思考，去芜存菁和精心总结，他升级了自己的知识体系，摸索出一套对新工作行之有效的方法论。

具体做法很简单：无论何人何时提出何种问题他都虚心倾听、努力理解、深度思考，并通过各种方式给对方提供力所能及的支持和帮助。这种帮助有时是给出问题的直接答案；有时是提供思考和解决问题的方法；有时是提供一些必要的参考资料；有时是把问题先记下来，反复思考后再提出解决方案。

赵福全从中悟出了一个道理：帮助别人解决问题并非只有提供一步到位的唯一答案，只要能对人有所启发，任何帮助都会得到别人的尊重和认可。

从此，再也没有任何问题能够"难"得住他了。

有一天，Asmus 先生受公司高层之托给赵福全布置了一个工作，让他去找一位即将退休的老先生。这位老先生用全部职业生涯开发出了一个发动机凸轮设计分析软件，这个软件对公司的发动机性能设计优化至关重要，必须在老先生退休之前将他的设计思想整理保留下来。

老先生不认识赵福全，既不愿意与他详细谈论此事，也不愿意与他一起来做相关的整理工作。

赵福全就一遍一遍地去找老先生，最终打动了他，可是老先生用英语讲的数学公式、方法及软件程序，赵福全听不太懂，就算部分能听懂，也记不下来，但又不能告诉老先生自己听不懂。那时候录音只有卡带机，赵福全就去买了一个袖珍录音机，偷偷放在裤兜里，第一次太紧张没录上，折腾了好多次，最后才把这个任务圆满完成了。

在整理过程中，赵福全与老先生建立起了深厚的友谊，两人一起联名出版了一本企业内部的设计手册，获得了戴姆勒 – 克莱斯勒 "知识工程建设" 杰出奖。

曾国藩说的 "结硬寨，打呆仗" 很有些道理，人要想收获他人发自内心的赞许和尊重，就要吃很多苦，经历很多磨难。

赵福全骨子里的那股狠劲儿，让他始终能保持敏锐并持续成长，同时获得最大的安全边际。随着时间的推移，他的威望也在不断提升，逐渐成为大家心目中 Asmus 先生的理想接班人。

第一本书

为了融入美国社会，赵福全一如既往地 "混圈子"。每天中午，他都会和 "老美" 一起吃饭、聊天、散步。开始的时候，他能听懂美国人在聊些什么，但是无法插话和参与讨论，他知道这不是简单的语言问题，牵涉文化差异、兴趣爱好、知识面等多方面因素。

赵福全默默地观察了一段时间，发现 "老美" 大多是在聊一些新闻轶事，话题基本上离不开汽车产业那些事儿。他马上回家订了一份《底特律新闻》，每天早上起床后先浏览一遍，等到中午吃饭时，他就可以 "插话" 了。

赵福全可是在那片 "人人演小品、个个扭秧歌" 的沃土上成长起来的东北铁岭人，健谈、风趣、幽默是他的特长，每当大家聊起新闻上的某些话题，他都会时不时地 "抢到" 聊天的 "话语权"。渐渐地，赵福全融进了 "老外" 的圈子里。

融洽的人际关系，为赵福全顺利开展工作起到了积极的作用，也给他忙碌而单调的工作增添了很多乐趣，同时，他还在工作中结交了很多美国朋友，有一对美国同事夫妇甚至邀请赵福全夫妇做他们独生女的教父教母，这种信任，从一个侧面反映了他融入美国社会的深度。

赵福全是学院派，擅长对工作进行归纳、总结和创新，他经常会写一些产品、技术、战略方面的文章发表在学术刊物上，其中有一篇在某个顶级刊物上发表的关于汽油机直喷技术的综述类文章反响很大，引起了国际机动车工程师协会（SAE）出版社顾问的关注，这些顾问就像学术界的星探，专门从一些优秀的文章中寻找好的图书作者。

有一天，赵福全接到了一个电话，是出版社的一位顾问打过来的，问他想不想写一本关于汽油机直喷技术的专著，当时这个专题在汽车界是非常热门的话题。

找上门来的好事，让赵福全激动不已，有一种一夜之间变"大腕儿"的感觉。赵福全没有写过书，他低估了用英文写一本专著的工作量，从未想到要付出如此多的时间和精力。

赵福全在戴姆勒－克莱斯勒的工作量已经非常饱满，写书只能靠周六和周日。现今大家都在"吐槽"互联网大厂的工作时间"996"，可他在那个年代，为了写书，已经将工作节奏变成"007"了。

写技术专著需要引经据典，查阅大量资料，还要有一个相对安静的环境，那时他妻儿已来美国，儿子还小，在家里无法写作，每到周六周日，他就带上盒饭，七点到办公室，比平时上班时间还要早。

美国企业周末加班较少，可容纳万人的办公大楼空空如也，只有他一个人在动力总成办公区埋头苦干，一待就是十几个小时。周末办公区设定了每小时自动熄灯的节能模式，电灯开关又离赵福全的办公桌较远，他嫌开灯麻烦，索性就用台灯来照明。入夜以后，偌大的办公区里仅有一丝光亮，弄得保安过来盘问了半天。

冬去春来，太太打来电话："你啥时候回家啊，天气很好，带孩子出去走走吧。"平时夫妻俩上班，孩子上幼儿园，好不容易等到周末，孩子也盼望父母能带他出去玩玩。

"不行啊，要写书。"

"你是要家，还是要书？"

"我都要。"

……

太太数落了一通，气得把电话挂了。

赵福全把用来陪伴家人或打牌社交的时间，都用在了写书上，这本 *Automotive Gasoline Direct-Injection Engines* 光是引用文献，就有五百多篇，历时两年多才得以完成。

很多作者会在书的最后写上一句感谢家人的话，赵福全也不例外。那可不是套话，是必须要有的感谢啊！

第一本书出版以后，受到了专业人士的高度评价，出版社顾问又跑来问他："对于出书，还有好点子没有？"于是，赵

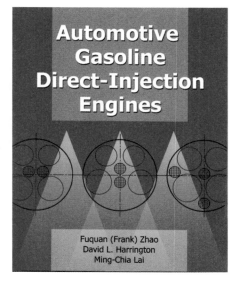

赵福全的第一本书

福全作为第一作者，组织美国、日本的专家学者一起编著出版了第二及第三本专著 *Homogeneous Charge Compression Ignition（HCCI）Engines* 和 *Technologies for Near-Zero-Emission Gasoline-Powered Vehicles*。第三本专著后来被清华大学帅石金教授的团队翻译成中文《汽油车近零排放技术》，由机械工业出版社出版。

这些英文著作的完成，将赵福全的学术水平和行业地位升华到了一个新的高度。

差异竞争

任何人的发展都离不开平台，每个人都是平台上的"驴"，围绕着平台干活。毫无疑问，戴姆勒–克莱斯勒为赵福全提供了一个十分不错的发展平台，让他有机会参与克莱斯勒与美国、日本、韩国等国及欧洲车企的战略交流与深度合作，接触到一流车企的管理体系和运作模式，对这些世界级主机厂有了比较深入的了解和认知。

在克莱斯勒与戴姆勒的合并过程中，作为克莱斯勒公司技术智囊的核心成员之一，赵福全有幸成为两家公司动力总成研发系统的对接人之一，直接参与了双方许多重大技术战略的制定与实施。

赵福全在美国时的某个
周末

正是在一次次面对面与技术大咖展开深度交流和斗智斗勇的合并谈判中，赵福全增长了见识，拓宽了视野，完善了知识的宽度和厚度，让他比一般人站得高、看得远、想得透。

在戴姆勒－克莱斯勒工作的七年时间里，赵福全从产品工程师到技术专家，再到高级技术专家，最终上升到研究总监（Research Executive）。Asmus 先生退休后，他顺理成章地坐进了老先生的办公室，那是一个坐落在角落、两侧都是玻璃的单间。

在国际化大公司，这种玻璃单间既是地位的象征，也是能力的认可，整层动力总成办公区只有两个位于角落的玻璃单间，另一间是集团动力总成副总裁的办公室。

搬进去的第一天，赵福全非常激动，硬是把平常的一天过出了"普天同庆"的节日感，作为一名华裔，能够突破职业生涯的天花板，确实太令人兴奋了。

在任何时代，要想脱颖而出就要懂得运用差异化竞争策略，复盘赵福全在戴姆勒－克莱斯勒的七年成长之路可以看出，他之所以能闯出一片蓝天，最重要的是抓住了差异化竞争这个优势。

出于文化、语言、环境、资源等多方面原因，中国人在外国企业做管理工作会有很多先天不足，那些掌握着权力、资金、技术等资源的管理岗位，无论在哪个国家，无论从哪个角度，都会优先考虑本土人士。

而做技术管理工作却不同，受客观因素的影响比较小，中国人勤奋聪明，可以把技术根基扎得很深很牢，一旦有了相应的资历和沉淀，向技术管理的更高层级发展就会相对比较容易。

赵福全正是从技术战略切入，围绕自身特点，进行深度挖掘，在把语言天赋和技术功底发挥到淋漓尽致的同时，修炼出了一身与职位相匹配的能力和担当，在燃烧自我的同时，也不忘把能量传递给周围的同仁，因而获得了上司的肯定和同事的赞赏。他的成功既得益于机遇的垂青，更要归功于持续不断的自我迭代和永不放弃的执着追求。

在戴姆勒－克莱斯勒七年的所见所得，是赵福全一生中最为宝贵的财富，他将从这里出发，走向更大的舞台。

迎接挑战

2003 年，赵福全在美国已经工作生活了 9 年，身份、房子、孩子都有了，一眼望到底的未来，工作顺心，生活富裕，日子平淡，如果没有更大的梦想，仅从享受生活的角度，待在美国无疑是十分舒服和惬意的。

而在大洋彼岸，祖国的改革开放正如火如荼，潮涌东方，势不可当。

同年 6 月，赵福全平静的生活被一封猎头发来的邮件搅乱了，猎头告诉赵福全，国内有一家汽车公司在招聘技术副总裁，对他十分感兴趣，想找他详细聊聊。

一石激起千层浪，赵福全的内心再也无法淡定了。

经过在日英美一年又一年的蛰伏与修炼，他已武艺精深，正在等待时机大展宏图，以实现自己的"鸿鹄之志"。

似乎，机会已经到来？

然而，对于赵福全来说，这个突如其来的机会要比以往的几次选择复杂和艰难得多，回国不仅要放弃美国大公司的职位，还不得不面对孩子教育、太太工作、家庭搬迁等一系列现实问题，其中涉及太多的责任和"舍弃"，以及对"陌生"故土的种种顾虑。

经过与太太反复的沟通、纠结和思考，终于，太太再一次放飞了他的梦想："既然这是你想要的，那就回去吧！"

有妻如此，夫复何求？

2004 年 4 月，赵福全回到了阔别 23 年的家乡沈阳，出任华晨金杯汽车公司副总裁兼研发中心总经理，全面负责华晨汽车的技术开发工作。

赵福全信心十足，撸起袖子准备大干一场，没想到残酷的现实却让他"一下子懵了"，除了熟悉的东北口音以外，公司的管理模式、运营机制、工作方法以及思维方式等，都和自己习以为常的国外公司有着天壤之别。加盟不久，又遇到华晨汽车管理层的连续动荡与更迭，企业陷入了经营困难、新品停滞、业绩低迷的状态中。

与此同时，大家对他的期望，也远远超出了合理的范畴。

有研究者把海归的角色转变分成三个时代：1.0时代、2.0时代和3.0时代。"海归1.0时代，是汽车海归精英们被盲目崇拜、被'神化'的时代，基础薄弱的中国汽车产业和企业对高端海归寄予了化腐朽为神奇的厚望。"

赵福全正是在海归被寄予厚望的1.0时代入职华晨汽车的，公司上下都期待他能在短时间内"化腐朽为神奇"，尽快研发出受市场追捧、能大卖特卖的新产品。

可是汽车有上万个零部件，一款新车的研发动辄需要几百乃至上千人参与，最短也要三年时间，这哪是一个海归加盟后就能立竿见影的事？

欧阳明高院士曾说赵福全是一个务实的理想主义者。诚然，如果赵福全没有梦想与追求，他哪来的勇气去迎接如此严峻的挑战？

生存的智慧，都是被困难逼出来的，面对工作中的烦恼、复杂的人际关系以及大家不切实际的期待，赵福全淡然处之并积极应对，他把宏伟目标分解到每一项工作计划中，因地制宜，因陋就简，帮助企业朝着目标步步推进。

心之所向，无问西东。

赵福全在华晨汽车的
办公室

初战告捷

21世纪初，中国汽车自主品牌恰好处于逆向开发阶段，说直白点，就是主机厂把国外的车买回来拆解，再找供应商把关键零部件依葫芦画瓢地照着做出来，做不出来的才会做一些技术上的改动。

知其然而不知其所以然的产品开发模式，哪能有未来呢？

赵福全接手的研发部门，只有三百多号人，开发效率低下不说，基本上也没什么技术储备，研发部门的管理十分松散，开会经常有人迟到。

连会都开不好，还奢谈什么改革呢？赵福全从开会下手整治，他颁布了一项规定：开会不准迟到，如果迟到，就在门口罚站。

果然有人撞上了枪口，还是一位资历较深的处长，这个人说出了自己迟到的理由，大家都看着赵福全，看他如何处理。

明摆着是在挑战他的权威，如果自己做不到言出必行、有诺必践，后面的一系列改革措施将无法推行。必须执行规定，即使不当这个副总！赵福全硬是罚那个处长在会议室门口站了十分钟。

"杀一儆百"，从此再也没人敢开会迟到了。

还有一次，两个部长在会上吵了起来，赵福全没有当着大家的面让他们难堪，他马上叫停了会议，把两人分别叫到自己的办公室谈话。他对其中一位年轻的部长说："先不说事情对与错，人家年长你好多岁，你难道连最起码的尊重都不懂吗？你以后怎么带兵？"他又对另一位年长的部长说："你比他年纪大，怎么连一点老大哥的胸襟和涵养都没有呢？带领年轻人一起把事情做好，才是你应该有的担当啊。"

两人听后，都很不好意思，主动向对方道歉和好了。

赵福全做事，从来都只看业绩，不信虚言，更不搞什么权力游戏，他回国打拼的目的就是要把事情做成，除此以外的"套路"对他没有任何价值。他不允许部下传播小道消息，不接受别人私下打小报告。一次，有一个中层干部越级到他办公室汇报工作，他连听都不听，直接把人撵了出去。做他的部下，只需要踏实做事，不用担心会被人算计。

2005 年，赵福全第一次"亮剑"，便引起了业内的轰动。在华晨工作期间，他领导开发了基于中华轿车平台的尊驰、骏捷、酷宝等多款车型，打造了可开发多款轿车的全新 A 级车平台，推出了阁瑞斯商务 MPV 系列产品，让阁瑞斯商务 MPV 产品线从一个车型拓展到 12 个车型，并基于金杯海狮平台开发出了多款热销的特种车型，还领导开发了华晨 1.8T 系列发动机产品。

他帮助华晨汽车规划了完整的产品线，建立起了初具规模的研发体系，人才队伍发展到 700 余人；在国内率先制订出能有效指导企业正向研发的产品开发流程，并将其汇编成 6 本《产品研发指导手册》。

赵福全在国外从没做过整车开发，也没有管理过这么大的团队。他善于思考，边学边干，边干边摸索，硬是通过 3 年的磨砺，完成了由顶级技术专家到优秀职业经理人的成功转型。他的职业操守和个人魅力也赢得了行业广泛的认可和尊重，更受到了一批土生土长的国内工程师的爱戴，很多人一直追随他转战南北。

由于体制的制约、发展的局限、价值观的差异等多方面因素，2006 年 9 月，赵福全离开了这个曾经令自己热血沸腾的地方。

下一站，他将何去何从？

"统一天下"

2006 年 10 月，吉利汽车对外宣布，赵福全博士加盟浙江吉利控股集团，出任集团副总裁。

坊间的各种猜测，终于尘埃落定。

赵福全的这个选择，让许多人大跌眼镜，有位好友甚至专程赶到沈阳，劝说他改变这个"脑袋进水"的决定，有记者甚至以"太'土'撞上太'洋'"为标题，来讨论赵福全此次选择的挑战性。

钱穆先生说："有一种人，愈是在风雨如晦的时候，心灵愈是宁静。他能穿透所有的混乱和颠倒，找到最核心的价值，然后就笃定地坚持。"赵福全就属于这一类人。

此时，吉利汽车正以低价产品艰难起步，企业形象可以说是"土得掉渣"，产品质量和技术水平也饱受诟病，圈内甚至流传着这样一句话："开吉利车，要一不怕苦，二不怕死。"

但在赵福全眼里，正因为吉利的"土"，才更需要他的"洋"，尤其是李书福的真诚相待以及提供的自由空间，让他无法拒绝。

挑战从来都伴随着机遇，这是赵福全眼光独到的地方。

加盟之初，吉利汽车的研发可谓山头林立，各个生产基地都在自己搞开发，既无可以资源共享的研发架构，又无可以参照的统一技术标准，产品研发流程是什么，更没有人说得清楚。

新官上任三把火，赵福全要烧的第一把火，就是整合技术体系。他要将原本各自为政、分散薄弱的研发力量汇聚起来，形成一个有战斗力的研发体系。

企业治理，从来都是利益博弈的游戏，牵涉各个部门的既得利益，必然会"伤筋动骨"，其难度可想而知。赵福全有智慧，同时也不缺乏勇气，他一定要冲破重重阻力，完成这个艰难的任务。

"统一天下"得有策略，有套路，不能蛮干，更不能强推，否则改革尚未成功，自己就成为牺牲品了。

赵福全的职位是集团副总裁，随后又兼任了研究院院长。当时有个研究院的"老江湖"告诉他："我们这里换了四五任院长了，最长的不超过半年。"赵福全笑着说："放心，我一时半会儿走不了。"

为了整合技术体系，赵福全可是费尽了心思，用足了智慧。集团公司原来没有产品策划部门，赵福全牵头成立了战略规划委员会，总裁做主任，他做常务副主任，董事长参与，集团所有新产品开发项目都必须在这个委员会上讨论决定。各个生产基地想自己做新产品的路就这样被堵上了，老产品也逐渐被整合了进来。

为了确保所有产品开发都能基于统一的技术标准，赵福全成立了管理全集团技术发展的技术部，从此研究院制定的技术标准就可以通过集团技术部名正言顺地颁布并监督实施了。

赵福全又想方设法招聘了许多海归以及国内毕业的研究生、本科生，快速组建起了一支高素质的研发队伍，让研究院有实力以更高的设计水平来满足各基地对新产品的开发需求，并由此取代了各基地的"开发队伍"。

经过不断的运筹和努力，技术体系"统一天下"的战略终于得以实现。

　　这种大手笔的技术体系整合，从根本上改变了吉利"分而治之"的赛马文化，形成了企业技术能力的合力，为吉利汽车研究院的不断发展壮大，也为吉利汽车后来的腾飞，奠定了坚实的基础。

　　在研发体系大框架建立之后，赵福全开始着手对组织架构进行优化和调整，仅研究院的组织机构图就更新过 30 余版。

　　只有完善的组织架构，没有规范的管理制度，没有执行力，仍然干不成大事。赵福全对研究院的管理制度进行了重新规范，要求各部门必须执行到位。

　　比如，针对研究院员工打架事件偶有发生这一情况，他在研究院的管理办法中明确规定：员工打架一律开除。

　　规定出台不久，就有两名员工打了起来，其中一人是刚入职的硕士毕业生。当时研究院员工的学历层次普遍偏低，招聘到硕士生非常不容易，部门领导马上跑来求情："他是新员工，还是后动手的一方，是否可以网开一面？"

　　赵福全没有同意。有制度不执行，制度就会形同虚设，并且制度中并未规定后动手的一方可以免责。无论多惋惜，都必须开除，以正视听。

　　此后，通过对研究院食堂餐饮、洗手间卫生、停车、实验室设备柜摆放等方面问题的整治，他给大家传递出一个信息：凡事必须讲原则，讲规矩，不能乱来。

　　在团队整治规范以后，赵福全就有底气和精力去实现李书福的宏伟目标了。

　　董事长的目标很高远，希望未来年销量能达到 200 万辆。

赵福全在 2010 年北京车展上
宣讲"技术吉利"

成就大业

一个企业想成功，需要有三大要素——思想、文化、体系。思想源自董事长，文化根植于每一个员工，它们都是精神层面的，而要想真正落地形成物质层面的东西，依靠的是体系——研发体系、采购体系、销售体系……

斗转星移，两千多个日子过去了，赵福全领导吉利汽车打造出一个"与国际接轨、适合中国国情、具有吉利特色"的自主研发体系，形成了整车及动力总成等核心技术的正向开发能力，建立起了一套具有自主研发"造血功能"的强大技术体系。通过矩阵管理和绩效考核双管齐下，即使在资源有限的条件下，团队也能高质量、高效率地并行完成多个正向开发任务。

赵福全带领团队编撰了涵盖整车、发动机、变速器、新能源汽车共计 6 卷 52 册 7 万余页的《产品开发流程手册》。

研发团队也由最初的 200 多人扩展到了 2500 余人，员工的学历结构得到了极大的优化，创办了国内首家民办研究生院"浙江汽车工程学院"，帮助公司培养自己的研发人才和能工巧匠。

在赵福全执掌研发期间，吉利先后推出了全球鹰熊猫、GX2、GC7、GX7；帝豪 EC7、EC7-RV、EC8；英伦 SC3、SC5-RV、SC6 等系列轿车及 SUV 车型；开发了包括发动机、变速器及电驱动系统在内的全系列动力总成产品。

值得一提的是，在中国新车评价规程 C-NCAP 测试中，吉利拿到了自主品牌的首款 A00 级五星评价和当时唯一的 SUV "五星＋"成绩。换句话说，当时吉利推出的 A00 级轿车和 SUV 在碰撞安全技术方面达到了国内市场的最高水平。

最值得骄傲的是，随着技术实力的提升，吉利的新车销量也由 2006 年的 20 万辆攀升到 2013 年的 55 万辆。

与此同时，赵福全还深度参与了吉利汽车的三次国际并购以及并购以后的整合运营工作，除了著名的沃尔沃汽车之外，还包括澳大利亚 DSI 变速器公司和生产经典伦敦出租车的英国锰铜公司。

尤其是在并购沃尔沃的谈判过程中，赵福全主导了最为重要、难度最大、交割过程最复杂的知识产权谈判，在与"老外"斗智斗勇的过程中，充分发挥出

赵福全在 2010 年澳大利亚
DSI 吉利日活动上讲话

自己在技术、商业运作、语言沟通等方面的才能，确保了吉利汽车利益的最大化，圆满完成了并购任务。

李书福慧眼识珠，三顾茅庐请来的海归精英赵福全，终于让昔日的研发"游击队"转身为"正规军"，由"山寨吉利"跃升为"技术吉利"，成为行业标杆。

赛道转换

人在不同的年龄段，可以活出不同的精彩，完成不同的使命，前提是要形成与这个年龄段相匹配的特色优势。三十岁靠学历，四十岁靠能力，五十岁靠经历，六十岁靠资历，七十岁靠阅历，八十岁靠精力。所谓活在当下，就是在什么年龄做什么事。

当吉利汽车的研发步入正轨后，赵福全开始思考自己的下一步战略。

到了六七十岁的时候，如果不想回家颐养天年，还能通过什么样的平台，继续为社会及行业做一些自己喜欢又擅长的事呢？凡事未雨绸缪，才会走得从容。

他有多年国外与国内、学术与产业、技术与管理的实战经验，随着年龄的增大，依靠自己的能力、经历、资历和阅历，输出思想、影响他人，无疑是最好的选择。

而高校不就是输出思想的最佳平台吗？赵福全觉得在高校的平台上，自己能做很多事情：不是帮一个老板，而是帮一批老板；不是服务一个企业，而是服务全行业，贡献肯定会更大。高校的优势还在于，无论多大年龄，退休的教授仍然是教授，仍然可以继续做研究、继续发挥作用。

清华大学是顶级的学术平台，在这里教书育人，上可以接触政府，下可以对接各个企业，绝对称得上是独一无二的平台。

综合考量后，赵福全在众多橄榄枝中，接受了清华大学的邀请。

重量级人物的离场，总会伴生出种种传闻和猜测，对此，吉利汽车研究院的一名员工写了一篇6000余字的长文《我眼中的赵福全》，以此表达对老领导的不舍。

赵福全离职以后，李书福对外发表了官方声明："赵博士是汽车研发领域的杰出人才，在吉利汽车发展的关键时期加盟公司，发挥了关键作用，为吉利汽车工业的长久可持续发展打下了坚实基础，对此我们深表感谢。"

在当打之年，在事业如日中天之际，赵福全放弃了吉利汽车的股票和高薪，急流勇退，回归学术，彼时大家很难理解他做出的选择，甚至有人猜测，赵福全去清华只是做个过渡，然后再去其他竞争对手工作，对吉利汽车的感情伤害会小些。

2010 年赵福全对吉利集团高管进行研发项目管理培训

可是又有多少人能意识到，回归学术、加盟清华其实是他经过深思熟虑做出的战略选择。从此以后，一介学者，三尺讲台，自由之身，优哉游哉，全球产业，任他翱翔，世界变得宽广而辽阔。

后来，朋友们聊起赵福全转型这件事，无不感慨万分。天下熙熙，皆为利来；天下攘攘，皆为利往。饮食男女，又有几人能放弃眼前的"权和利"？他的眼光、勇气、远见和魄力，确实非常人可比。

清华院长

2013 年 5 月，赵福全正式加盟清华大学，创建汽车产业与技术战略研究院（TASRI），出任院长。

当初离开韦恩州立大学时，赵福全何曾想到有一天会重返学术界，然而此一时非彼一时，此学术也非彼学术。

这是赵福全第二次为自己做的差异化战略选择。

在清华大学，牛人成堆，没有最牛，只有更牛，每一个技术领域都不乏资历、能力、实力过人的知名教授。他认真分析了自己的经历，多元化的国际背景（在三个国家学习、工作、生活过），丰富的产业经验（在国内外三家企业工作过）及系统性的技术理解（有动力总成技术、整车产品开发、技术管理等实战经验），这些都是其他教授很难完全具备的。

如果把自身特色与清华大学的学术平台有效结合，独创一个产业战略研究领域，既有行业使命，又有企业期盼，同时还能满足个人的兴趣和追求，无疑是多赢的最佳选择。赵福全选择了另辟蹊径，他要成为更具特色的自己，并为清华大学汽车学科"添砖加瓦"。

多年的从业经验告诉他，战略绝不是谁都能涉猎的领域，更不是谁都能做得好的工作。没有一定的学识、阅历、经验和能力，没有相当的眼界、格局、思想和方法，很难有勇气去吃"战略"这碗饭。

做战略又是一件"性价比"较低的工作，需要不断去学习和更新自己的知识体系。为了某一个问题绞尽脑汁想了几个月，好不容易想清楚了，用几句话就讲完了，之后又要重新去钻研和思考新的问题。如果没有求真、好学、分享和奉献精神，很难长时间从事这类工作。

这个选择，果真独一无二。

离开吉利汽车时，赵福全问自己，失去了甲方的权力，靠什么"混江湖"呢？后来他想明白了，靠"权利"获得的尊重是暂时的，不值得过分留恋，而靠实力获得的尊重才是持久且真实的，只要能真正帮助企业解决问题，就无须担心自己的"江湖地位"。

赵福全发愿："我希望自己能够影响汽车企业、行业乃至国家战略，让中国汽车产业发展得更好。"

之前部下前呼后拥、供应商紧追不放的热闹场面，与教书匠的生活渐行渐远，当一个人做着他自己认为应该做的事情，不再为外界所扰乱时，就能获得一种内在的平静与充实。

在锻炼身体之后，他经常会到附近的餐馆点上一碗米饭，要一盘酸辣土豆丝，再来一听可乐，一个人开心地享用这套中西合璧的"大餐"；晚上回到家，给自己泡上一杯茶，再看书到深夜。

赵福全对这份职业，一直保持着敬畏与专注之心，他提出战略研究要做到"博学、静思、顿悟"，其中，博学是基础，只有广泛汲取各种知识和各方观点，思考才会有支撑；静思是桥梁，是对知识进行加工与沉淀的过程，要在大脑中进行深度加工，围绕核心问题反复咀嚼、思考和判断，这个过程需要心静；顿悟则

赵福全在清华大学
二校门

是灵感迸发后输出的结果，只有在不断苦苦思索的过程中，答案才会如灵光般闪现。博学是知识积累的过程，顿悟则是知识清零、输出智慧的结果。

他把战略研究的方法论，上升到了一定的哲学高度。

加盟清华大学以后，赵福全有更多时间参与行业的各种活动，每年大约要在国内外的各种论坛、学术交流与行业活动上做 50 余场分享。

赵福全的口才在业内久负盛名，他在演讲过程中的"脱口秀"经常把大师级的深思熟虑、旁征博引的慷慨激昂、小品演员似的妙语连珠完美地融为一体，他擅长用浅显的语言和直白的案例来阐述深刻的道理，再配上他那至今未改的东北味普通话，常常让人忍俊不禁、拍手称快。他极具语言天赋，甚至可以对着中文讲稿用英文或日文自由切换演讲。

教书育人

赵福全创建的汽车产业与技术战略研究院，属于软学科领域，做软学科研究的博士毕业生，拿的却是工学博士学位，那些负责"盲审"论文的教授都是做硬学科的学者，要让他们认为产业战略博士生的研究有一定的技术含金量、有沉甸甸的专业水平，挑战不小。

为此，赵福全提出了"软学科硬做"的思路，要求他的博士生通过建立数学模型来解决技术路线选择、企业运营管理、产业发展方向等诸多实际问题……遵循这一指导思想，他把挑战变成了创新，困难迎刃而解。目前已有五名学生在他的指导下顺利获得了博士学位，其中一名学生的博士论文还获得了 2020 年汽车行业五篇优秀博士论文之一的殊荣。

赵福全讲课，也很有"赵氏"特色。他根据自己多年的实践经验，在清华开设了《产品创造系统工程学》和《现代企业管理实践》两门课，他为每门课做了上千页的讲义（PPT），在讲课的过程中，更是突破了传统的教学与考核方法。

他为学生精心设计了与授课内容相关的实战项目：由学生自己组队（五六人一组），课后完成项目报告，然后进行每个学生都要发言的课堂展示，同时让所有同学都参与报告及展示的评价打分，最后再由他做点评，综合后得出最终成绩。

　　刚开始的时候，习惯了传统教学"听课＋考试"模式的同学们不太习惯这种教学方式，比如在《产品创造系统工程学》这门课上，他让学生自行组成几个团队，每个团队针对某款产品，进行从产品策划到董事会批准、再到产品项目实施（包括设计开发生产直至推向市场销售的全过程）的演练。

　　每个小组的团队成员，分别充当总经理、市场副总、研发副总、生产副总、销售副总等角色。结果有学生提出："在我们团队，总经理没有用。"因为那位充当总经理的学生，不知道怎么去分工，怎样管理好大家的工作，总经理的位置形同虚设，当然没用。赵福全利用这个机会"挑战"学生："那为什么所有的公司都要有总经理呢？其实并不是总经理的位置不重要，而是你们选的这个总经理不合格，没有尽责……"

　　还有一个组，人数较少，不够分工，学生不知道怎么办才好。赵福全问他们："难道一个人就不能创业了吗？有多少小老板一人兼任多职，在办公室是产品设计师，出门是司机，去见客户时又成了总经理……"

　　通过这种教学模式，他不断地探索如何培养工科学生的管理能力和领导才能，为社会培养复合型人才。

　　2022年，赵福全加盟清华大学已进入第十个年头，在这个平台上，教书育人，制定战略，传播思想，担当凤凰汽车栏目主持人，出任世界汽车工程师学会联合会（FISITA）主席——硕果累累的业绩再一次向行业和世界展示了他的梦想、担当与才华。

2017年赵福全在清华大学汽车工程系
学术沙龙上做分享

凤凰主持

赵福全进入清华大学担任 TASRI 院长时，恰好 50 岁，凤凰汽车专门找他做了一期专访"人生从 50 岁开始：赵福全的汽车使命"。没想到，这次接触双方碰撞出了思想的火花，不久，凤凰汽车便邀约赵福全来共同创办一档以他的名字命名的高端对话栏目——凤凰汽车"赵福全研究院"。

栏目形式是由赵福全担任嘉宾主持人，针对产业发展的诸多问题与行业顶级专家、学者、行业领导、企业家们进行深度交流，获取他们的真知灼见，其目的是打造一个为国家、产业和企业分享智慧、建言献策的车界"老友记"平台。

认真考虑后，赵福全向凤凰汽车提出了一个条件：栏目可以做，但必须杜绝一切商业化成分，所有参与嘉宾不能收取任何费用，也不允许有任何植入性广告，以确保节目的纯粹性和专业性，让大家不讲虚言、只说真话。

凤凰汽车同意了赵福全的要求，"赵福全研究院"由此成为业内认可度最高、专业性最强且不带任何商业行为的高端栏目。

2014 年 4 月，凤凰汽车"赵福全研究院"栏目第一季正式播出后，持续得到了国内外众多业内人士的广泛关注、积极反馈和高度认可，效果远远超出了大家的预期。

行业对栏目的极度渴望与高度认可，也坚定了赵福全以及凤凰网的高层坚持把栏目做下去的信心和决心。

目前，凤凰汽车"赵福全研究院"高端对话已经迈入了第八个年头，完成了 70 场对话录播。与赵福全进行过深度对话的行业领袖及知名企业家包括但不限于魏建军、尹同跃、李书福、徐和谊、朱华荣、张兴海、左延安、李斌、何小鹏、陈安宁、于勇、曹德旺、徐小敏、付于武、董扬、赵航、吴卫、刘世锦、李开国、郭孔辉、李骏、欧阳明高、苏万华、李克强等。

赵福全与一般主持人的不同之处在于，他是以老友和资深专家的身份来与这些嘉宾进行互动的，他触类旁通的渊博知识和纵横捭阖的语言能力，确保了每个问题都切中要害，每个点评都恰如其分，每个总结都高屋建瓴，从而让嘉宾们不由自主地侃侃而谈、直抒胸臆，把很多平时没有机会讲出来的观点都和盘托出，

凤凰汽车"赵福全研究院"
高端对话栏目

这也是该栏目的魅力所在。

赵福全还将对话内容进行编撰总结和深度加工，形成了更加系统凝练的"论道车界"板块，并与"高端对话"部分一起编著出版，每年一册，由此形成了"赵福全研究院·汽车产业战略"系列丛书。目前，该系列丛书已经推出七部：《洞见汽车强国梦》《探索汽车强国路》《践行汽车强国策》《供应链与汽车强国》《汽车技术创新》《汽车产业创新》《汽车产品创新》。

赵福全希望通过这个栏目，沉淀智者心声、指引产业方向、铭记发展历程，并将真知灼见不断与行业分享，与大家共同见证中国汽车产业由大变强的壮丽征程。

FISITA 主席

2018 年 10 月 2 日，赵福全登上了从北京飞往印度金奈的飞机，他将出席2018 年世界汽车工程师学会联合会（FISITA）大会。

窗外云朵飘过，往昔经历不停地在他脑海中闪过，从中国到日本，从日本到英国，从英国到美国，再从美国回到中国。从世界顶级企业到地方国企，从国企到民企，再从企业回到高校。不同的环境，不同的境遇，不同的挑战，自己选择的道路，每一步都走得很辛苦，但每一步也都走得很扎实，他有足够的底气和信心去迎接任何挑战。

在这次大会的闭幕式上，赵福全正式接过了世界汽车工程师学会联合会主席的帅印，从而跻身该组织 70 年历史上最受人尊敬的 31 位主席之列，开启了由他来领导这个世界组织的新纪元。

世界汽车工程师学会联合会 1948 年成立于巴黎，已有 70 年历史，被誉为世界汽车技术的最高殿堂，也是各国汽车工程师学会的"联合国"，目前已发展成为几乎涵盖所有主要汽车工业国家的全球性国际组织，共有 37 个会员国成员。

FISITA 主席一职，是全球汽车工程技术人员所能得到的最高荣誉，每一届主席职位的竞争都十分激烈。在中国汽车产业国际地位大幅提升的背景下，赵福全以深厚的专业背景、广泛的国际影响和卓越的领导才能，击败了来自日本等国的强劲对手，成功当选为 2018—2020 年 FISITA 主席。

此前，FISITA 主席大多由世界主流车企的首席技术官等核心高管担任，而赵福全是以学者身份出任，尤其难能可贵。

在任期内，赵福全以自己的大思路和大手笔，为世界汽车产业做成了可以载入史册的四件大事：

建立了 FISITA 国际汽车工程师互认制度。这个制度是以中国汽车工程学会多年积累和建立起来的汽车工程师认证方法与标准为框架制定的，是中国标准输出世界的重大历史性突破。

发起了 FISITA 冠名、会址永远设在中国的世界智能汽车安全技术大会（ISC）。

创建了 FISITA 技术领导力学院（FISITA Academy of Technical Leadership），制定了技术领导力会士制度。

创立了 FISITA 名誉主席机制，授予历任主席终身名誉主席称号。

另外，他还促成了马芳武、张旭明、沈峰等多位中国汽车人在 FISITA 担任要职。

在 2020 世界汽车工程师学会联合会领袖峰会（FISITA SUMMIT）上，赵福全圆满卸任 FISITA（2018—2020）主席，并被授予 FISITA 终身名誉主席称号。

FISITA 首席执行官（CEO）Chris Mason 在赵福全卸任时的感谢信中写道："只有当我们停下来回望时，我们才发现，在过去的两年里，您带领我们做了那么多开拓性的工作。毫无疑问，您在 FISITA 留下了一段令人瞩目的传奇。"

中国汽车工程学会名誉理事长付于武先生对赵福全在任期间的工作给予了极

高的评价和认可，他说：赵福全这个主席做得不同寻常，他为 FISITA 做出了超出所有人期待和想象的特别贡献，完成了很多"不可能"的任务……可以将他的工作归纳为卓有成效，莫大贡献、历史痕迹。

在任期间，赵福全帮助中国汽车产业提升了在国际组织中的地位，赢得了国际同行们的高度认可，确实难能可贵。

在日本名古屋举办的"2019 世界汽车工程师学会联合会领袖峰会"闭幕式上，赵福全主席带领 FISITA 主席团成员向所有来宾敬酒

（左一为 FISITA 前任主席、通用集团副总裁 Dan Nicholson，右一为后任 FISITA 主席、雷诺集团高级副总裁 Nadine Leclair，右二为 FISITA 首席执行官 Chris Mason）

灿烂人生

人生有三重境界：第一重是职业，第二重是兴趣，第三重是永生。唯有思想上的贡献才能永生。赵福全在清华大学教书育人、自我沉淀、著书立说、传播思想，事实上，已经是最高境界上的追求了。

赵福全从 18 岁开始与汽车结缘,至今已接近 40 年。在漫长的职业生涯中,他始终没有离开过汽车,其间更换过不同性质的工作,每一次都让他感受到汽车产业的复杂与精彩,也让他更加热爱这个波澜壮阔、日新月异的行业。

从赵福全职业生涯发展的主线可以看出,他始终做到了选择果敢、目标专一、极度自律,他走的每一步都是深思熟虑的选择,都是那个"当下"能够做出的最优答案,都是理想人生的模板,这也决定了他最终达到了常人无法企及的高度,其实,"所有的英雄,都是平凡的。千回百转,千锤百炼,矢志不改,如此而已。"

有个清华学生问他:"赵老师,您是怎样一步一步走到今天的?"

他说:"在更高的平台上做更大的事,是我一贯的追求。之前到美国留学是我最大的追求,当梦已成真,实现了工作、绿卡、房子和票子等一系列愿望以后,发现在异国他乡,不能完全释放自己的潜能,有文化的局限性、语言的局限性、发展的局限性,如果还想有更大的梦想,就要去寻找局限性更小的地方。而中国,恰好有更多的资源、更好的平台,又不存在语言和文化的局限,个人赋能更大,回国发展也就理所当然了。"

每个人都有实现自身价值的梦想,这是人性最本质的东西,而最好的利己,其实也是极致的利他,自身成长才会促进社会进步。

赵福全深知"吾生也有涯,而知也无涯。"产业变幻如白云苍狗,要想避免陷入"盛名之下,其实难副"的境地,就要不断更新知识结构,不停地学习和思考,这样才不会与真正的机遇擦肩而过,才不会被日新月异的时代淘汰。

赵福全十分善于总结和反思,他经常分析别人成功的经验和失败的教训,然后对照自己进行完善和调整。人不可能做到样样精通、事事都成,鱼与熊掌,不可兼得。当到达一定高度以后,更需要量力而行,不能过于苛求自己。到了清华,他给自己的定位是做好老师,当好教授,干好顾问。

他很享受目前的状态,比一般教授财富自由度大一点,比很多企业家时间自由度多一些,还可以解答很多人关心的难题,做自己喜欢做的事情,朋友说他过的完全是神仙般的日子。

如果他去追求更高的职位、更多的财富,恐怕就不会如此洒脱、这般开心了。

加盟清华后不久，《清华大学学生学报》约他为期刊题写寄语，赵福全不假思索地写下了这样一句话："梦想、激情、勤奋、认真，成就灿烂人生！——与清华学子共勉。"这个寄语既是他与清华学子之间的思想交流，更是他对人生感悟的深刻总结。

有学生问，为什么不是辉煌或成功的人生，而是灿烂人生呢？

赵福全说，灿烂是丰富多彩，是饱满充实，是积极进取，是阳光乐观，这是一种内在的自我体验；而辉煌则更多的是一种外在的追求目标，大多要用地位、权力和财富来衡量。

赵福全认为，成功是相对的，每个人对成功的理解都不尽相同，人生不必太过在意旁人眼中的辉煌，只要自己过得开心就好，幸福的人生未必都是灿烂的，但是灿烂的人生一定是幸福的。

赵福全用梦想、激情、勤奋、认真，成就了自己的灿烂人生！

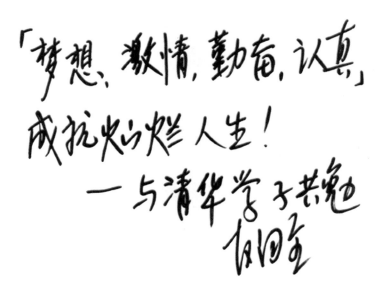

赵福全在《清华大学学生学报》2015 年第 7 卷第 1 期的寄语

尘世间

陈 芳

理解自己的痛苦，进而用慈悲心去理解他人的痛苦；理解自己的心，进而理解他人的心；理解自己的人生，进而理解他人的人生；理解自己的生命，进而理解他人的生命。

陈芳近照

所谓命运，不过是时代、环境和个人性格综合造成的结果，无论如何，个人性格是可以改变的，尽管很难，而性格又能决定命运，因此，命运掌握在自己手中。

一个勇于突破圈层，不给自己设限的人，总会在不断"折腾"的过程中，发生很多故事，经历许多曲折，产生好多感悟，得到更多启发，从而度过一个与众不同的精彩人生。

陈芳就是这样一位女性。她说活着是一场修行，凡事要"尽人事，听天命"，为人要"仰不愧于天，俯不怍于人"，如此，便不枉这一生一世。

幸运婴儿

陈芳出生在 1963 年夏天，她的到来令父母笑逐颜开，家里已经有了一个哥哥，现在又添一个妹妹，儿女双全，幸福美满。

小婴儿五官端正，四肢完整，看起来很健康。可是才过两天，大夫便告知年轻的父母，这个孩子得了先天性巨结肠，有一段结肠上没有神经，不会蠕动，吃进去的奶消化后排不出来，这样的病例大约每 40 万个新生儿中有一例。大夫还说，这孩子可能活不过一个星期。

大夫的话犹如晴天霹雳，让年轻的父母不知所措。

父母问："有什么办法能救孩子？"

大夫回答："可以动手术把坏掉的肠子切掉，但是手术风险很大，并且要等到孩子满两岁才能做。"

父母又问："现在怎么办？"

大夫又回答："目前只能天天灌肠，把体内的污物用水清洗出来，不过有各种风险，要养到两岁的可能性很小。"大夫的意思是让他们放弃，免得后面对孩子有了感情，会更加伤心。

父母当然不会放弃。

眼看父亲的假期就要结束了，那时他正在海南参加水利建设。父亲把婴儿生活需要的一切东西都准备齐全，包括灌肠用的器具，并且教会母亲如何操作。父亲委托自己的老母亲来帮助照顾两个幼小的孩子和正在月子里的妻子，忧心忡忡地踏上回海南的漫漫长路。

母亲又要上班，又要给孩子灌肠，每天像在打仗。一天不灌肠，孩子就会又哭又闹。母亲还经常加班到深夜，每次回到家，就剩下爬上床的力气了。

孩子九个月时，有一天奶奶给她洗澡，发现她的肚皮上有一个坚硬的青紫块，仿佛就要顶破薄薄的肚皮，母亲见了吓得不行，连忙抱着孩子往医院跑。大夫告诉母亲，孩子肠子里的粪便没有清洗干净，淤积下来形成了如石头般坚硬的结块，如果不立刻做手术，很可能会穿透肠子。

市里最权威的大夫也没有把握给小婴儿做如此复杂的手术，如果要做，十有八九会死在手术台上，因此他们不愿意接收这个小病人。

母亲抱着她，走遍了大大小小的医院，得到的答复都差不多。就在她几乎绝望的时候，一家很小的职工医院表示可以试一试。原来，这家医院刚来了一位从上海下放来的"反动学术权威"，他是一位很有经验的腹腔外科大夫。

孩子上手术台的那天早上，母亲问大夫有多大把握，大夫没好气地说："过马路还会被汽车轧死呢。"带着这样的答案，母亲在手术室外煎熬了6小时。

当然，手术做得十分成功。

十几年后，这家医院的人向母亲打听陈芳的情况，他们小心翼翼地问："那个做手术的孩子现在怎么样了？"

"很好啊，她正在北大读书。"

陈芳是幸运的，与她同期做手术的另外两个孩子，一个农民的儿子和一个空军的儿子，都没能活过五岁。

孤独女孩

手术后，陈芳一个月不能吃东西，靠输液把营养送进身体里，到后来表皮已经无法找到能扎针的血管了，大夫只好切开皮肤，去寻找更深一层的血管。至今她的手腕和脚脖子上仍然留有清晰的疤痕。

有一次，护士看她精神不错，就把胃管给拔了，谁知拔管后她吐得一塌糊涂，正好奶奶来送饭，看见这情景，不顾一切地打开裹得严严实实的腹部，发现胃部鼓鼓胀胀，像长了个大瘤子，护士和医生立即把她推进手术室抢救……这样的事发生过好几次，幸好每次都能及时发现问题，否则她这条小命不知丢过几回了。

在那一个月里，陈芳的身上插满了各种各样的管子，护士怕她用手去拉扯，就把她的四肢伸展地绑在床上。尽管营养品从管子里送到了体内，但大脑依旧不停地释放出饥渴的信号，每当护士用棉球蘸水去涂抹她那干裂的嘴唇时，她就要张嘴一口把棉球吃进去。

有一位小护士，见陈芳很可怜，就送了她一个敲得出七个音阶的玩具七音琴，玩具发出的声音清脆悦耳，能让她暂时安静下来。玩具五颜六色的样子和七个音阶，留在了陈芳的记忆深处，这是她童年唯一的玩具。

陈芳出院后，麻烦仍在继续。食物一次只能吃半口，哪怕只喝一口水，肚子里也要闹腾半天。一天要吃十多次，还要保证食物新鲜。在没有冰箱和空调的20世纪60年代，这可不是一件容易事。不仅如此，多吹一下风，多晒一会儿太阳，或受一点凉，都会使她的肚肠"上下翻腾"，然后一系列的问题就接踵而来，常常还会闹到危及生命的地步。奶奶总是想方设法地照顾她，每天都要把几瓣鲜蒜捣碎，然后和上一些糖让她吃掉，以此来避免因食物不干净而引起的各类感染。

奶奶虽不识字，但懂一些医术，她幼年时在一个乡下郎中的身边长大。在奶奶和母亲的精心护理下，她活了下来。

那几年，陈芳把能生的病都生了一遍。晚上睡觉时，奶奶总是一边哄着她，一边说："真像个豆腐渣子捏的孩子啊，一碰就碎了。"

童年时的陈芳

由于身体的原因，童年的陈芳是孤独的，不能上幼儿园，没有小伙伴一起玩耍，仅有的朋友就是奶奶和哥哥。奶奶是她生存的支柱，而哥哥则是她了解外界的窗口。每天早上，她会站在阳台上，眼巴巴地看着哥哥背着小书包的背影消失在人流中，下午再等他放学回来讲学校里发生的事情。

在陈芳的幼年记忆中，父亲只是一个传说中的影子，而这个影子却是深刻的，因为奶奶常常提到他。每到晚上睡觉前，奶奶总是一边帮她脱衣服，一边指着窗外路灯下的路说，你爸爸会从这条路上走回来。而她每次从窗玻璃上看到的，仅仅是自己和奶奶的影子，她常常担心，他们两个人会不会从窗子上掉下去。

对于童年的陈芳，母亲仿佛也是一个影子，尽管她一直在母亲身边生活。每天母亲不是进进出出地忙碌，就是在里屋的床上睡觉。有时等母亲睡着了，陈芳会站在门边悄悄地看着她。

那时，能像别的孩子那样背着书包去上学，是母亲对她唯一的期望了。

南下海岛

妹妹出生不久，父亲就回来了，这次回来，是准备举家南迁的。父母结婚十年，还很少在一起生活，现在有了三个孩子，再苦再难，一家人在一起总比分开强。父亲说服了母亲，一起带着三个孩子去海南农村生活，他将在那里的"五七干校"接受改造。

由于家庭原因，奶奶去不了海南，也不想再背井离乡，她要回浙江老家叶落归根。陈芳从出生起，就没有离开过奶奶，奶奶是她生活的全部，她要跟着奶奶，奶奶到哪儿，她就去哪儿。

父亲认为奶奶把陈芳惯坏了，弄得像个资产阶级小姐，饭来张口，衣来伸手，还见不得阳光，经不得风雨。父亲把奶奶送走后，就开始了对陈芳的管教，

"我就不信，这小小年纪能翻天！"

父亲要陈芳在一天之内学会自己穿衣服、裤子、鞋子，那是她第一次领教父亲的严厉。

去海南的路途十分遥远，父母只能带上必要的衣物，其他家当都不得不留在了长沙，其中也包括陈芳唯一的玩具——那个五彩的七音琴。

一家人到达海口没多久，几辆大卡车把十几家大人小孩一起拉到了五指山区，红岛"五七干校"就在海南琼中县五指山区一个偏僻的小山上。那是一个不大的农场，有几个农场工人住在唯一的几间瓦房里。这群人没有房子住，不得不自己动手盖房子，他们中不少人是水利勘探工程师，在荒山野岭安营扎寨难不倒他们。

盖房子就地取材，山里有不少木头、竹子和茅草。没过几天，一排排茅草房就搭建起来了。

屋子里的家具也很简单，根据木头的粗细，锯成不同的形状，做成桌子、凳子和床，再在床上铺一张竹席子，就可以睡觉了。当然，必须要安上蚊帐，否则可能会被蚊子叮死，并且除了蚊子，还有很多其他会飞的和会爬的昆虫，都会趁你睡觉的时候，来分享你的血和肉，因此，有没有蚊帐，真的是生死攸关的事情。

五指山最有名气的，除了"红色娘子军"，恐怕就算蛇了。山上究竟有多少种蛇，谁也说不清楚，关于蛇的传说也是千奇百怪。有人在山上看到一根横在路面上的粗木头，要把它搬开，手一动却发现原来是一条蟒蛇；如果走在路上看见一根青草或一根枯树枝，千万不要去捡，它有可能是一条毒蛇；早上起床，经常会看到蛇盘在床底下或在鞋子里睡觉……

有一次陈芳从树上跳下来，正好落在一条眼镜蛇的面前，那蛇立起了头与她对视，后来还是蛇先离开；还有一次，她和一个女孩在山上采花，当那个女孩把手伸向一朵艳丽的"花"时，陈芳猛然发现那其实是一条"竹叶青"，她用手上的镰刀一刀向那条蛇砍去；又有一次，她们在小溪中的石头上跳跃，那个女孩跳向她所站的石头时，没有站稳，俯面倒向水中，而此时，水中正好有一条蛇抬起头来，陈芳一把抱住了她，她的脸差点撞上蛇的头。几年后，有一天这个女孩来找陈芳："我刚刚想明白，其实你救过我两次命……"

来到五指山，陈芳开心多了，跟她差不多大的孩子有七八个，大家光着脚在山坡上、野地里、阳光下自由地奔跑，她的身体并没有因此变坏，反而一天天壮实起来，她那深藏在文弱躯体内的野性有如一颗干枯了多年的种子，因有了充足雨露的灌溉而毫无限制地疯长起来。

在一切都是定量供给的年代，孩子们常常食不果腹，他们会用上所有的智慧去山野里找寻能填饱肚子的果物，却从未遭遇过食物中毒。

事隔多年，哪种花蕊甜，哪种树的果子好吃，到什么地方能找到它们，陈芳还记得一清二楚。上大学时学植物分类课，老师是一位走遍了中国山山水水，唯独没有去过海南岛的"老学究"，每回上野外实习课，他总爱走在陈芳身边，一边向她耐心地讲解植物分类的方法，一边寻问海南各种特殊植物的具体情况，而陈芳总是绘声绘色地向他描述各种植物放在嘴里的味道以及如何才能够找到它们。

尽管植物分类课不是陈芳感兴趣的学科，但可爱的老师还是给了她最高分。

忆苦思甜

在陈芳的记忆中，村子里有两处"建筑"最大，一处是食堂，另一处是大礼堂。大礼堂是由连队所有人一起参与搭建的，建好后的第一件事情，就是开忆苦思甜大会。

第一个在大礼堂做忆苦思甜发言的人，竟然是陈芳的妈妈。那一天，大礼堂里坐满了人，妹妹坐在妈妈的怀里，陈芳坐在妈妈的对面，妈妈则坐在人群的中间。爸爸坐在哪里不知道，他肯定也在人群中，因为全连队的人都必须到场。

这是第一次，陈芳知道了妈妈的故事。

妈妈是一个孤儿，在她还没有出生时，她的父亲就被日本人杀害了，她的母亲当时怀有八个月的身孕，等她出生后，母亲没有勇气独自把她抚养成人，就把她送到了当地一家洋人开办的孤儿院。她母亲的朋友，一对年老的夫妇，没有儿女，听说了这件事后，就到孤儿院把她接了出来，当成自己的外孙女抚养。

当时，他们还有自己的工厂，也算是有钱人家。可是日本人的到来，改变了这一切。为了逃避日本人的轰炸和扫荡，他们从武汉一直逃到了湖南常德。当历经磨难到达常德时，他们已经是很穷的人了，加上二老年事已高，不得不让她外出打工，养家糊口。

妈妈从四岁开始，就拿着小篮子去卖一些小零食，如瓜子、花生。到了六岁，她被送到有钱人的家里去当童工，每天早上天不亮就要起来打扫卫生，干各种体力活，直到晚上睡觉。

新中国成立后，人民政府把妈妈送进了学校，她上一年级时已经 12 岁了，等她 16 岁初中毕业，就被分配到现在的单位。

听了母亲声情并茂的讲述，会场上好多人都哭了。陈芳也为母亲感到骄傲，因为在那个年代，出身越苦就越光荣。

忆苦思甜后，大家开始分吃野菜。这些野菜是从山坡上采来的，大家叫它"马使汗"（学名马齿苋），味道有些苦，有些酸，煮出来的水是深紫色的。几十年后，有一次陈芳到南方出差，在一家高级餐馆，朋友花了几十元点了一盘这个菜，经过厨师用油、蒜、辣椒的烹制，它成了一桌大鱼大肉中清爽的点缀，颇受欢迎。可是在忆苦思甜会上，它是唯一的食物，仅在水里煮了煮，再放上一点盐。每个人都分到满满的一碗，必须全部吃下去，孩子也不例外。

每次，陈芳都是在父亲严厉的监督下把它吞下去的，她那动过手术的肠子，非常不愿意接受消化苦菜的任务，常常还没等吃完，肚子就开始绞痛。

在干校，父母的注意力除了每天的政治学习和劳动之外，几乎都放在了甜美漂亮的小妹妹身上。五岁的陈芳，正到了"狗见了都要绕道走"的年龄，任何时候出现在父母面前，都会让他们皱起眉头。她的身体问题，早已没有人关注，她也很知趣，从来不告诉父母，倔强的性格，大概就是在那时被激发出来的。

意外之灾

有一天，有个小女孩告了陈芳一状，这一状在当时来讲后果非常严重，父亲不得不把她带到连队队部。

几个叔叔阿姨对陈芳进行了严厉的批评，但其实她是被冤枉的。她试着解释，但因为年龄太小，又解释不清楚，反而被认为是死不认错。

"我回去再好好教育这个不知天高地厚的东西！"父亲对当时屋里的其他人说。

回到家里，父亲把她结结实实地捆在了家里的桌子腿上。母亲心疼女儿，想阻止父亲的做法，父亲说："我不想她被人带走。"

吃完早餐，父母依旧没有为她松绑，把门一关，出工去了。

从早上被父亲从被窝里揪出来，到现在被绑在桌子腿上，陈芳没有让自己的眼泪流出来，因为她知道，眼前的这个被叫爸爸的男人，是不会因为她的眼泪而动恻隐之心的。她的哭，只会自取其辱，招来更多的责骂。

父母一走，陈芳的眼泪就哗哗地流了下来。她一边哭，一边喊："奶奶，你在哪里啊？你不该把我丢下不管呀！"

她不记得被这样捆绑了多少天，最初每天还会被父亲暴打一顿，每天父亲都会告诉她，她做的事有多坏，她是一个多么坏的人。她终于接受了父亲的观点，接受了自己是一个坏分子这一事实。那一年，她五岁！

过了将近一个月的时间，等陈芳终于被父亲从家里放出来的时候，这个世界对她来说，已经发生了翻天覆地的变化。她开始害怕见人，见到任何一个大人，都会低头绕道走，以前玩得好的小朋友，也成了监视她一举一动的督察员。

从那以后的很多年，这个事件就像锁在她心里的一颗"炸弹"，随时都会爆炸。事过境迁，当她终于有勇气开锁清除"炸弹"时，发现因为时间太久，锁都有些生锈了。

隔离病房

陈芳又生病了，不是肚子疼，也不是咳嗽，而是急性肝炎，她被送到县里的流行病医院进行隔离治疗。

流行病医院建在县城外一个山头的半山腰上，她是整个医院唯一的小病人。在这里，从医生到病人，没有人知道她的过去，更没有人知道她是反动分子。在这里，她第一次见到了死亡，仿佛每天都有人死去。她记得有一个叔叔，头一天还在给她讲故事，第二天，就被蒙上白被单抬走了。

陈芳六岁生日那天，所有能下床走动的病人都来了，大家夸她聪明可爱，要她唱歌跳舞给大家看。她天生喜爱唱歌跳舞，再难的歌，她都能准确地发音吐字。她还曾代表连队在大型晚会上演唱过《红灯记》中李铁梅的唱段和《智取威虎山》中常宝的唱段。自从那个事件后，她已经有很长时间没有唱歌了。因此，这个要求对于那时的她，比任何礼物都要宝贵，她甚至诚惶诚恐。

这场病，这个医院，不仅救了她的命，这些垂死的病人，还救了她的心，她的灵魂，让她没有向更可怕的深渊堕落。

这家医院治疗肝炎的办法很独特，用一些中药和猪肝一起煮成药汤让病人服用。那时，糖是定量供应的，医院没有更多的糖来供陈芳服药，每当她不想吃药时，熬药的阿姨就会说："小妹妹，我一大早跑了四个小时的山路才给你拿来猪肝，别人想吃还没有呢，赶快吃掉吧！"她就会乖乖地把它全部吃掉，因为已经很久没有人对她这么好了。

有一天，趁大家不注意，她悄悄地溜出了医院，向后面的山上走去。她对花草没有多少兴趣，只关心它们能不能吃、好不好吃，但对昆虫，却有无穷的热情。那天她跑到水潭边，开始追逐蜻蜓，有一只很大的紫红色蜻蜓在她眼前飞来飞去，她全神贯注地看着它，以至于忘记了自己在什么地方，眼看就要抓到了，谁知一脚踏空，滑向水潭里，就在她的脸快要贴到水面时，有人抓住了她的脚，把她倒提着拉了上来，然后抱起她，轻轻地放在了一块石头上。

那人对陈芳"啊，啊，啊……"地说着，比画着，虽然陈芳一句都听不懂，却似乎能明白他的意思，他是聋哑人，是附近一所聋哑人学校的老师。

后来，陈芳经常跑到第一次遇见他的地方去等他，连比带划地给他讲自己的故事，他也会带一些好吃的或好玩的东西给她。自从奶奶离开以后，这是第一次，她把自己的心向另一个人敞开，一个成年的聋哑人，但她从来没有把认识他的事情告诉过任何人。

有一天，陈芳午觉醒来，正准备像往常一样坐在床上练习写字，忽然，听到母亲用几乎颤抖的声音在叫她："芳，快跑出去！"

陈芳顺着母亲手指的方向看过去，只见一条又粗又黑的蟒蛇正从窗子外爬进他们的病房，这是一条传说中能把小孩一口吞进肚子里的大蟒蛇。

病房的门口很快就围满了人，有人拿了竹竿子，想去打蛇，可是竹竿还没碰到蛇，就被它一口咬住，倒把打蛇的人吓了一跳，赶忙退了出来。

陈芳想起了她的朋友，于是向医院大门口跑去，迎面看见朋友正向这边走来，陈芳赶紧向他描述了蛇到病房的情况，听完后，朋友捡起一根很粗很长的棍子握在手里，向病房走去。来到病房门口，他用木棍先把床板掀开，然后照准蛇的脑袋，一棍子狠狠地打了下去，只见那条蛇的脑袋被打得稀烂，它的身子扭动了一阵，就再也不动了。朋友向陈芳摆了摆手，转身离去了。

在那个肉类定量供应的年代，美味的蛇肉真不亚于天降横财，好几个人争着要瓜分这条蛇。可是蛇是朋友打的，他们应该分给他一些，至少，也应该向他说一声谢谢。

然而，他们什么都没有做。

身心创伤

从医院回来后，陈芳开始上学了。从连队到学校需要翻过两座山，走一个多小时路。小孩子们捉虫追鸟，爬树采果，摘花弄草，不仅回家晚，脸上、手上、脚上还经常有各种各样的划伤。

那天，陈芳在山上玩到很晚才回家，进村子时天几乎全黑了，家家户户都点亮了油灯。她走到家门口，发现家里一片漆黑，门还上了锁，只有爸爸的木工房可以进去，也是黑黢黢的，她有些慌了，这种事之前从来没有发生过。她在门口拦下经过的叔叔阿姨，问他们知不知道爸爸妈妈到哪里去了，有的说不知道，有的说看见他们抱着妹妹出村了。

"爸爸妈妈一定是不要我了！"被父母抛弃的想法一下子涌上她的心头，她坐在爸爸木工房的刨花堆里，害怕地哭了起来，又饿又伤心，也不知过了多久，她在刨花堆里睡着了。

"芳，醒醒。"好朋友宁叫醒了她，把她带到自己家里。宁妈妈给她留了一份饭菜，里面还有一片肉。那时，可不是每天都能吃到肉的。

"你妹妹在幼儿园突然晕倒了，爸爸妈妈抱妹妹连夜去了县城医院，怕要有几天才能回来。你妈妈让我这几天关照你一下。"听到宁妈妈的这番话，她打消了心里的恐惧。

晚饭后，宁妈妈让他们早早上床睡觉了。她和宁睡在同一张床上，头挨着头，宁妈妈给他们讲故事，那种温暖的感觉，仿佛做梦一般。在她的记忆中，只有奶奶才这样哄她入睡，而那已经是好久好久以前的事情了……

第二天放学的时候，孩子们和往常一样，光着脚在高低不平的路上奔跑，突然，陈芳踩在了一个小石子上，石子一滚，她左脚外侧着地，整个人向左边歪了下去。

"啊！"一阵尖锐的刺痛，让她瞬间跌坐在地上，小朋友们都围了过来，左脚关节、膝盖的疼痛使她浑身战栗，忍不住流下了眼泪。一群孩子也没辙，最后还是宁建议大家轮流背她回村。

陈芳个头比较大，好几里的山路，孩子们用了吃奶的力气才把她背到村口，这时天已经完全黑了，有几个家长焦急地等在村口。大人们见状，马上接过陈芳，把她送到了连队的卫生室。

卫生室也没有别的药，卫生员阿姨把酒精涂抹在红肿的部位，酒精的清凉，能暂时缓解烧灼般的疼痛。

第二天，陈芳的腿和脚无法动弹，只好在家休息，她不停地用酒精涂抹红肿的地方，在酒精的作用下，红肿有了一些消退。

第三天的傍晚，爸爸妈妈带着妹妹回来了，哥哥也跟着回了家。

猛然间见到他们四个人，陈芳好像还有些不习惯，也没开口说话。

"怎么啦？"爸爸没有停下来，直接抱着妹妹进了里屋。

"摔倒了。"陈芳回答。

"伤得重吗？"妈妈问。

"你问她，她自然会说伤得很重，她没病也会装三分。"爸爸的声音从里屋传来。妈妈听了这些话，没再细看她的伤，跟着进了里屋。哥哥倒是在她身边停了下来："哼，装的吧，是不是为了逃学？"

他们的话使陈芳刚有的一点点看见家人的喜悦和想撒娇搏得同情的心思顿时烟消云散，她忍着委屈，泪水在眼眶里打转，拿起地上的拐杖，支撑着走出了家门，妈妈看见了，忙问："这么晚了，到哪里去？"

"上厕所。"陈芳头也没回，她怕再停留片刻，就会号啕大哭。

陈芳一步一步地向黑暗的村口走去，这是她第一次想要离家出走。

她走到村口的大树旁，抱着树，终于大声哭了出来。天上繁星点点，远处黑黝黝的大山，耳边响起昆虫此起彼伏的鸣叫声，她不知道该向何处去。

突然，陈芳发觉黑暗中有一双眼睛在盯着她，借着微弱的星光，她看见不远处有一头野猪，听大人们说过附近有野猪出没，没想到现在离她这么近……

陈芳止住了哭，抱着树，盯着野猪，看它要干什么。她不害怕任何动物，唯一害怕的是人。野猪静静地看了她一会儿，就隐没在黑暗中。

野猪的出现，让陈芳平静下来，她知道，如果离开这个昏暗的村庄，独自一人走进更加黑暗的山里，等待她的将会是更多的恐怖和危险。

后来，肿痛感逐渐消失了，却留下了后遗症，母亲带她到各个医院就诊，无奈为时已晚，无法再做任何治疗。

叛逆少女

经历了那个事件和腿伤后，陈芳已经不再奢望父亲会对她好。没有了期望，也不会有太多失望，陈芳与父亲的关系变得十分疏远。

当然，她也不是省油的灯，会用尽各种招数与父亲斗智斗勇。多年后，她的二儿子调皮捣蛋出了"天际"，她连眼皮都没眨一下，心想，与老娘当初相比，你只能算小儿科。

那时父亲可真是从心底里厌恶她，天天都会呵斥她，久而久之，这种呵斥也起不到什么作用了，她根本不会放在心上，时不时地还会给父亲找一些别扭。

平日里，陈芳会待在房顶上、骑在墙上、爬在树上或去追逐每一辆从连队边上开过的汽车，甚至爬上树等汽车开过时再跳到车顶上。还有一次，她爬上了气象站的风速塔，站在顶上往下看，人像蚂蚁一样小，吓得人群中的父亲直哆嗦，生怕她从塔上掉下来。

她受到父亲的各种惩罚，关在厨房、厕所、柴房、火房……"三天不打，上房揭瓦"，养了这么一个野孩子，母亲总是唉声叹气："别家的孩子被打被骂管三天，你十分钟都管不到，将来谁会娶你啊！"

她的行为令父亲失望透顶，父亲甚至说："我对你也没有什么要求，如果有一天，你从这个家里出去，不给我丢脸，就谢天谢地了！"他的这句话，让陈芳伤心了很多很多年。

因为修建水电站的事情，父亲上了《海南日报》，海口市一家单位借调父亲去帮助他们修建一座火力发电站，父亲由此从干校来到了海口市。但他不是一个人来的，随父亲到海口的，还有陈芳和妹妹。

父亲原本只想把妹妹带到海口，因为城里吃的东西会好一些，可以给妹妹增加些营养。妈妈让父亲带上陈芳，主要是担心学校频繁的劳动会使陈芳旧病复发，而且她走路还有些不对劲，乘此机会带她去大医院看看。

父亲对陈芳管教严厉，对妹妹却百般宠爱，那个反差可以用天地之别来形容。无论走到哪里，他都把妹妹抱在怀里或让她骑在肩上，而陈芳只能跟在他身后，有时陈芳去牵父亲的手，还会被他甩掉。

陈芳清楚地记得，她对父亲的偏心眼有过一次狠狠的报复。

那是一个星期天，父亲带她和妹妹去海口市街心公园玩耍。父亲带了一部照相机，不停地给妹妹拍照，偶尔才把她放进镜头陪衬一下。趁父亲不注意，陈芳偷偷地躲了起来，她不让自己走丢，也不让他们发现，后来天开始下雨了，她还是不肯出来，直到被雨淋得彻底湿透，公园也快关门了，才出现在父亲面前。父亲盯着她的眼睛，估计识破了她的恶作剧，但没有打她，而是一声不语地带着她和妹妹回到了家。

回家后，陈芳开始发烧，父亲熬了一些姜汤让她喝下，安顿好妹妹，父亲把她抱了起来，那时陈芳烧得迷迷糊糊，已没有力气挣脱他了，否则，她是不会让父亲抱的。

父亲在她的额头上亲了一下，小声地问："芳芳，你还记得爷爷吗？"

"爷爷？"陈芳不明白父亲为何问起这个。爷爷是一个大资本家，父亲有今天，都是受了爷爷的拖累。

"你还记得他长什么样子吗？"父亲又问。

陈芳摇了摇头，她实在记不起三岁时在老家见过的人和事了。

"爷爷很喜欢你，总是给你好东西吃……"

父亲停顿了一下说："他去世了！"

"啊？什么时候？"陈芳忽然有一些清醒了。

"不久前……"父亲的声音有些颤抖，黑暗中，他的眼泪滴在了陈芳的脸上……

少年陈芳

除了父亲，陈芳是家中唯一见过爷爷的人。那一刻，因为爷爷，她和父亲之间的距离忽然被拉近了，她第一次感受到被父亲抱着是多么舒服和温暖。那一刻，她原谅了父亲对她所做的一切，也是那一次，她接纳了他，成为自己的爸爸。

认识父亲

父亲仿佛什么都会做，修钟表，组装收音机，做饭，摄影，暗室效果处理，甚至缝制衣服。妈妈说，三个孩子中，陈芳的动手能力像爸爸，却没有一件事情能做得和爸爸一样好。

时至今日，虽然在别人的眼中，陈芳算是事业有成，可是，她从未感到过骄傲，因为比起聪明能干、知识渊博的父亲，自己实在算不了什么，她认为终其一生，无论多么努力，也达不到父亲的十分之一。

那时，在五指山上，靠点煤油灯照明，没有任何娱乐活动。

父亲决定建一座水电站，他找到了一个小瀑布，那是一个"天然的水电站"。当时没有任何测量设备，他就用土办法对瀑布和周围的环境进行了测量和计算。因为经费非常有限，父亲不得不自己动手制作大部分设备，包括发电机叶轮和各种大小的变压器。

父亲和他的同事用小作坊的方法把这个小水电站建了起来。记得通电那天，整个乡村充满了节日的喜庆，全村男女老少都站在自家门外，等待那激动人心的时刻。晚上七点，全村的灯在同一时刻亮了起来，夜晚的山村，顿时被照得灯火通明！那一天，陈芳觉得自己的父亲要比别人的父亲伟大。

有了电，村里终于来了放映队放电影了。陈芳有生以来看的第一场电影是《南征北战》。那天晚上，陈芳边看电影边想，这些人做的这些事，为什么会放到银幕上被别人看见；如果是这样，那她做的事情，会不会也被别人在某个地方的银幕上看到……这一系列的问题，困惑了她好几年。

小水电站工作了近十年。五十年后，陈芳和朋友故地重游，当地人指给他们看小水电站的遗址，那个小瀑布已经不复存在了。

上初中时，陈芳去海南松涛水库（父亲工作的地方）玩耍，有一个叔叔给她讲了两个故事。

故事一：有一处水库堤坝被白蚁咬得快塌方了，当时大家讨论出两个解决方案，一个是把水库堤坝炸掉，方法比较简单，但损失会十分惨重；另一个是用水凝胶堵住，至于堵在什么地方，需要取样才能决定。

水库下面有一个废弃的排气管，需要有人进去探明情况才能采取行动。排气管里面充满了沼气，人进去会有生命危险。父亲找来人向排气管里灌了三天水，等沼气全部排掉后，他自己爬进排气管，探明情况后制订了解决方案，很快就修好了水库，避免了巨大的经济损失。

故事二：父亲到海南山区去搞"三同"（与农民同吃、同住、同劳动）工作，他到的那个山村有很多土特产，但是没法运出来，被一条河挡住了。河的水流很急，村民们向县里提交了多次修桥的申请，都没有被批准，说是没有修桥的经费。

父亲说，我来帮你们修吧。

他没有测量仪器，就自己扎到水里，在水底做了一番勘察（父亲水性很好，曾做过游泳教练），根据勘察结果计算出需要多少钢筋和木头，他又去买来了钢筋、水泥和配料，运用土办法，建起了一座可以通车的桥。

父亲离开山村时，村民们送了一大卡车土特产，他都分给了单位的同事，自己没敢要。

在同事们眼中，父亲是一个风趣能干又乐于助人的人，和她眼中那个严厉的父亲完全不同。

陈芳喜欢看书，有一天她从父亲藏在床底下的书箱子里，翻出了一本既没有封面，也没有封底的《古文观止》。那时，中学里还没有开设古文课，父亲见她爱不释手，就问："你看得懂吗？"她摇了摇头，父亲一边做家务，一边把杜甫的《捕蛇者说》和白居易的《琵琶行》一字不差地背了出来，还逐字逐句解释给她听，让陈芳大为吃惊，原来父亲懂的这么多。

在分析问题和解决问题时，父亲喜欢走捷径，比如在解数学和物理题时，如果没有使用最便捷的方法，哪怕结论正确，他认为也是错的。父亲处理和解决问题的方式，对陈芳产生了不可磨灭的影响，她用了大半生去领悟父亲所讲的"一通百通"这句话，他是陈芳真正的启蒙导师。

父亲对陈芳态度的彻底转变，是在哥哥生病以后。

陈芳 12 岁的时候，哥哥突然生病了，他得了精神分裂症。哥哥的病无异于晴天霹雳，让父亲开始反思自己教育子女的方法，并做出了很大的改变。他不再是一个严厉的父亲，他把最慈祥的关爱给了陈芳，可以说无微不至。

家里三个孩子中，陈芳与父亲一起生活的时间最长，交流最多，受益也最多。当陈芳终于认同父亲、崇拜父亲时，她才真正感受到父亲严厉教育下的慈爱之心。父亲是老师、保姆、百科全书、人生导师，更是心灵依靠的大树。在父亲的庇佑下，她任性地遨游在知识的海洋中，但她并不知道，这种日子很快就要结束了。

考上北大

陈芳最自信的时候是在高中，成绩遥遥领先，数学和物理成绩尤其突出，感觉自己可以掌控命运，放飞理想。

在此之前，她玩性很重。

上初中时，她算是校园里亦正亦邪的风云人物，在学生会担任各种职务，也弄出各种事端，一度还成为校团委书记号召学生批判的对象。她被父亲逼着读书，成绩就像过山车，表扬就掉下去，批评又升上来。

陈芳真正发自内心的奋发图强是在初二偶然看到《参考消息》上的一则新闻以后，那是邓小平接见美国代表团时说过的一句话，大意是，我们要恢复高考，高中生无论出生背景、成分如何，都可以直接报考大学。

在老家的那些堂哥、堂姐连高中都上不了，只能回家务农，而在国外的堂哥、堂姐，有读哈佛、麻省理工的，父亲有一个堂妹还是钢琴家，曾经在国际钢琴比赛上拿过一等奖，而那时陈芳连钢琴长啥样都不知道。

对于她这种家庭背景的人，改变命运的机遇终于来了。

从此，陈芳成了班上最勤奋的学生，她有自知之明，既然智商无法与父亲、哥哥相比，那就靠勤奋来弥补吧。

几十年后，中学同学聚会，大家对她当年的刻苦精神仍然记忆犹新，在教室里，同学们任何时候抬头看她，都会发现她在全神贯注地学习。

或许，在许多人的生命中都有最痛苦的那一年，让人生从此不同。对陈芳来讲，这一年是 1978 年。那年松涛水库附近洪水暴发，父亲深夜被一辆汽车接走，去指挥抗洪抢险，回来后突发白血病，仅半个月就离开了人世。

父亲走的时候，海南各地来与他告别的人络绎不绝，太多的花圈连灵堂都摆放不下。区政府的领导都被惊动了：这是个什么样的人啊，能收到这么多花圈！

父亲的离去，对陈芳无异于山崩地裂！

父亲走后，陈芳很少与同学说话，每天红着眼睛进教室，拼命地看书做题，以此来忘掉心中的恐惧和痛苦。

转眼间，高考来临。

填报志愿时，数学老师对陈芳说："你应该报考北大。"可是她哪来的胆量填报北大呢？数学老师又说："第一志愿填北大，第二志愿填浙大，如果第一志愿没被录取，那么第二志愿应该能行。"考上浙大是父亲对她的期望。

高考结束后不久，有些同学收到了录取通知书，可是陈芳没有。一天下午，数学老师骑车来到她家："北大招生办的老师来电报问，如果换成生物专业，你去不去？"

"去啊！能进北大，专业还重要吗？"陈芳之前填报的是计算机专业。

她骑着自行车与老师一起赶往邮局，她们要在下午六点之前赶到，否则邮局就下班了。

很快，陈芳收到了北京大学生物系的录取通知书。

当年北大在海南只招收了两名学生，她是海南中学"文革"后第一个考入北大的高中毕业生。海南中学沸腾了，学校和老师为她感到骄傲；家族燃爆了，三亲六戚扬眉吐气，"翻身农奴"把歌唱，总算有孩子出人头地了！

那是在父亲走后的第十个月，陈芳刚满16岁。收到录取通知书当晚，她抱着父亲的骨灰盒，痛哭失声，她终于不再是一个令他蒙羞的孩子，她能给他带来荣光，给家族带来希望。如果父亲知道她考上了北大，该有多高兴啊！"子欲养而亲不待"，是此生最大的遗憾了。

高中毕业时的陈芳

初入校园

暑假快结束时，陈芳告别了母亲、哥哥、妹妹和同学，只身前往北京，开启了渴望已久的大学生活。

陈芳年龄小，模样更显小，有一次，她到校外办事，忘了戴校徽，返回学校时，门卫拦住了她："这里不是小孩子玩的地方！"她只好打电话让同学到校门口接她。同学们也拿她当小孩，班上的事常常用"小孩子不懂"来搪塞她。

父亲离世后，靠母亲一个人的收入维持家庭开支已经十分窘迫，好在陈芳申请到了每个月 11.5 元的助学补贴。海南中学曾以各种名义为她提供生活补贴，考上大学后，学校又为她提供路费，甚至上大学后，欧阳校长还从海南去北大探望她，并带去了一笔生活费。

一天傍晚，有个儒雅的陌生叔叔来北大图书馆找到陈芳，说要带她去见一个人。陈芳没有多想，就跟着他去了。

路上，叔叔问陈芳："你吃过北京烤鸭吗？"她靠助学金生活，哪来的钱吃烤鸭呢，于是叔叔花了 5 元钱，请她吃了一顿烤鸭大餐。

饭后，他们转车来到北京友谊宾馆，刚进宾馆大堂，一个面目慈祥的老人就向他们走了过来："你是从海南考进北大的陈芳吧。"

这事还得从头说起。父母的同事周德龄阿姨有一个比陈芳大两岁的女儿，陈芳偶尔会去他们家与她玩耍，后来一家人搬去了香港，那时，周阿姨的父亲是香港商会的会长。

陈芳的爸爸生病后，单位的同事曾写信托周阿姨帮忙在香港买一种药，这种处方药很难买到，当她想尽一切办法买到药并寄到家里时，父亲已经去世两天了，随药一起寄来的还有几百元人民币，在 20 世纪 70 年代，这是一笔巨款。

陈芳见到的这位老人，正是周阿姨的父亲。

老人对陈芳说："我会资助你在北大读书，考虑到你还小，不能计划用钱，我把钱交给他（那位叔叔），他会每个月按时汇给你，这样你就有钱用了。"老人做这件事并没有宣扬，就连周阿姨都不知道。

多年以后，老人生病住院，陈芳还专程去香港看望他，老人十分开心，与她聊起了好多往事。

周阿姨也一直在经济上资助母亲，让一家人从艰难中走了出来。人间值得，往往源于生活中最平凡却又最珍贵的善意，这些给过陈芳无条件帮助的人，让她坚信人性的善良，她也会把这种善良传递下去，尽自己所能去帮助那些需要帮助的人。

大学时代的陈芳

进了北大，陈芳才知道什么叫"天外有天，人外有人"。在中学不可一世的学霸，进了北大可能是垫底的"学渣"；被各省市大书特书的高考状元，进了北大啥都不是，普通人而已。

进校之初，她的成绩全班倒数。大学同学 40 年入学纪念聚会时，她还在微信群里问："我是不是全班高考成绩最差的那一个？"有人回答："肯定不是，据我所知，还有比你更差的，比如本人。"

同学们的优秀程度，完全超出了陈芳的想象。有个女同学，真的有像撒贝宁说的那种"照相机记忆"，书中哪句话在哪一页都记得一清二楚，图片的位置、排版都印在脑子里，每次考试都是九十多分。每个同学，似乎都有自己的过人之处。

有一次考试，外系的监考老师看到她的名字，突然问："你叫陈芳，是从海南考来的？"

这时她终于知道自己为何被调到生物系了。这位老师去广州招生，看到陈芳的高中成绩实在太优秀了，认为她不应该读计算机而应该学生物。

多年后，陈芳已是瑞典查尔姆斯理工大学计算机学院的教授，她与当时的院长提及此事，"什么？你太优秀，不应该读计算机系？"那位院长瞪大了双眼，感觉不可思议。

重塑三观

北大的功课很繁重，第一、第二学期陈芳几乎没有踏出过校园一步，传说中的"一塔湖图"（博雅塔、未名湖、北大图书馆），她去的最多的是图书馆。

陈芳喜欢逻辑思维类学科，如数学、物理，对死记硬背的化学十分讨厌，偏偏生物系所学的动物生物学、植物生物学、微生物学、遗传学、细胞生物学等全都得背，为了考试过关，她与这些讨厌的"家伙"相爱相杀，前两学期过得实在痛苦，为了弥补内心的缺憾，就拼命去吸纳其他知识。

北大图书馆是陈芳的最爱。面对如此浩瀚的知识宝库，需要科学地安排时间，她给自己订了一个目标，对规定的课业，考到85分就可以了。所有课外时间全都泡在图书馆里，她的兴趣和涉猎非常广泛，阅读的速度也很快，这些阅读与思考，也为她日后的成就奠定了坚实的基础，她后来从事的交互设计是集工程技术、自然科学、人文科学、艺术、美学、哲学等为一体的综合性学科领域，她能够在其中游走自如，得感谢当年的"杂学"。

以前，陈芳最不喜欢政治课，感觉它枯燥乏味毫无用处，然而进了北大，印象最深的却是政治课。老师讲党史，就像在讲北大历史，新文化运动的中心、五四运动的策源地就在北大，中国共产党的早期领导人李大钊、毛泽东都与北大有着很深的渊源，那些轰轰烈烈的事件就发生在自己身边，只不过早了几十年而已，这让她对政治、历史学科的认识有了很大程度的改观，甚至对哲学也有了全新的认识。

北大是思想变迁的领头羊，五四精神一直都在这里传承，经常有同学在宿舍里发表慷慨激昂的演说，同学们总是站在世界、国家和民族的角度去看待问题，有一种"天下兴亡，匹夫有责"的豪情。

陈芳年龄小，心智不够成熟，没有任何思想框架，能够接纳任何思潮，不断打破和重塑自己的世界观。当时在同学中流传一个问卷测试表，测试人的创造力，没有想到，毫不起眼的陈芳竟然得了最高分。

在北大，教生理学的陈守良教授对陈芳的影响很大。陈老师的教学方法与众不同，他从不照本宣科，而是去讲述那些事实背后所发生的故事：那些理论是被谁发现的？当时都做了什么样的研究？面对过哪些争议？他做学问也异常严谨，从不人云亦云，凡事以科学的方法和态度去求证，只相信数据和实证。

陈老师带给陈芳很多启发，科学研究需要不断去认证，不要被权威的理论定理等所蒙蔽，有些诺贝尔奖也产生于看似不可思议甚至打破常规的理念，所有真理都是相对的，铁板钉钉的论述有时也可以被推翻。

北大四年是陈芳一生中最为重要的时期之一。在那里，她的人生观、世界观、价值观都得到了重塑，她不仅学到了知识，更具备了认识世界的正确态度和处理问题的正确方法，并拥有了一套自己的价值体系，即尊重科学，寻求真理，突破传统，敢于独立思考，敢于挑战权威，不会为了任何利益去弄虚作假。

朦胧情谊

大学生活丰富多彩，同寝室的姐姐们都很照顾她，大家一起谈论校园风暴、时事政治、新闻八卦，彼此相处融洽、姐妹情深。姐姐们都是学生会干部，分别在系学生会或校学生会任职，青春靓丽的女生，追求的男生很多，来来往往发生了好多故事。

L同学，长得高大英俊，似乎在男生中很有威望，他还担任了一些校学生会的职务。

大三时，陈芳是专业课代表，负责收作业，L同学每次交作业都会给陈芳一个微笑，让她感觉很nice（友好）。

有一次，全班同学外出植树造林，空余时间男生们踢足球，陈芳在观看时，恰好有球滚到了脚下，她顺脚一踢，谁知球没踢出去，鞋却不见了，男生们笑作一团，正当陈芳不知所措之际，L同学跑去把鞋捡了起来，还拿过来帮她穿上，这让陈芳很不好意思。

还有一次男生们打比赛，女生们在旁边观看，L同学走过来坐在陈芳旁边，"你喜欢足球?" "不喜欢，但这里也没有其他可看的。"此时陈芳对足球一窍不通。

L同学给她解释足球的游戏规则，有多少人踢，什么时候罚点球，什么时候发任意球，还从足球引申到其他运动项目，谈得非常专业，这让陈芳非常惊讶，"你怎么会知道这么多?"他说正在准备考裁判证。在随后的几年里，两人去看了各类运动比赛，还有交响乐、芭蕾舞、歌剧、舞剧。L同学为陈芳开启了一扇崭新的大门。

多年后，他们在纽约相见，第一件事就是去百老汇看了一场话剧。

那时候的学生家里普遍很穷，每学期班上都要讨论助学金的领取问题。有一次讨论，L同学没有来，他是班干部，不参加有点奇怪。有同学告诉陈芳，L同学不愿意别人评论他的家庭。

L同学没有父母。在他三岁的时候，母亲被人害死了。父亲再婚后，继母带了两个孩子过来，紧接着又生了两个孩子，L同学五岁时，父亲也去世了，由继母把他抚养成人。

有一天，陈芳和L同学在马路边散步，有辆车开过，陈芳说："我最不喜欢汽油味了，每次闻到都想吐。"

L同学却说："我可喜欢汽油味了，感觉像香水一样好闻。小时候妈妈每天回家就带着这个味道，她在炼油厂工作。"

他还说每次放假回家，妈妈都会让他带走很多吃的用的，恨不得把家里的所有东西都给他带上。

L同学温和细心，他们年龄相仿，但他比陈芳更能看透生活的本质，在不经意间，给她一些启发。不同的是，陈芳从不逃课，他却常常缺课。在他看来，能教他的老师不多。每次缺课后，他都会让陈芳为他复述一下课堂内容，45分钟的课，陈芳用五分钟结合课堂笔记讲解一番，就足够了。更让陈芳"愤愤不平"的是，每次考试，他的成绩都比陈芳好。

一个深冬的晚上，他们一起下晚自习往宿舍走，刚下过大雪的北大校园银装素裹分外美丽，不过寒风依旧刺骨，走在上风口时，他悄悄地把自己的军大衣敞开，这个为她阻挡风寒的动作，令她流下了感激的泪水。

L同学的体贴和关心，让陈芳的大学生活变得十分美好，她以为，他们会一直走下去，直到永远。

大四时，陈芳开始夜以继日地复习考研。一天，她突然收到母亲寄来的一封信，母亲在信中说，哥哥离家出走，失踪了。

看完信，陈芳撕心裂肺地大哭起来，完全崩溃了，跑去找到班主任，要请假去海南找哥哥："爸爸让我照顾好哥哥，他现在走丢了。"

老师说："你自己还是个孩子，能做什么？怎么找？"老师叮嘱同学一定要看住她，决不能让她放弃学业去寻找哥哥，这样会搭上自己的一生。

哥哥失踪后，陈芳再也没有心思复习了，研究生自然也没能考上。

职场风波

陈芳从北大生物系毕业后，分配到中国预防医学科学院劳动卫生与职业病研究所工作。陈芳工作的研究室，是当时全国从事这项工作的最高研究机构。

人际关系的复杂程度，哪是一个初入社会的学生所能理解的？

陈芳所在的科室主要负责调查一些岗位和工位的劳动安排是否科学、劳动强度是否合理、工作环境对人体有没有伤害，等等。上岗不久，她就接到一项任务，去调研高频振动对手的伤害。

负责牵头的教授曾留学俄罗斯，家庭背景很强，她引进了一些俄罗斯的新测试方法来做试验，分配给陈芳的任务是负责冷水试验部分的测试工作。

测试比较简单，先让工人把手伸进事先准备好的冰水里，两分钟后，再抬起手来观察手上温度的恢复情况。在测试过程中，陈芳发现冷水实验后手指温度恢复情况并不仅仅与微振动造成的微循环伤害有关。有些女生，冬天手脚冰凉，做这个试验就无法看到效果；有些工人，从家里骑自行车到检测场地，由于运动造成血液循环加快，也会影响结果……

陈芳把这些发现和自己的理论解释告诉了牵头的教授，教授听后，虽口头夸赞，但心里却认为陈芳是在故意挑战她的权威。陈芳初出茅庐，不懂得职场上的游戏规则，她当着其他同事的面讲的这些话，让教授丢了面子。

从此，教授记恨在心。有一次领导们开会，她说："陈芳在江西做调研时，与一个小白脸混在一起，不干不净的，搞科研的人这样做，人品不好。"当时确实有个男孩给陈芳当助理，休息时间带她去吃过当地的美食，这是再正常不过的事，怎么就与人品挂上钩了呢？

那时陈芳才20岁，一盆莫名其妙的"脏水"泼在身上，自己还全然不知，更不清楚由此产生的不良影响。别人告诉她这件事，已经是几年后她即将出国的时候了。

还有一次，一位纽约大学的老师来北京某高校讲生物力学，当时国内还没有开设这门课，陈芳对此很感兴趣，就申请去听课。

老师全程用英文授课，担任翻译的是北京某大学公共卫生系的教授，这位教授曾经在纽约大学进修过，讲课老师就是他进修时的指导老师。

来自全国各地的学员，除了陈芳以外，都听不懂英文，也不知道是翻译专业不精，还是英语不好，翻出来的内容常听得人莫名其妙。

讲课老师很聪明，他很快就发现除了陈芳以外，其他人都没有听懂，接下来，每当老师看见学员们迷茫的目光时，就会让陈芳再翻译一遍，课后学员们也去找陈芳寻问没有听懂的地方。那时陈芳已经工作几年了，知道一些人情世故，她很注意自己的言行，怕抢了那位担任翻译的教授的风头，即便如此，陈芳还是得罪了他。

这些来自全国各地的学员，都是课题负责人，年龄比陈芳要大很多，别人问她，总不能不说。短期培训结束后，学员们让陈芳去跟美国老师说，想再自由交流一下，老师爽快地把自己住的酒店和房间号告诉了大家。

课程结束那天，十几个同学相约一起去酒店找到美国老师，大家天南地北聊得很愉快，结束后各自离去，陈芳也去了一个好友家里混晚饭。

第二天，陈芳高高兴兴去上班，打水时发现所有人看她的眼神都很奇怪，她刚坐下，所长的电话就打了过来："你马上到我办公室来一趟！"陈芳一进门，所长就黑着脸劈头盖脸地说："这几天，你都干什么去了？"

"学习啊。"

"你昨天是不是去'老外'房间了？"

"我们没有去'老外'房间，是去'老外'住的酒店里的酒吧，下午四点去的，五点就离开了。怎么啦？"

"有人打电话来说你晚上去'老外'住的房间了。如果这是真的，你会被开除！所以，你需要去证明自己的清白！"原来，前一天晚上，那位做翻译的教授给所长打了电话。

这都是什么事啊，陈芳气得脸都绿了。

她马上写信给那十几位同学："你们一定要为我作证！"那些同学知道后也很愤慨，大家都写信或直接打电话给所长，说幸好有她，否则还不知道老师讲的是什么内容。

这件事，让陈芳深切地体会到有些人人心的险恶。

基层调研

有个硕士生在做"营养与高温劳动"的研究课题，他要去调研工人在高温条件下的身体指标和餐饮情况，陈芳被安排去做他的助理。为了做好这个科研项目，陈芳查阅了大量文献，对人体在高温环境下的生理变化做了十分深入细致的研究。

后来，她在瑞典做博士论文时研究人体的低温生理，她的博士导师非常惊讶于她在这一领域的渊博知识，以至于当她问导师还需要读什么课程时，导师说："你的知识比那些老师都深入和系统，你去教他们还差不多。"

这年夏天，三人来到窦店的砖瓦厂，近距离观察工人烧砖时砖窑里的温度情况。陈芳的工作是把传感器、检测设备放进砖窑里测试工人的工作环境。砖窑里温度高，黑球温度接近70℃，靠电风扇加冷水来给工人局部降温。

工人进去后码砖、取砖两三分钟就出来了，陈芳要在工人进去前先安装好设备，等工人出来后才能出来。那是三伏天，气温已超过30℃了，陈芳从砖窑出来后，即便站在太阳底下晒着，也感到凉快得不行。

在等回去的火车时，三个人吃掉了一盒冰淇淋，陈芳还是感觉到火烧火燎的难受。回到宿舍，她开始发高烧，烧到40℃，一周内被送了两次急诊，体重掉了十几斤。病好后下床连脚都站不稳，过了好久才恢复过来。由此可知，工人在如此工作环境下身体受到的伤害程度，后来这些工种很快就被机械化和自动化设备取代了。

陈芳第一次知道中国有文盲，还是在舟山渔场做调研的时候。据说那些渔民非常富有，他们在女儿出嫁时，已经能给出几十万元的嫁妆，而那时陈芳每月的工资还不足一百元。很多渔民都不识字，在做问卷调研时，渔民听不懂普通话，陈芳他们听不懂江浙话，连蒙带猜，22天时间调研了21个渔场，换了21家酒店，所有酒店都带着鱼腥味。

回去后，陈芳又大病了一场。

陈芳在北京工作时的证件照

评定职称时，同期毕业的人都得以晋升，只有陈芳一个人被否决了。

等到陈芳开始正式办理留学手续，单位没好意思再刁难她了，一切手续变得异常顺利。临行前，所长对她说："学成后随时欢迎回来，我们所始终都有你的一席之地。"单位还多给她发了几个月的工资。

古人说"福兮祸所伏，祸兮福所倚"，还是相当精辟的。

拜师学艺

从参加工作开始，陈芳每天早上都会去天坛公园晨练，在那里，她正式拜在董海川第四代程式八卦掌传人刘兴汉师爷的门下，得到了系统的武术指导。

刘师爷是一个充满了传奇色彩的人物，他是一个非常严谨的老式教练，家传武术，六岁习武，功底深厚，时常有外国友人上门请教，体校的武术教练更是以得到他的指点为荣。刘师爷在天坛公园内有一块场地，据说几十年来其他人、其他门派都不得到那里训练。他每天早上六点开始手把手教徒弟，晚上也会去教几个小时。陈芳从认识师爷那日起，便开始了风雨无阻的训练。

刘师爷教的是实战技巧而不是花拳绣腿，每天要做几个小时枯燥的转掌、走桩动作，严格的训练让陈芳领悟到了中国传统武学的奥秘，也结识了一批当年最有名望的武术大师。

刘师爷钟爱陈芳，她也是师爷唯一的女弟子。据说当时全国武术比赛八卦掌第一名戈春艳托人来请刘师爷指点，师爷拒绝了，他对陈芳说："那是花拳绣腿，她打不过你的。"

有一次，陈芳把男朋友（后来成了她先生）引荐给刘师爷，师爷仿佛有先见之明，毫不客气地对他说："陈芳很厉害，五个男生近不了她身！"其实，她从未与人实战过。

后来，每当夫妻吵架，在先生最愤怒之时，也不敢举手打她。

在天坛公园，太极拳老师万籁声老先生的亲传弟子教了陈芳一套武当太极拳，从此太极拳也成了她所钟爱的运动。因为学习武术，她成了金庸的超级粉丝，一位全国著名的武术大师曾对陈芳说："你真幸运，大学上了全国最好的学校，修习武术，又遇到了最好的教练。"

刘师爷手把手教陈芳练
纯阳剑

　　练习内家拳，彻底改变了陈芳的身体素质，她从"外强中干"的老病号，变成了充满活力的女强人。每年夏天，她都会和师兄师弟做一次"铁人运动"，连续 36 小时骑车、游泳、爬山，直到身体极限。

　　在获得瑞典查尔姆斯理工大学终身教授职位的面谈会上，一位老教授问陈芳："你有什么业余爱好？"她笑着说："我是欧洲内家拳锦标赛的决赛裁判。"此言一出，在场的所有人都惊掉了下巴，"果然中国人都会飞檐走壁！"老教授幽默地调侃道。

　　在一次欧洲内家拳集训营的训练中，陈芳被要求表演一套武当太极拳，看她打完拳，一位练习了二十多年太极拳的教练说："你让我理解了什么是真正的太极拳。"还有一位太极剑修习者，硬要与陈芳比剑法，她只用了纯阳剑中的起势，就"剑剑封喉"，一时成为美谈。

感情未央

　　人这一生，会有多少爱与被爱？很多人就像旅途中的过客，相伴一段，便匆匆擦肩而过。缘分尽了，感情再深也是陌路。

　　读初中时，比陈芳高两届的 K 同学，是第一个喜欢她的男孩子。

　　有一次学校开大会，班主任让陈芳上台念稿子，陈芳当过学校的播音员，读稿没问题，因此她没有提前看稿。上台时，发现班上那个调皮捣蛋腿有些跛的男生，也在自己的旁边站着，当时还觉得很奇怪。念着念着，才知道原来是在批判这个男生，说他乱搞男女关系、耍流氓什么的。

在大会上读这种稿子，让人很尴尬，也很不舒服，但是，陈芳无法中途停下来，更没有机会去向他解释。

第二天放学，这个男生领着十来个小混混把陈芳围在了路中间，每个孩子手上都拿着一根棍子，气势汹汹的样子把回家路上的同学全都吓得跑开了。

突然，K同学冲进了人群，他一把抓住那个男生的衣领，指着陈芳说："她是我妹妹，如果她在这条路上被伤了一点点皮毛，我就把你的另外一条腿打断。"这阵仗，吓得那些小混混屁滚尿流，纷纷逃之夭夭。从此，这群小流氓再也没敢骚扰陈芳。

四十多年后，陈芳与中学同学再次聚会，她走到那位已经两鬓斑白的跛腿同学面前，拉着他的手，为当年的事向他道歉。

K同学经常到陈芳家里来玩，知道她喜欢读书，就找来各种各样的书给她看，凡事宠着她，让着她，有什么新奇的事物、好吃的东西，都会在第一时间拿来给她，他们一起做作业，一起读书。父亲怕陈芳早恋，悄悄在半路上拦截K同学，不准他来家里找陈芳，母亲对父亲说："芳芳不懂的。"陈芳当时听到父母的对话，不明白这个"不懂的"是什么意思。

父亲去世时，母亲崩溃了，家里乱了方寸，父亲遗留下来的很多事情都由陈芳在处理，对于一个15岁的少女来讲，这种压力确实太大了。那天晚上，K同学来找陈芳，见到他，陈芳不禁号啕大哭，他站在那里不知所措，等陈芳平静后，他告诉陈芳："我们全家要搬走了。"

从那以后，她再没有过他的消息。

而与北大同学L的分离，是陈芳一生中最无可奈何的遗憾。在感情上，陈芳从来不是一个主动的人，但对L同学除外。

那时，他们在同时准备出国留学，考完托福后，陈芳问他："我们之间究竟算什么关系？"

"我这一辈子不会结婚……不过，你是唯一一个在我心中留下深刻印象的女孩子，你会结婚吗？"

"当然。"

"如果是这样，我们不会在一起。"

"为什么?"好似一盆凉水从头浇到脚,把她的心浇得透凉。陈芳自认为,没有谁比她更适合他,没有谁比她更好,这究竟是为什么?

L同学没有回答。

不久后,L同学去了美国,从此杳无音信。

这段感情,结束得莫名其妙。

陈芳大病一场,从此把L同学封存在心里。

十多年后,一次偶然的机会,陈芳得到了L同学在纽约的电话号码,她毫不犹豫地打了过去,滴声响了十几下,话筒里传来了熟悉的声音:"你是谁?"她激动地说:"你猜一猜?"仅仅过了一秒,听到对方说:"你是芳?!"

"你还记得我?"

"你的声音,我永远也忘不掉。"这个答案,对陈芳来说,已经足够了。或许,真正的情与爱,并不需要有一个完美的结果吧!

走进婚姻

人生的劫难,有时也会是好友带来的。

在北大,有一个同学S,比陈芳大几岁,他的很多言论都是陈芳闻所未闻的,他喜欢打趣陈芳,经常明里暗里各种示好,还约她一起骑车去十三陵玩,给她讲许多老北京的故事。

大学毕业后,S同学离开了北京,不过他们依旧有书信往来。两年后,陈芳收到了他的一封长信,在信中,S同学讲述了自己这些年来对她的感情,紧接着又来北京找她,与她一起回忆大学时相处的各种细节,正当陈芳犹豫着要不要接纳他时,却意外地发现S同学做了令人不齿的缺德事,这件事牵涉她的很多大学同学和她最关爱的亲人。

这件事犹如一记重锤,把陈芳最珍惜的友情、亲情和爱情击打得粉碎。她向S同学要回了自己足足有一尺厚的信件,当着他的面付之一炬:"今生永不相见!"

五岁时的痛苦再一次出现了,只是这一次被伤得更深更惨,甚至看不到希望。她十分清楚,这件事在她与家人之间种下了一颗毒瘤,让她面对S同学时再

新婚的陈芳

也无法做到心无芥蒂，其后果将伴随她一生。

陈芳吃不下饭，心悸失眠，夜夜噩梦，冒虚汗，人处于崩溃的边缘，在低落和抑郁中，她甚至想到过自杀。

有一天，她实在撑不住了，就去看医生，西医检查不出病症，又换去看中医。那是一个年老的医师，老得连路都走不动了，由两个助手搀扶着出来诊病，他看着憔悴不堪的陈芳说："小姑娘，你有什么想不开的，我可以开药缓解你的症状，但是心病还得自己医，你还这么年轻，能有什么过不去的坎？"

老中医的话，如醍醐灌顶，一下浇醒了她。是啊，又不是自己做错了，为什么要用别人的错误来惩罚自己、伤害自己？

陈芳开始更加疯狂地练拳，每天从早上五点练到七点，下班后再从晚上七点练到十点，随着慢慢恢复健康，她的心也日趋坚强。

时光飞逝，转眼就到了谈婚论嫁的年龄。在一次朋友聚会上，陈芳认识了一位协和医院的外科医生，他是中山医学院的才子。那天，穿着白色连衣裙的陈芳，是医生见过的最美的女孩，随后他便开始了对陈芳猛烈的追求。遇见医生，让陈芳第一次相信缘分，两人条件相当，她是他的初恋。半年后，在大家的祝福声中，他们结为夫妻。

留学瑞典

命运常会出现机缘巧合，陈芳一心一意想去美国留学，没想到最终到了瑞典。

1985 年，陈芳所在的研究所承接了国际卫生组织（WHO）派遣专家来中国讲授人机功效学系统培训的课程，由于陈芳精通英文，她被派去接待其中一位来自瑞典的专家。

陈芳一直对应用性学科非常感兴趣，人机功效学恰好是一门应用性很强的学科，培训结束时，瑞典专家问她："你学得很好，想不想去瑞典深造？"

陈芳回答："想去，但是没有钱自费留学，需要有奖学金才行。"

1989 年，瑞典专家获得了一笔专门用于第三世界国家的基金，他给了陈芳去瑞典律勒欧工业大学攻读人机功效学硕士学位的奖学金，这笔奖学金能解决陈芳去瑞典读书的机票费、住宿费和生活费，一直悬而未决的留学问题终于尘埃落定。

1989 年 9 月 22 日，陈芳登上了芬兰航空从北京飞往赫尔辛基的班机，这架波音 737 是芬兰航空在中国的首航，机上只有七位乘客，整个旅程需要 27 小时，在到达赫尔辛基后需转机到斯德哥尔摩，再从斯德哥尔摩转机到律勒欧。

学校早已安排好住宿，陈芳住在学生公寓五楼，从五楼往下看，一排排像工厂似的平房，冷冷清清，寥寥寂寂，感觉环境比北京差太远。

律勒欧地处瑞典北部，离北极圈不足 300 公里，在这里能见到北极光，也能看到夏天午夜的太阳，更要经历冬季的漫漫长夜。

陈芳读的硕士班是实验班，学制两年，仅有六位学生，其中四位来自中国，两位来自伊朗。师资配备很强，都是人机功效学方面的世界级专家，分别来自美国、英国、法国、德国，每位老师都带了教材，传授自己独有的知识和经验。

陈芳在准备硕士论文前夕，系里请了英格瓦・霍尔梅教授来讲环境生理学，他是这一领域的顶级专家，他所在的瑞典劳动环境研究所与中国预防医学科学院相近，陈芳很想去他那做硕士论文，但得到的答案是："Let's see（让我想想）。"

霍尔梅教授的课程要求学生有比较扎实的生理学基础，而这正好是陈芳的强项。课程结束时，每个学生都交了一篇综述，陈芳得到的评语是 "Incredible Excellent（棒极了）"。教授告诉陈芳："欢迎来实验室做硕士论文。"

陈芳在律勒欧工业大学
校园

霍尔梅教授给了陈芳一篇来自荷兰 TNO 研究所的文章，告诉她只要把里面的内容重复做出来就算通过考核。

在阅读了这篇论文和相关文献并做了预实验后，陈芳发现文章里的数据有误，当她把结论告诉霍尔梅教授时，教授用一种怀疑的眼光看着她："你敢肯定吗？那可是世界顶级实验室，怎么会犯这样的错误？"

霍尔梅教授亲自到实验室与他的助手一起将实验从头做了一遍，得出的结论与陈芳的相同。

硕士论文完成后，霍尔梅教授让陈芳拿到一个国际会议上发表，这个国际会议恰好是由 TNO 研究所举办的。陈芳把论文寄过去后，主办方马上驳了回来："结论与我们的不一样，你是错的。"

为此，霍尔梅教授给 TNO 研究所发了一封邮件："不能说我们的结论和你们的不一样我们就错了，也有可能是你们错了。"TNO 研究所的人看到信后，接受了她的论文，并撤回自己的报告。

在会议上做演讲时，陈芳十分紧张，台下第一排几乎坐着 TNO 研究所的全体参会人员，当然，霍尔梅教授也在其中。到了提问环节，TNO 研究所所长开始发问："我们做了跟你一样的实验，我们得出的结论不一样，你能解释为什么吗？"

"我一直在等您这个问题。"陈芳说完，在座的所有人都笑了。

陈芳的回答论据充分、过程清晰，结论符合逻辑，大家听后都很服气，霍尔梅教授也相当得意。

会后，霍尔梅教授对陈芳说："你来我这儿读博士吧！"

这次会议让陈芳真切感受了 TNO 研究所的大家风范，他们敢于承认自己的错误，认可别人的成果，这种权威更能得到大家的尊重和敬仰。

初为人母

读博士时，陈芳已经不小了，夫妻俩开始考虑孩子问题。

由于婴儿时做的手术对生殖系统造成了伤害，陈芳一直担心自己没有生育能力，作为大夫的丈夫对此也十分清楚。

陈芳去医院接受过腹腔镜检查，医生对她说："我从医 30 年，还没见过比你更糟糕的情况，两侧输卵管完全阻塞，喇叭口异位，子宫严重畸形，你不可能受孕。况且，以你的子宫状态，怀孕会有生命危险。"如此决绝的诊断，虽在意料之中，但还是让她非常难受。好在婆家对此十分大度，认为如果确实不能生育，领养一个也没有问题。

万万没想到，陈芳竟然怀孕了。这对做大夫的丈夫和学生物的她来说，并没有太大的惊奇，她一边接受各类孕期检查，一边照常工作。

在怀孕 30 周时，医生检查发现是中央型前置胎盘，这是最危险的一种状态，确诊后，护士直接用轮椅把她推进了住院病房。医生告诉她，怀孕期间随时可能出现无痛性大出血，即便在医院，都有可能抢救不及。

陈芳坚信孩子是上苍送给她的礼物，不会夭折，五周后孩子剖腹产出生。

更令陈芳没有想到的是，被医院认为是百万分之一的怀孕概率又被第二次怀孕打破了。第一个孩子才九个月大，她又一次怀孕，接待她的大夫说："这次怀孕是你的福报，留下孩子吧，否则你可能会后悔。"

二儿子出生后，需要去中国驻瑞典大使馆报备和申请中国护照，为了确保孩子身份合法，他们与中国大使馆取得了联系，当时中国政府正好推出了新的政策，允许中国留学生生二胎，夫妻俩这才松了一口气。

第一个孩子的到来，给陈芳带来了全新的人生体验。每天，她都会仔细观察和体会孩子的不同变化，每当她注视着孩子清澈的眼眸时，总会感觉里面有浩瀚的星空。孩子的眼睛似乎也在时刻注视着妈妈，当两个人的目光相对时，他总会手舞足蹈，发出快乐的笑声，让她忍不住抱起孩子亲吻。

第二个孩子的到来，又给了陈芳另外一种体验。这个孩子比哥哥霸道，经常要单独霸占自己的母亲，只要母亲在家，他必定要躺在母亲的怀里，谁也不能分开他，包括睡觉。经过几个月的不懈努力，陈芳终于放弃了让他独睡婴儿床的计划，只有母亲身上的味道才能让他入睡，这个习惯一直保持到他 13 岁。

两个孩子给陈芳带来了无尽的快乐，她给孩

陈芳的两个儿子

子们取名睿明和睿达，寓意聪明、睿智和豁达。

童年的成长经历让陈芳决定，无论多么艰难，一定要亲自照顾孩子们的生活、参与他们成长过程中的点点滴滴，即便是家里的老人来帮忙照顾孩子，她也会明确地告诉她们，两个孩子是她的儿子，任何与孩子有关的决定必须由她来做。或许这在许多人看来有些不近人情，但是，她认为母亲决不能在孩子的成长中缺席，这是她对自己的要求。

博士学位

陈芳的博士研究课题是硕士课题的延续，相对而言轻车熟路，博士导师是一个在学术上非常活跃且繁忙的人，她每年仅和导师有四五次的正式交流。

在研究过程中，导师让实验室的研究助理为陈芳提供了全方位的帮助，在助理默契的配合下，她发表了近 20 篇论文，她的研究被称为领域经典，并借此获得了欧共体的大型联合研究课题。

陈芳的先生也来到了瑞典，他在林雪平大学的医院做心胸外科大夫。由于陈芳所在的研究所没有颁发博士学位的资质，为了与先生在一起，陈芳选择了林雪平大学的机械系作为博士生的注册地。

那时，每年夏天斯德哥尔摩都要举办 Water Festival（水节），其间有许多水上节目表演，最后一项飞行表演是节目的高潮，由先进的 JAS－39 战斗机做各种高难度的列队飞行，并表演贴着水面从市中心的桥洞下穿过的特技。

那一年，战斗机的表演出了事故，在观众面前坠落、爆炸，飞行员主动弹出了机舱。这件事在国际上影响很大，没想到此事与陈芳还扯上了关系。

黑匣子找到后，发现飞机没有技术问题，问题出在了交互界面（HMI）上。飞机上有三四百个显示器，飞行员要在半秒钟内，对显示器上所有的指针跳动做出判断，他不明白有些指针为何要那样跳动，以为是飞机失控，于是决定弹射逃生。

对此，瑞典国防部投入了大量资金来研究与 HMI 相关的课题。由于瑞典的飞机研发和制造项目主要在林雪平，HMI 的研究也放在了林雪平，这也是瑞典HMI 研究走向辉煌的开始。

1994 年，林雪平大学花重金聘请了在美国做过 17 年 HMI 研究工作的瑞典专家马丁·赫兰德，他当时是国际人机工效与人因工程协会的主席。瑞典政府给了他无条件的支持，让他来负责组织与 JAS - 39 战斗机相关的 HMI 研究，于是，他来到陈芳注册的这个系担任主任。

赫兰德教授到来后，与瑞典皇家理工大学联合成立了 HMI 博士学院，主要从事与飞机等交通工具、国家安全相关的 HMI 研究。

此时，陈芳正在休产假，并不知道系里发生的变化。一个周末，她去办公室复印资料，在空空的楼道里碰到赫兰德教授，双方都有些惊讶。这位从美国回来的教授十分有趣："我听说系里有一位中国学生，是你吗？"在得到肯定的答复后，他去办公室拿来一张中国大学在美国的排行榜，问陈芳是从哪所学校毕业的，"No. 1"，听到陈芳的回答，他面露惊叹："厉害了！从这所学校毕业的学生，可以在美国随便挑选大学。"从此，赫兰德教授开始关注陈芳的学习和研究。

陈芳来瑞典五年，从来没有人问过她是从哪所大学毕业的，瑞典提倡人人平等，在大部分场合都尽量淡化人与人之间的差别，甚至把它看成是"种族歧视"的一种。

在瑞典读博士一般需要五年，读到第四年时，赫兰德教授看了陈芳发表论文的名单，就问她："你为什么还不毕业呢？"陈芳说："不能毕业。"读博士有收入，她还得靠这份收入养孩子呢。

赫兰德教授又说："毕业吧。"他手上正好有两个项目，还没找到合适的人来负责，他认为陈芳的知识与能力足够胜任这项工作，并且承诺给她最高的工资。

陈芳从事的劳动生理学是一门古老的学科，对她没有多大挑战，而 HMI 是一门新兴学科，有无限的发展空间，她自己带着两个娃，能在瑞典找到工作留下来，已经不错了，更何况与丈夫还在同一个城市。综合考虑后，陈芳申请了提前毕业答辩。

陈芳是赫兰德教授来系里任主任后的第一个博士毕业生，也是霍尔梅教授的第一个博士生。学校里有个树墩，提交的博士论文会用铁钉钉到树墩上，这叫板上钉钉，不能再做任何修改。

每个国家的博士答辩都会有自己的规定流程。在瑞典，他们会请业内的顶级专家来做主考官，提出论文中的问题，同时还有三个国际专家组成主考委员会。

陈芳很紧张，她问导师："这个主考官会问什么问题？"导师坏笑着和她说："可以是任何问题！"结果在答辩过程中，主考官果然没有针对她的论文提问，而是提出了很多发散性和延伸性问题，陈芳用了各种理论、研究数据和事先准备好的大量幻灯片（那时还不时兴用 PPT），有理有据地回答了所有提问，最终，论文答辩变成了一个未来研究课题的讨论会。

晚宴时，霍尔梅教授说："我见过博士生延迟毕业的，还没见过提前的，你四年时间生了两个孩子，还能提前一年毕业，太了不起了！"一位在读的博士生问她："你怎么知道答辩老师会提出这么多刁钻的问题？你仿佛对任何问题都准备了回答的图表。"陈芳笑而不语，心想：如果你也像我这样把这个学科的文章都认真读过，你也一样能回答。

在博士论文的封面，陈芳写下了"献给父亲"。那天晚上，陈芳又一次想起了父亲，当她拿起电话，却不知道打给谁来分享此时的喜悦。

从校长手中接过博士证书那天，陈芳问两个孩子：什么是博士？孩子们回答：就是帽子。因为他们看见妈妈戴了一顶博士帽。

被授予博士学位时陈芳与
马丁·赫兰德教授合影

终身教授

赫兰德教授让陈芳负责的项目，是战斗机上的 3D 声音在飞行员多功能头盔上的应用和驾驶舱内语音交互系统的设计，属于国家保密项目，一般外国人不允许参与。瑞典军方因为赫兰德教授的坚持而最终让步，但前提条件是陈芳必须加入瑞典国籍，同时还要做出一些承诺，才可以正式进入项目研究中。

从这个项目开始，陈芳对 HMI 语音交互系统进行了比较系统的、深入的研究，出版过两本专著，发表了多篇论文，带出了多位硕士生。

在瑞典有一种资格考试叫 Docent，只有获得了这个资格才能独立带博士生、独立做项目负责人。获得这个资质非常难，要求知识面广、跨学科专业、有不错的科研水平，还要发表过一定数量的论文，答辩也十分严格，相当于又读了两个博士学位。在瑞典，通过这个资格考试的人不多，女性就更少了。

博士毕业六年后，陈芳拿到了 Docent。

1998 年，赫兰德教授娶了一位马来西亚太太，他为爱去了新加坡。学科带头人走了，林雪平的 HMI 研究也开始走下坡路，陈芳在系里硬撑了一段时间，但是独木不成舟，她一个外国人也很难主持大局。

这时，陈芳与先生之间的矛盾日趋激烈，争吵和冷战交替成为家庭生活的主旋律。陈芳认真审视了自己 13 年的婚姻，那种割裂心肺的痛苦常令她泪流满面，不到万不得已，没有人会终止自己的姻缘，心死了，心凉了，也就放手了。为了让孩子们有一个平静的成长环境，她提出了离婚。

人生应该翻页了。

陈芳开始考虑换个工作，上网浏览，第一个跳出来的是查尔姆斯理工大学交互设计专业的招聘广告，但是截止日期已过去两个月，抱着试试看的心态，她给那里的主管教授 Lars 打了一个电话，介绍了自己的专业情况，对方说："我们的招聘工作已经结束，不过，你能把简历寄过来看看吗？"

看过简历后，这位主管教授说："你这样的背景和能力，任何一个地方都会抢着要。你确定学校会放你走吗？"在得到肯定的答复后，陈芳与该专业的其他成员进行了见面与交流。

当时瑞典正处于经济危机之中，学校已经停止了所有新员工的招聘工作，于是系主任直接找校长批示，先与陈芳签订了三年客座教授合同，校方同时承诺，三年后转为终身教授。

查尔姆斯理工大学拥有近 200 年的建校历史，是一所以工程和建筑教育与研究为主旨的欧洲顶尖理工院校，在工业领域教学与工业需求专业中排名全世界第二（第一是麻省理工学院），也是瑞典唯一的私立理工院校，2001 年刚成立交互设计专业。

刚到查尔姆斯理工大学所在的歌德堡，租房比较困难，母子三人暂住在学校专门为客座教授准备的 60 平方米精装修住房里，住在这里的最大好处是孩子们可以就近上一所好小学，一般情况下，想进入这所小学，光排队就要两年。

陈芳每天奔波于家、学校、办公室及孩子们参加的各种课外活动之间，几乎时时都在奔跑，忙得不可开交。尽管身体累，但是心不累，比夫妻吵架开心多了。

半年后，她在学校附近买了一套大一点的房子，母子三人才算安定下来。

沃尔沃（Volvo）汽车公司在得知陈芳转入查尔姆斯理工大学后，希望与她合作培养博士生；国防部的工作重心从纯军方项目改成国家安全项目后，也希望陈芳能够继续从事相关研究；同时，陈芳还创建了交互设计专业的两门重要课程：人与计算机的交互以及以人为本的设计。

三年后，校方组织多位教授对陈芳进行了一次高规格的访谈，将她的雇佣关系转成了终身教授，兑现了当初的承诺。后来有一位教授告诉陈芳，自己在查尔姆斯干了快一辈子，还是第一次看到有人从客座教授直接转成终身教授，这很了不起。

科学大佬

从事科研工作几十年，陈芳遇到过不少充满传奇色彩的科学大佬，在他们身上看到了人类智慧的神奇和不可思议，令她难以忘怀。

在陈芳还是博士生的时候，赫兰德教授请了麻省理工学院的设计专家 K 教授来为工业界做培训，这位教授创立了一套工业设计理论，其核心内容是"一个功能，一个设计"。

有一位从美国来的教授告诉陈芳，M教授是韩国人，20世纪80年代末90年代初，韩国经历了一次经济危机，当时韩国总统到麻省理工学院去请他帮助韩国走出危机。

M教授说："我既不是经济学家，也不是政治家，我能做什么?"

总统说："我相信用您的设计理论，对我们的经济结构、工业结构进行重组，能够帮助我们走出困境。"

果然，M教授做到了。

在培训期间，有一天傍晚，瑞典战斗机设计团队把M教授请到了研究院，他们在某项技术上遇到了瓶颈，但问题又属于绝对机密，不可以和他言明，后来M教授在课堂上说："看见那些人脸上如释重负的表情，估计我猜到了问题所在，提出的解决思路和方案也是正确的。"

M教授令陈芳佩服不已，这大概就是父亲讲过的"一通百通"吧，能把科研做到这个地步，必定对这个世界、对人生有大彻大悟。

还有美国教授H，也给陈芳留下了深刻的印象。H教授是认知心理学和人因工程方面的绝对权威，在业界享有盛誉。在一次国际会议发表论文的展示上，一篇关于认知负荷的研究引起了陈芳的兴趣，她举目四望，问道："谁是这篇论文的作者?"在旁边凳子上坐着的一个人慢慢站了起来："你是在找我吗?"陈芳上下打量一番，发现可以用"衣冠不整"来形容他。

科学家的怪异行为并不稀奇，陈芳就H教授的工作和自己遇见的问题以及困惑与他进行了深入的交流，这次交流也是那次会议的最大收获。晚宴时，一起来参加国际会议的瑞典同事说："你居然和H教授交流了这么长时间，我们在远处看着，都羡慕得很。"

陈芳惊讶地问："这个人很有名吗?"

"难道你连他都不知道?"

"他看上去很普通啊……"陈芳觉得有些不好意思，自己可能没有表现出对H教授应有的尊重。

"他不会介意的。"同事说。

"有一次H教授在一个大型国际会议上做报告，讲高兴了，居然现场把西服外套、领带全都脱掉，这种事也只有他敢做并且还被人们看成是他自己独特的风格……"整个晚上，大家都在讲述这位 H 教授的逸闻趣事。

陈芳心想，他答应给我发送一些相关的研究报告，大概不会有下文了。没想到，刚回到瑞典，她就收到了 H 教授的邮件和所有他承诺的参考文章。

十年后，陈芳去美国参加人因工程年会，在会场休息期间，她看见 H 教授迎面走来，陈芳迎了上去："您是 H 教授吗？"他看着陈芳，眯起眼睛，仿佛有些困惑地说："Let me see（让我想想）……"然后把手伸进衣服口袋，拿出一张名片，认真看了一眼说："你好像说对了，我是 H 教授！"他的幽默把陈芳逗乐了。

她接着问："您还记得我吗？"

"那是在××市，会议中心的楼上左侧房间的角落里，我们谈论了关于飞行员认知负荷的问题……"H 教授的回答让陈芳大吃一惊。

当天晚上，在一群朋友的聚会上，陈芳说起 H 教授的记忆力，在座的人都见怪不怪："这是众所周知的事。"紧接着，大家开始饶有兴致地谈论起 H 教授不可思议的记忆力："一次，有人和他开玩笑，拿一本很厚的书给他看，然后随机找了一句话，问他在书的哪一页，他准确无误地答了出来。"难怪他的科研论文数量巨大，同时还涉足历史等领域。

英国的 J 教授也很有趣，这位英俊潇洒的教授是最早提出用户体验理论的学者之一，在产品设计方面，他的团队曾荣获过无数奖励。

在一次国际会议上，陈芳和他相遇并成为好朋友。当时，他们谈论的最多的是要不要禁止开车打电话这件事情。陈芳认为这是一个无法执行的法规，禁止开车打电话在某些场景反而是有害的。从理论上讲，打电话会造成驾驶人分神，从而导致驾驶风险，但在现实中，电话的畅通可以让驾驶人保持与外界的联系，从而消除可能的焦虑，安心驾驶（开车打电话聊天例外）。

陈芳还打了一个比方：假如孩子生病进了医院，而你在几百公里以外的地方，得到消息后一定会超速开车前往医院，但如果保持手机畅通，随时与医院保持联系，得知孩子其实并无大碍，就可以放心地以正常速度赶往医院。

J 教授觉得即便如此，政府还是应该颁发相关禁令。从交谈中得知，他也是促成英国设立相关法规的关键人物之一。

一个月后，当他们再次相遇时，J教授对陈芳说："你是对的。"原来，陈芳描述的假设场景正好发生在他身上：他一岁的宝贝儿子生病入院，而他在得知消息时正好在200公里之外的地方，他一路超速驾驶赶往医院，结果被交警吊销了半年驾照，其实他的儿子并没有多大事情。

智能设计

1997年10月，瑞典议会通过了交通零死亡愿景，随后瑞典政府出台了相关政策，把研究重心放在了哥德堡，由查尔姆斯理工大学主导成立了汽车安全研究中心，专门研究汽车与交通的安全问题，有大学、国家研究机构、政府相关部门、汽车主机厂及零部件企业参与其中。

从2005年到2020年，陈芳在这个安全中心从事汽车主动安全中的交互设计。

也是从2005年开始，陈芳与沃尔沃合作研究汽车的交互设计，她把关注点放在了中瑞驾驶行为的对比研究上。2010年，吉利汽车收购了沃尔沃轿车公司，从此，她的工作与吉利汽车有了一些交集。

2014年，陈芳与清华大学陈波教授合作，把交通零死亡理念带到了国内，她邀请了四位瑞典专家来苏州举办了第一次会议，同时还邀请了几位相关的中国政府官员。

当专家们讲述交通零死亡概念时，在场的中国官员们说："这怎么可能，中国每年交通事故要死亡几万人，世界每年交通事故要死亡几十万人。"听完瑞典的研究报告和政府采取的各种措施后，他们才恍然大悟："看来还是有可能的。"

随着越来越多的辅助驾驶、自动驾驶和智能网联系统注入汽车，汽车的概念、功能等都将发生翻天覆地的变化，汽车设计上关于用户体验方面的需求也逐渐受到了大家的重视。

这些年来，陈芳一直走在交互设计领域的前沿，早在20世纪90年代末，她已经开始研究语音交互中的人因问题和可用性问题，还出版过两本专著，只不过当时是以飞机上的交互设计为研究背景的。

在人们还没开始了解汽车交互设计与用户体验之间的关系时，陈芳已经带领她的博士生对这个领域进行了深入的理论性探讨；当唐纳德还在呼吁汽车预警系统应该使用三维声音的时候，陈芳已经在理论和实践方面发表了数篇文章。

陈芳刚开始与国内团队合作时，有很多人想让她帮忙引进一些成熟的先进技术，但是她回绝了。她是一位科研工作者，一直走在成熟技术的前面，不会去复制他人的工作，更何况交互设计是以人为本的设计，技术可以复制，而交互设计恰恰不能复制，因为它必须根植于中国自己的文化氛围、生活习惯和生活环境之中。

有个学生问她："陈老师，您做了这么多的研究，为什么不在理论上建立起一套自己的体系呢？"

很多年前，陈芳曾经和一位著名的丹麦学者讨论过这个问题："什么是好的理论？理论的意义在哪里？"丹麦学者说："如果一个理论能够解释一个现象，就是好的理论。"陈芳则认为，这个世界的理论已经太多了，多到不知道该选择哪一个才好。曾经有一位著名的计算机教授开玩笑说："什么是理论？当两个老头在一次国际会议上相遇，他们一起躲进一个房间里探讨了半个小时，进去的时候这个世界上有两个理论，出来后就有了四个。"

坐而论道，不如起而行之。与其沽名钓誉，不如老老实实地解决实际问题。

单身母亲

在教育孩子上，陈芳的做法与许多中国妈妈不同。她所经历的童年创伤、少年叛逆和青年失落都与父母的教育有着千丝万缕的联系，她时常思考自己在成长过程中受到的各种影响，同时也与其他家长交流，不断吸收新的教育理念，在孩子的教育上形成了自己的一些见解。

陈芳教育孩子有三条原则：一是顺其自然，二是平等尊重，三是全面发展。生活太复杂，学习成绩并不能解决将来在社会上遇到的所有问题，但是有必要接受大学教育。她从不打骂孩子，凡事讲道理，遇到问题共同面对，一起解决。

陈芳教育孩子与人相处的原则是：人不犯我，我不犯人；人若犯我，我必犯人。她不会阻止孩子与别人打架，男孩子要学会打架，学会战斗，不公平可以去打，但是不能无缘无故打人。

　　陈芳从不认为孩子必须听从父母，一旦发生矛盾，她会认真听他们辩解，共同分析，直到达成共识。她从来不强调孩子要孝敬父母，父母的舐犊之情和孩子的反哺都应该是发自内心的行为表达，而不应该是一种道德绑架。

　　在两个孩子还很小的时候，陈芳发现两人差异很大，几乎是南辕北辙，当真是龙生九子各有不同。

　　老大做事情专注，非常聪明，学习能力很强，对外界的观察能力也很强，仿佛是父母的加强版；而老二天生对美和情感有不同寻常的敏锐洞察力。

　　大儿子对音乐有着特殊的领悟。很早之前，陈芳在家里播放阿炳的《二泉映月》，她惊讶地发现，不足一岁的儿子居然听得泪流满面。三岁时，大儿子开始学习小提琴，并得到名师的指点，初中时就加入了市青少年交响乐团。

　　上高中前，大儿子选择了最好高中里的一个音乐与科学并存的特殊班，当时这个班在全市只招收 12 名学生。能考入非常难，陈芳找来一位中国的小提琴老师辅导他，最终以一首《梁祝》脱颖而出。

　　大儿子在选择大学专业时，陈芳让朋友们与他一起交流，从将来的发展和自己的兴趣出发，聊了各自的成长经历，最后让孩子自己做出选择。最终大儿子考上了中意的大学，也是陈芳工作的学校。

　　比起哥哥的理性，小儿子似乎是感性思维的典型，他从小对美有着自己的独到见解，对人际关系也比较敏感，非常善于表达自己内心的感受。这一点，常常让陈芳惊讶和感叹。

　　小时候，只要陈芳在家，他就会时刻围绕在她身边，小嘴不停地讲述各种事情，这种时候，陈芳都会一边做家务，一边认真地和他对话，这是她一天中最放松和快乐的时光。

　　小儿子喜欢社交，难免结交一些不好的朋友，也做了不少匪夷所思的事情，母子之间常常发生激烈的争论。每当此时，陈芳选择相信他，给他充分辩解的机会，让他对自己的行为给出合理的解释，她相信这样做能够让孩子灵台清明。有一次，一群孩子吸毒，他也在其中，结果被警察抓起来关了 17 个小时。尽管检查结果显示他并没有参与吸毒，但还是走了法律程序，上了法庭，同时接受"劳动教养"，到商场去做义务劳动。陈芳认为，人生百态，要为自己的行为负责，从和律师交流，到上法庭，所有一切，她都让孩子自己去处理，她只是去旁听。

事后，陈芳并没有过多指责儿子，而是让他自己去品味和反省犯下的错误，为了保护孩子的自尊，她没有把此事告诉孩子的父亲和其他家人，以免他受到过分的指责。她也从不拿这件事去羞辱孩子，因为她知道，这是孩子一生都无法忘却的教训，无须再言明。

不过阻断小儿子的朋友圈势在必行，在高中毕业典礼后的第二天，陈芳就把他送上了回国的旅程。小儿子进了北京语言大学夏季班学中文，六周学习，成绩优异，他第一次体会到了学习带来的自信，但他依旧忘不了瑞典的朋友们，坚持要回瑞典去找工作。陈芳说："给你三个月时间，如果找不到理想的工作，就回中国读书。"

六周的学习，已经让他的自我认知有了根本性的改变，原先的朋友在他眼里已经有了不一样的感觉。两个月后，他对陈芳说："妈妈，我还是回中国读书吧。""这是你自己的选择，去了就好好学。"小儿子重新回到了北京语言大学读书，他有语言天赋，跳级从大学二年级读起，成绩一直名列前茅，多次获得学校的特殊贡献奖。

陈芳最奢侈的行为，就是带孩子们去旅游，夏天出国旅行，冬天上山滑雪，让孩子们增长见识、开阔眼界，并用自己的眼光去判断是非，学会与各类不同的人接触和交往；她还让孩子们去参加童子军的野外生存训练，让他们学会艰苦环境下的生存本领。

有一次她带着两个儿子去赌城拉斯维加斯玩，看着一望无际的赌博机，看着形形色色的赌客，不到 12 岁的小儿子说："赌博不是一个好东西，如果赢了，还想赢更多；要是输了，却又想赢回来，结果会输得更惨。"小儿子被警察抓起来那次，陈芳想起他说过的这些话，知道孩子并没有走远。

目前，大儿子在查尔姆斯理工大学读复杂自适应系统硕士，小儿子在北京语言大学读美学硕士，两个孩子，终于长成。

陈芳与两个儿子

自在人间

在陈芳年轻的时候，就一直问自己一个古老的问题：人生的意义在哪里？从书本里，没有找到答案；在生活中，又有更多的迷惑。每当午夜梦醒，她常常问自己："我到底在追求什么？"

在欧洲，她走访过很多教堂，也被朋友拉去听过牧师的祷告，甚至还有牧师来家里与她探讨，但是她的心似乎与佛教的教义更为贴近。

"世间的相遇，又都是久别重逢"。2010 年元旦刚过，陈芳去清华大学讲课，连续三天早餐时间，她都会在餐厅遇到一位年轻俊朗的僧人。

闲聊了几次后，陈芳对僧人说："我对佛教蛮感兴趣，就是佛教太深奥了，摸不着边。我可以向您学习和请教吗？"

僧人回答道："可以，但是你要先皈依。"

"好吧！"

一切就这么简单，仿佛他就是陈芳一直在找寻的归属，而她也是他失散多年的弟子。

后来陈芳才知道，他不是一般的僧人，他是藏传佛教中非常有名的高僧，他的弟子遍布世界各地。

十年禅修，世界在陈芳眼前开阔了，她放下了过去的恩恩怨怨，不再感到生命的孤独和无助，随着对很多事物的逐渐参透，也不再纠结，生命进入了一个平静祥和的境界。她也期待这样的境界能融入自己的研究与设计之中，为交互设计在中国的发展开辟一条崭新的、根植于东方文化的道路。

践行者

辛 军

隔了多少岁月，流逝了多少时光，我将叹一口气，提起当年的旧事：林子里有两条路，朝着两个方向，而我——我走上一条更少人迹的路，于是带来完全不同的一番景象。

——罗伯特·弗罗斯特（美）

世界上一直存在一条路，让我们从平庸到杰出，这条路漫长且艰辛，只有为数不多的人愿意矢志不渝地走下去，因此优秀的人永远是少数。

一个自称没有异禀天赋的普通人，在人生的旅程中，总是选择一条人迹稀少的路，靠着执着、定力和自律，意志坚定地一往无前，于是成就了现在的自己——SAE 会士、汽车知名专家、企业高管、公司创始人。

他是辛军。

人过留名

辛军祖籍江西省丰城市蕉坑乡柿源村，是南宋词人、文学家、将领辛弃疾的后代。

据相关文献记载，辛弃疾晚年定居在江西省上饶市铅山县，他去世以后，幼子辛稙敬带家眷离开铅山，徙居南昌西山，1370 年，第五代后人辛孟礼从西山迁居至江西丰城市蕉坑乡柿源，成为大山深处柿源辛姓的开基祖。辛军属于这一系的后人。

少年不识愁滋味，爱上层楼。爱上层楼，为赋新词强说愁。

而今识尽愁滋味，欲说还休。欲说还休，却道天凉好个秋。

《丑奴儿·书博山道中壁》辛弃疾

在历尽世事沧桑后，辛军才得以参悟先辈这首词的深义。他把先辈的"鹏翼垂空"四个大字，悬挂在客厅的墙上，时刻提醒自己不忘本心。

辛军的父亲是军人，母亲是医生，他是家中老幺，上有两个姐姐。自古皇帝爱长子，百姓爱幺儿，父母教子有方，深谙好孩子是夸出来的道理，"儿子，你是最棒的孩子""相信你，你就是班上最优秀的那一个""人过留名，雁过留声，你一定可以成为有出息的人"。在父母的鼓励声中，辛军快乐地长大成人。

父亲所在的部队在解放宁波和舟山以后，留下来驻守舟山。父亲结交甚广，家里经常高朋满座，有部队转业的老战友，有地方工作的新朋友，大家聊的无非是一些国际国内的时事新闻或小道消息，这个时候，辛军总会坐在旁边，竖起耳朵当故事来听。

父亲平时阅览的《参考消息》《人民日报》，还有时常从单位借来的一些书籍，如《第三帝国的兴亡》《水浒传》等，都是辛军喜欢的课外读物，他知道的和看到的比同学要多，经常像孩子王一样眉飞色舞地给小伙伴们吹牛，自信得很。

父亲给辛军讲过许多部队行军打仗的故事，他的一位战友蒋业海，是电视剧《亮剑》主人公李云龙式的英雄，参加过抗日战争、解放战争、抗美援朝战争、对越自卫反击战，从未在战场上受过伤，子弹好像长了眼，都绕着他走，他性格火暴，通讯员没把事情干好，被他通宵罚站；上级领导打电话来询问战情，骂了粗话，他把电话直接就挂掉了。

在辛军幼小的心中，蒋业海前辈是一个英勇无比、浴血奋战的硬汉，辛军把他视为自己的人生偶像，基因中又遗传了父母那份爱憎分明的 DNA，直率坦诚，光明磊落，喜怒哀乐都挂在脸上，从来不会心里想 A，说出来的是 B 或者 C。

家教像空气，具有强大的渗透力；偶像如影子，具有某种神秘的力量。凡此种种，让辛军从小就浑身是胆雄起起，敢于尝试和突破，有勇气去面对任何困难和曲折，相信自己"一定能干出一番事业来"。

2012 年，父亲与老战友
蒋业海（右）合影

对于学生来讲，要想"人过留名"，唯一一条路，就是好好学习，天天向上。对于一个很早就确立了人生目标，并且有非常明确的道德标准，以及自律坚韧等品质的人，不想成功都难。

聪敏好学的孩子，真的做到了班上最优、年级最好。

在 20 世纪 70 年代，人们信奉"学好数理化，走遍天下都不怕"，中学生普遍对理科情有独钟，对工科没有太大兴趣。高考成绩出来后，辛军的物理、化学单科成绩不够理想，喜欢的化学系或物理系眼看着没了希望。

母亲的同学建议辛军填报浙江大学工程热物理系内燃机专业，好歹与"物理"沾点边，高中生的视野和认知是有边界的，他很纠结，"任何产品技术都有被淘汰的一天，万一有一天内燃机被淘汰了，学这个专业不就完蛋了吗？"现在热议的话题，几十年前他就想到了。

最终，辛军被浙江大学工程热物理系内燃机专业录取。

此时，他并不知道，自己已经找到了为之奋斗的事业，并且用一生，为热爱而奋斗。

一入技术深似海，从此红尘是路人。

大学时代

人生苦短，岁月无敌，辛军离开浙江大学已有 31 年。生命中最美好的 10 年，是在浙大度过的；记忆中最美丽的校园，也非浙大莫属。

回国工作后，辛军每年要抽出几天时间去杭州，除了见见老师、校友、同学，还必定会花两三个小时绕西湖走一圈，若时间允许，还会去浙大玉泉校园逛逛，沿着上课的路、食堂的路、实验室的路走走，到曾经一周打好几次网球的球场看看……时光一去永不回，往事只剩下一些零星的记忆了。

刚进大学时，辛军是一个弱不禁风的书生，由于少儿时曾患过气管炎、甲肝，身体羸弱，秋冬季节经常感冒发烧。辛军听说老校长马寅初先生喜爱冷水浴，他能活到 101 岁，与长达 70 年坚持洗冷水浴不无关系。辛军向老校长学习，制订了每天早上长跑和洗冷水澡的锻炼计划，即使在寒暑假也从未间断过，瘦得像豆芽一样的身体逐渐健壮了起来。

　　培根认为，习惯是一种顽强而巨大的力量，它可以主宰人生。辛军在大学期间养成的自律、独立、持恒的习惯，如刀刻斧凿般深深地留在了他的生命里，这也是他能成功的主要原因之一。

　　至今，辛军仍然坚持每周锻炼四五次，经常晚上处理完工作，在跑步机上挥汗跑上一小时，第二天就如同打过鸡血一般精神饱满。回国工作 16 年，他能在如此高负荷下坚持下来，完全得益于大学期间养成的锻炼习惯。

　　那时，教高等数学的周茂清教授是一个特殊的存在，他是唯一给工程热物理系本科生上课的正教授，特别潇洒。每次上课前，周老师会在腋下夹一本教材，带几支磨尖的粉笔，步入大教室，一支粉笔，两块黑板，全程脱稿，嗓音洪亮，侃侃而谈，只是在布置作业的时候才翻开教材。

　　读硕士和博士时，马元骥教授是辛军的导师，马老师学识渊博，和蔼可亲。在研究生的第一年，他不急于让自己的研究生确定课题，而是要求学生去图书馆查找资料，博览前沿研究论文，每周讨论心得，分享观点。这种方法培养了学生很强的分析、归纳、思辨能力和独立工作的习惯，让学生具备了做好任何高技术含量工作的能力。

　　大学这座"象牙塔"，有来自五湖四海的同学，也产生了同辈压力。尖子生辛军，钦佩另一个高手，那位同学本科期间已有论文在国际学术期刊上发表，那可是在 20 世纪 80 年代初实属罕见。他还具备超强的数学领悟能力，转换研究方向也得心应手，本科学内燃机专业，硕士、博士从事传热学，现任教于宾夕法尼亚州立大学，研究燃料电池和锂电池，已是电池研究领域国际权威人士。

辛军在浙江大学研究生宿舍

　　大学是知识的殿堂、社会的缩影、爱情的伊甸园。现在谈恋爱是大学的"必修课"之一，而在辛军那个年代，本科生禁止谈恋爱。辛军"醒"得比较晚，所有精力都用在了博览群书和应付课程上，周末常跑去西湖边的英语角找人练口语，英语还没有学精，又去选修二外，各种瞎忙。工科女生本来就少，缘分没到，恋爱无望。到本科毕业时，才发现整个专业60名学生中，已经有一两对"地下工作者"了。

　　上研究生时，同学中有人已为人父母，可辛军还没有谈过一次恋爱。浙江大学研究生男生宿舍的位置特佳，是边上几幢女生宿舍的同学去食堂打饭的必经之路，这些无聊的男同学经常坐在窗前，手捧着饭碗，一边享用可口的饭菜，一边打望来来去去的女生。

　　在读研究生期间，辛军也谈过几个女朋友，但都没有修成正果。心理学认为，在人的潜意识里，男孩子找的女朋友经常会有母亲的影子，女孩子找的男朋友也常常有父亲的习性。小时候辛军常去母亲所在的医院玩耍，对穿白大褂的人心生好感，当一个学医的女生出现时，他立刻被她深深吸引住了，"众里寻他千百度，蓦然回首，那人却在，灯火阑珊处"。

　　这个女生，后来成了辛军的太太。

远处的光

　　命运的转折，有时需要付出极大的代价。

　　20世纪80年代末，高校盛行出国留学，远方那一束耀眼的光，照亮了许多学子的梦，同学们大都在准备托福和GRE考试。

　　父亲常挂在嘴边的"三钱"（钱学森、钱三强、钱伟长）故事，让辛军很早就知道西方有许多先进的东西值得学习，因为"三钱"都曾留学国外。

　　读研究生期间，辛军对美国基础研究和产品技术的先进性又有了更为直接的认知，实验室有很多测量设备都是从美国进口的，一台美国产的高速摄影机，简直就是大家的宝贝。去美国进修深造，拓宽眼界，掌握前沿技术，对学发动机的人是很有必要的。但辛军并没有将出国深造放在优先级位置，他认为博士毕业后，会有许多机会。

不久后，国家收紧了公派出国的相关政策，出国深造变得遥不可及。辛军马上就申请了去美国大学自费攻读博士学位，十几所美国大学博士研究生申请表寄出去后，断断续续收到拒绝信、要求提供财务能力的信……直到 1989 年年底，辛军收到了伊利诺伊大学机械系全额奖学金博士研究生录取通知函及相关材料。

如果说 1980 年考大学、1984 年考硕士研究生、1987 年考博士研究生都是顺理成章的选择，那么，这将是一次十分艰难的选择，由此带来的一系列压力，会对他的未来产生不可磨灭的影响。

依照当时的有关规定，高校毕业生需在国内工作满五年，才可以自费留学。如果工作时间不足五年，则需要向国家缴纳不足年限部分的大学培养费。从本科、硕士到博士，辛军一直都在学校学习，还没有为国家服务过一天。根据本科、硕士、博士学习期间培养费的计算清单，他需要向浙江大学缴纳 37000 元，才能启动办理出国留学的相关手续。

还差半年时间就可以完成博士答辩，拿到博士学位了，此时退学，不但拿不到学位，还要背负 37000 元债务。当时大学毕业生每月工资才 50 元，37000 元不是一笔小数，相当于现在近千万元呢。

更为麻烦的是出国留学手续繁多，只要一步走不通或者不能及时拿到签证，都可能错过秋季的入学时间，后果也会相当严重，不仅浪费了两年半读博时间，还会身负巨额债务。

面对父母的反对和亲朋好友的不解，辛军还是毅然决然地选择了出国留学这条路。

破釜沉舟的气魄，决定了他的卓尔不凡。

哪来钱赔偿呢？尽管父母对儿子的做法十分生气，但儿子一旦需要帮助，他们还是会全力支持。父母和两个姐姐，把身边能借钱的同事、朋友都借了一遍，几百元、几千元地凑，终于凑够了 37000 元赔偿金。

然而，准备赔偿金仅仅是众多手续中的一步，还需要去宁波市公安局申办护照、侨属证明、省教委证明、单位证明、省主管单位证明……仅省主管单位证明这项，就经历了"十八弯"，辛军退学后，接收档案的街道所属小企业与省主管单位没有任何从属关系，别人凭什么给你开证明？他四处托人找关系，费尽了周折……在杭州与宁波两地往返了不知多少次，终于在 1990 年夏天办完了所有手续。

　　成长总是在无限接近绝望的感受中产生，拿到签证那天，辛军在心里喊了声万岁，这么难的事情自己都办到了，此生如果再不搞出点名堂来，能对得起参与这番折腾的亲朋好友吗？

　　多年以后，辛军还做过两次在家人看来十分不靠谱的选择，但是与1990年退学出国的决定相比，都只能算小巫见大巫。

　　二十几岁的这段经历，让辛军深刻地体会到了"磨炼是人生的宝贵财富"这句话的正确性。

　　如果人生重来一次，他还是会这样选择。

两位博导

　　辛军没想到，第一次乘飞机便要飞越重洋。当飞机腾空飞离海岸线的那一刻，想到马上就要与新婚的妻子、父母远隔大洋，也不知道多少年后才能再见，而前方又是那么的虚无缥缈，他感到鼻子一阵发酸，泪水顺着脸颊流了下来……

　　飞机从上海到旧金山，再从旧金山转芝加哥。为了省钱，从旧金山转芝加哥的航班，辛军选择了半夜起飞的"红眼"航班。在旧金山机场入关以后，他写完了几段家信，便开始了漫长的候机。仿若置身于另外一个世界，脑子一片空白，在如此陌生的地方，虽已非常疲惫，却连个盹都不敢打。

　　第二天清晨，航班飞抵芝加哥上空，从舷窗向下望去，停满火柴盒般汽车的停车场，蜿蜒的高速公路，在书刊、电影中看到过无数次的场景跃入眼中，芝加哥到了。

　　芝加哥是美国第三大城市，是国际金融中心之一，有美丽的湖岸线，壮观的现代化建筑群，藏品丰富的芝加哥艺术博物馆、科技博物馆等各类博物馆，有公牛篮球队、幼狮橄榄球队、白袜棒球队等职业球队，还有繁华的密歇根大道及众多世界各地的特色文化、饮食商业区……打发周末或节假日，很容易找到合适的去处。至今，芝加哥仍然是辛军最留恋的城市之一。

　　浙大学长来机场接辛军，学长说什么，他只是机械地答对，近48小时没有睡过真正的觉，大脑已经"糊"了。一到校友公寓，他倒头就睡，不知道过了多久，突然被外面"刷刷刷"的雨声唤醒，辛军以为下大雨了，学长说是不远处高速公路的车流行驶声。

学校还没开学，辛军借住在四位中国留学生的公寓客厅里。傍晚和周末，公寓里的室友相对较多，大家一起聊天，会暂时忘却乡愁与焦虑。当室友们都去上学或打工，剩下他一个人时，深深的孤寂感会让他陷入无尽的惆怅中，直到租了自己的公寓，才稍稍缓过劲来。

到了 8 月底，教授返校，辛军见到了博士导师，讨论了研究方向，进了实验室，心里才踏实下来，正式开启了留学生涯。

虽然有全额奖学金和生活补贴，但欠亲朋好友的外债仍然像压在身上的一座大山，不容辛军有一丝松懈。在不影响学业的前提下，尽快还清债务是第一目标。生活只剩下六个字：研究、打工、存钱。除此之外，辛军还会每周去健身房锻炼两次。

伊利诺伊大学是美国著名的公立大学，工程、建筑、公共卫生学科尤为突出，其中，工学院机械工程系的工程热物理领域特别强，汇聚了像 Hartnett 教授、Minkowycz 教授等在传热传质学科领域的知名学者。

辛军在伊利诺伊大学机械系读博期间，遇到了两位博士导师。第一位博导是韩裔，他从卡内基梅隆大学博士毕业后来伊利诺伊大学担任助理教授，研究方向是多相流，辛军在浙大的研究方向是乳化柴油喷雾机理，算是相同方向。两年后，导师没能拿到终身副教授教职，转身去了德雷克赛尔大学任教，有学生跟着导师去了匹兹堡。

在此之前，辛军也申请了加州大学伯克利分校机械系的博士研究生，并收到了录取通知书，可惜没有提供全额奖学金。在背负巨额债务的情况下，他只能选择放弃。伯克利是世界最顶尖的公立大学之一，有世界排名前三的诺贝尔奖得主……每次回想起来，辛军都有一丝遗憾。

接受顶尖教育，没钱是很难做到的。

辛军到美国一段时间后，太太也来与他相聚，入学伊利诺伊大学公共卫生学院攻读硕士学位。经过综合考虑，辛军进入了本校 Megridis 教授的研究团队，继续进行多相流方向的博士论文研究。

Megridis 教授从美国布朗大学博士毕业，是燃烧和流体领域的知名学者，为人亲切随和，做学问精益求精，在学术水准和课题方向把控上十分突出。

他的学生中有包括辛军在内的两位中国博士研究生，为了帮助学生提高英语表达、演讲能力，在每星期的研究小组会议上，他都要求每位学生讲解 15 分钟，他会像参加学术会议一样仔细聆听，从听者的角度反馈对语速、发音、语法、内容组织等方面的意见。在 Megridis 教授的引导和鼓励下，辛军的英文写作和演讲技能有了大幅度提升，并由害怕演讲变成能从中获得乐趣。

辛军与导师 Megridis 教授合影

"读辛军的博士论文和听辛军的演讲，都是一种享受。"这是博士论文答辩评委 Minkowycz 教授在听完辛军的演讲后说过的一句话，也可以说是对辛军导师的赞赏。Minkowycz 教授是国际传热传质期刊的主编，能够得到他的认可非常难得。

1995 年春暖花开时，辛军获得了伊利诺伊大学机械系博士学位。

国内两年半，国外五年，辛军终于登上了学位的顶峰，仰望深邃而遥远的星空，他问自己："下一座山在哪里？"博士毕业后，辛军有两个机会，一个是非汽车领域的巨头，另一个是威斯康星州大学发动机研究中心，他选择了后者。

此时，辛军的职业目标已经明确：成为一名发动机专家。

做博士后

就这样，辛军意气风发地开始了新的征程，他将跟随威斯康星大学发动机研究中心著名的 Reitz 教授做博士后研究。Reitz 教授是一位有企业工作经历的学者，从普林斯顿大学博士毕业后，在通用汽车研究部门工作多年，再到威斯康星大学任教。

威斯康星大学的发动机研究中心在世界内燃机研究领域享有极高的威望，它为美国学术界、工业界和政府机构培养了大量人才，也有许多来自世界各地的访问学者来研究中心从事发动机领域的前沿研究工作。

世界一流研究机构的实力确实了得，8 名教授中有两名是美国工程院院士，有 60 多名博士和硕士研究生，有自己的超级计算机以及填满了几层楼的发动机实验装置和测试设备。由于研究内容涉及内燃机核心竞争领域及燃烧、喷雾等基础研究领域，长期以来得到了美国宇航局、能源部、国防部等政府机构及各大汽车公司、各大发动机公司的资助，并与之形成了极为紧密的合作关系。

作为车轮上的国家，美国国内生产总值（GDP）的20％与汽车有关，而发动机是汽车的"心脏"，发动机产品的技术迭代与众多前沿技术研究息息相关。对辛军来讲，能在这个世界顶尖研究中心做发动机的核心喷雾和燃烧理论研究，是十分难得的机会。在这个庞大的研究中心，能与从事前沿领域研究的教授和研究生，以及世界各地的访问学者深入探讨，在技术的广度和深度上都得到了较大程度的拓展和提升，也与政府、产业及高校建立了一定的沟通渠道。

辛军所在的十楼办公室，外面过道两侧的墙上挂满了研究中心的研究课题和研究成果。有一次，美国政府部门的官员来参观，中心主任在过道上给他们讲解发动机燃烧室内发生的物理和化学过程，他用生活中家喻户晓的常识来诠释那些高深的理论，用直观的比喻把发动机燃烧室内复杂的物理和化学过程解释得生动有趣，听得辛军目瞪口呆，原来，理论还可以这样来解释。

多年后，辛军去本田汽车北美技术中心工作，看到本田宗一郎的名言：如果你所阐述的技术其他人听不懂，说明你对此技术掌握得还不够透彻。他立即产生了共鸣。

好的沟通者，一定能根据听众的基础背景，用最合适的语言和比喻来诠释一项技术，而不是寄希望于对方以你的思维模式和语言来理解。在全球化时代，国际跨文化交流十分频繁，能换位思考、了解对方的逻辑，才可能达成富有成效的沟通。

威斯康星大学所在的麦迪逊市离芝加哥大约两小时车程，是威斯康星州的首府，校园被两个碧蓝、静谧的湖泊环抱，夏季和秋季最美，湖天一色，气候宜人。

辛军在这里度过了一段美好、轻松的幸福时光。

业余时间，他经常与朋友们去湖边钓鱼，一去就是整个晚上，虽然收获甚微，不过两三条鱼而已，但他很享受在湖畔一边喝啤酒，一边聊天，一边探讨发动机技术的休闲时光。

美国报刊偶尔会刊登有关中国汽车产业和市场前景的文章，总会提到中国汽车产业早期仿制苏联，现在主要依靠与国外汽车公司合资，引进产品在国内生产，没有自主研发能力。

有一篇报道甚至认为，美国通用汽车、德国大众汽车的车型不是中国市场所需要的，Tata 开发的售价 3000 美元的汽车更适合中国。此时印度已有 Tata、Mahindra 这样的本土汽车公司生产自己研发的产品，而且还在向国外拓展。

每当看到和听到外界评论中国技术落后，没有实力正向设计开发发动机时，辛军心里总觉得不是滋味。

底气，才是一个国家的硬实力，没有国家崛起，哪来人民尊严？

经常有国内的学者来威斯康星大学发动机研究中心进修访问，辛军就会找他们聊天，时刻关注着中国汽车产业的变化和发展。

1996 年，美国的华人工程师成立了北美华人内燃机工程师协会，这群志同道合的人聚集在"乌托邦"里，为技术乐此不疲。协会的一系列活动，让辛军与国内同行的交流和沟通更为频繁了。

那些隐隐约约的思念和牵挂，慢慢从心底溢出，去到了遥远的祖国。

开阔视野

20 世纪 90 年代，美国乘用车几乎全部使用汽油发动机，只有重型卡车、工程车、船舶才是柴油发动机的天下。美国的汽油比矿泉水便宜，没有与油耗相关联的税费政策，柴油车还要比同类汽油车贵，因此，柴油机在美国乘用车市场长期得不到认可，导致美国小排量高速柴油机的产品技术落后于欧洲。

此时，高速柴油机在欧洲乘用车市场蓬勃发展，几乎占据了半壁江山，高档轿车也开始装上了柴油机，直到 2010 年后，"柴油机尾气门"事件及全球汽车电动化趋势，才使得柴油机在乘用车上扩大应用的势头戛然而止，这是后话。

同时，国际大环境恰遇美苏冷战结束，美国国家实验室在武器方面的研发需求有所萎缩，而国家实验室的研发能力恰好可以帮助美国振兴日趋衰落的汽车产业，考虑到环境和能源安全等问题，克林顿政府发起了新一代汽车伙伴关系（Partnership for new Generation of Vehicles，PNGV）。

PNGV 合作平台是为下一代乘用车做出的共性技术研究，里面包含了众多技术，如燃料电池技术、高速直喷柴油机技术、电池技术等。其中，柴油机技术有美国三大汽车公司和底特律柴油机公司等作为企业方参与研究。

辛军的博士后研究课题是有关高效低污染重型柴油机燃烧系统的研究，在博士后研究结束后，他加盟了底特律柴油机公司，从事重型柴油机和轻型柴油机燃烧系统开发工作，同时代表公司参加乘用车柴油机的产业联盟和应对重型柴油机卡车排放法规的合作项目。

这段经历让辛军认识到，在产品上相互竞争的企业也可以合作，研究共性问题，形成产业联盟，以此实现投资收益的最大化。回国后辛军发现，中国许多汽车公司和发动机公司在共性技术研究上缺乏合作精神，使得相互之间形成低水平的竞争和重复投资，资源浪费严重。

1998 年初，本田北美研发中心在招聘北美发动机前瞻技术研究项目和相关基金资助项目主管，朋友问他是否有兴趣。

本田汽车（Honda）创立于 1948 年，是一个跨国汽车、摩托车生产销售集团，汽车产量名列世界前十。本田汽车也是一家工程师氛围很浓的公司，总公司历任总裁都在本田研究中心担任过总经理，而且均是发动机工程师出身，唯有 2009 年至 2015 年任职的总裁伊东例外，他是车身工程师出身。

本田汽车的发动机研发技术引领全球，将其传统强项与北美的基础研究结合是件很有意义的事，综合考虑后，辛军欣然前往面试，并于同年三月加盟本田北美公司。

加盟本田

加盟本田汽车不久，辛军领导的团队申报了一个降低发动机油耗研究的项目，在项目准备和立项答辩过程中，第一次因为没有量化目标而被退回；第二次因为没有明确在哪种发动机机型上实现而再一次被退回；第三次因为没有明确发动机在哪款车型上体现又被要求修改。

本田汽车要求，一切研发结果都要在实际产品、实际环境和使用条件下获得检验，这对辛军的研发思维产生了持久的影响。

本田严谨的企业文化改变了辛军，让他逐渐养成了兢兢业业的工作态度和精益求精的工作方式。

本田汽车很多岗位上的资深工程师都曾在 F1 车队工作过，辛军的上司河本道雄曾是 F1 车队的发动机工程师。赛车技术支持的工作性质决定了工程师必须在最短时间内，找到最简洁、最有效的解决方案，这种环境能培养工程师快速分析问题和解决问题的能力，随着他们的流动，自然而然地把这种简洁、务实、高效的文化延伸到了本田汽车的产品开发部门。

"官本位"价值观，在全世界都差不多，而本田汽车设计的两条员工通道，从根本上杜绝了这种现象。后来辛军创业，采用了此设计。

本田汽车的两条员工通道，一条是管理晋升通道，一条是技术晋升通道，两条晋升通道都可以达到最高端。

技术头衔与学位一样，享受的待遇是终身制的，而管理岗位则是不确定的，会随着岗位的变动而变化。在这种政策引导下，工程师会安心地在技术领域深耕细作，而不会为了升迁走上管理这座独木桥。

在本田汽车，有一件事给辛军留下了深刻的印象。

本田北美研究中心开发了全新的 MDX、Pilot、Ridgeline 三款车，根据一家市场研究公司的市场调研反馈，丰田竞争车型的油耗比本田产品的低，就是丰田车比本田车省油。

本田工程师实测了两款车的整车油耗和发动机油耗，发现本田车的油耗指标很有竞争力，不输于竞争对手；再对市场上的目标用户跟踪分析后发现，两款车的油箱体积不同，丰田车的油箱比本田车的大，用户给丰田车加一次油要开一周，而给本田车加一次油只能开五天，这样用户的直观感受就是丰田车更节油。

这事让辛军明白，对于用户而言，产品竞争力不是简单的一堆专业人员关心的指标数据，而是用户在使用时的实际感受。

本田汽车人性化的管理方式也让员工有很强的归属感。有一次，动力总成管理层去美国西南研究院参观考察并洽谈合作事宜，辛军晚了几分钟，到登机口时飞机已离开廊桥，只好改签到下一班飞机，等他赶到西南研究院会议室时，本田研究中心副总经理和其他同事已经等了两个多小时，辛军连忙道歉，副总经理和同事反而宽慰他，让他感到特别内疚。

辛军在美国

辛军在本田工作期间，与三位资深的日本同事关系很好，彼此既是上司，也是师傅，还是朋友，多年以来一直保持着联系。

在本田汽车工作的七年时间，辛军从主管工程师、高级工程师起步，先后担任了两个项目的技术负责人，与众多发动机设计、试验和制造领域的工程师一起共同完成了两个研究项目，由于业绩出众，2001年晋升为主任工程师。

在本田汽车宽领域的动手经历和团队领导经验，让辛军在扎实的发动机技术研究基础上又积累了产品开发第一线的实践经验，为多年后回国领导团队开发全新的发动机、变速器产品，打下了扎实的基础。

20世纪末，中国生产的摄像机、录放机等家电产品已占领国外市场，辛军坚信，有一天中国汽车也会像家电一样发展壮大，从弱到强，从中国市场走向国际市场。

辛军在等待契机。

他是军人的后代，龙的传人，是有精神原点的人，羽翼已丰满，他想要回到哺育自己的那片土地。

家国情怀

该来的，终究还是来了。

2002年，平常的一天，辛军打开计算机，一封电子邮件提醒弹了出来，是中国奇瑞汽车的招聘邮件，他看完后不禁心生疑问，奇瑞汽车，怎么从来都没听说过？邮件中提到了 18 款全新发动机产品开发，有柴油机和汽油机，排量覆盖范围很大。这么多发动机同时开发，在本田汽车是不敢想象的，真实吗？

虽身在国外，但从 1996 年开始，辛军几乎每隔一两年，都会回国与大学和企业的同行进行内燃机方面的技术交流，除此之外，每年北美华人内燃机工程师协会还会邀请到底特律参展和参会的国内汽车行业领导、企业高管、学术界教授、专家介绍中国汽车的最新动态，他对国内车企的开发现状还是略知一二的。

这封电子邮件，辛军并没有太当回事。

年底，时任奇瑞汽车董事长詹夏来、副总经理尹同跃亲自来底特律推介奇瑞汽车的发展战略，证实了之前的邮件信息所言非虚。

当国内大部分车企还在向外企购买发动机时，奇瑞汽车就提出了"得发动机者得天下"的战略口号，同期开发四个系列发动机产品的战略也很有魄力和前瞻性。

2003 年夏天，辛军利用休假的机会专程去芜湖实地考察，与加盟奇瑞的北美老朋友许敏相聚，又与詹书记和尹总进行了几个小时的交流。几个月后，辛军接到了尹同跃的电话："你来奇瑞吧，我们一起干！你担任奇瑞汽车工程研究院副院长，负责动力总成，工资与美国一样。"简短的几句话，让辛军心动了。

辛军一直在等待这样一个可以干番事业的机会，可是，当机遇到来时，面临的一系列具体问题又是那么让人纠结。"人是生而自由的，却无往不在枷锁之中。"卢梭的名言道出了人生的无奈。

面对襁褓中的二儿子、上小学三年级的大儿子、生活在一起的父母，他回国工作，意味着全家将搬回中国，太太将辞去医院疾病控制专家的工作，从一位职业女性变成家庭主妇，大儿子要在新的环境上学，自己将去一个只短暂参观过两天的陌生城市工作和生活。

对家庭来说，这确实是牵一发而动全身的重大决定。

辛军预感到中国汽车产业将迎来高速发展时期，汽车、发动机等一系列产品将开启全新的开发高潮，从 0 到 1 的机会极其难得，一旦失去，绝不会再有。

当行业发生突变时，与其隔岸观望、摇旗呐喊，不如跃身入场、参与其中，这样不仅可以报效祖国，还能实现人生价值。

当初负债累累，一无所有来美国求学都没有怕过，现在有技术，有经验，有实力，还怕什么？人不能被房子、车子、金钱、升迁等束缚，要跟随内心的召唤。

太太理解辛军，同意他回国实现梦想；父母不理解儿子，怕他应付不了国内复杂的人际关系，但儿大不由人，只能任他去了。

秉承"生命不息，折腾不止"的精神，不惑之年的辛军，带着满腔热忱，奔赴芜湖，出任奇瑞汽车工程研究院副院长。

现实落差

2004年7月9日，辛军搭乘的航班降落在上海浦东机场，近乡情更怯，赤诚初心依旧，他回来了。奇瑞派了司机来接机，因公寓还没有准备好，安排他暂时住在酒店。

7月的芜湖像蒸笼，又热又潮，周末的酒店里显得格外冷清，从窗户望出去，天色灰蒙，对面一片灰白色的水泥厂房。恍如梦境一般，一天前，辛军还在自家的别墅里悠闲地喝着咖啡，窗外蓝天白云，花园郁郁葱葱，大儿子练习的钢琴声、小儿子伴睡的乐曲声，在耳边此起彼伏……

虽然早已做过思想准备，但现实的落差、离开亲人的惆怅，伴随着寂寞和思念，还是让辛军非常难受。

由俭入奢易，由奢入俭难，并非不能吃苦，只是需要一个适应的过程。

奇瑞汽车公司成立于1997年，是芜湖地方政府控股的主机厂，靠美国福特一条发动机生产线起家，此时的技术水平可以用"土得掉渣"来形容。

但奇瑞不甘落后，提出"得发动机者得天下"，有18款发动机在同步开发，除此之外，还要开发变速器、混合动力等一系列动力总成产品。

作为公司分管动力总成产品研发的副院长，辛军面临的现状是什么都缺，缺工程师、缺研发设备、缺流程、缺设计标准、缺试验开发大纲、缺分析工具和方法论……而新产品的上市时间就摆在那儿，怎么办？既要挖战壕、打仗，也要造枪炮、招兵买马。

换个角度想，这不正是大显身手的好时机吗？

辛军每天都在满负荷运转，早上七点多进公司，晚上九十点才下班，回到公寓倒头便睡，再也没有时间伤春悲秋，对家人的思念也都抛到了脑后。

汽车产品开发是一个需要高度协同的过程，其他公司再好的流程体系，拿过来也需要赋予自己企业的灵魂，有一个落地和内生相结合的过程。

辛军参考全球企业的成功实践，引领团队搭建体系，将项目状态评审会、项目设计评审会等一系列会议固化，严谨计划、大胆尝试、过程跟进、及时总结，通过实战培训，传授经验，相互学习，提升大家的研发水平。

每次会议，他的大脑要像超级计算机一样运转，聆听、分析、讨论、判断、决策。随着项目的推进，各类重点问题清单也由短变长，又由长变短，最终归零。

辛军入职 10 个月后，太太辞去医院工作，卖掉了房子，带着孩子们回国了。为了方便大儿子上国际学校，太太带孩子们去了上海安家。每过两周，辛军会在周六晚上十点多到家，周一清晨又坐火车回芜湖，如果遇到项目关键阶段，两三个月才有可能回家一次。

没有太多时间陪伴孩子们成长，也是人生的一大遗憾。

成效显著

项目最困难的时候是在 2004 至 2006 年。奇瑞汽车走在国内发动机产品开发的前面，许多供应商同步开发能力尚未建立起来，经常因做不出或不能及时交付合格的零件而影响开发进度，将流程和体系建立延伸到供应商，成了辛军和项目组成员的一部分工作。

辛军看起来儒雅沉稳，其实是个急性子，对自己要求高，对下属要求也高，无法容忍被动、畏难、低质量的工作，对慢吞吞工作的人会失去耐心，恨不得撸起袖子自己干。

2004 年年底，奇瑞决定启动两款混合动力产品开发，研究院混合动力团队只有三名工程师，人手严重不够。为了降低开发成本、培养自己的人才，公司与国外合作方谈妥，奇瑞派工程师去对方公司参与开发，承担具体工作，对方需要对奇瑞工程师的设计交付进行审核并对结果负责。

招聘混合动力团队的新成员成了当务之急，辛军与人力资源部门的同事一起去杭州、上海、北京三地进行校园招聘，他现身说法，真情实意地告诉那些名校的硕士生，一如当初詹书记、尹总"忽悠"自己一样："自主研发是一件多么有意义的伟大事业，投入其中，人生何其精彩。"经过筛选，招聘到十几位一流高校的硕士毕业生，他们入职几个月后被派送到英国剑桥，参与联合开发，使项目得以顺利启动。

混合动力团队迅速扩充到二十多名员工，覆盖电机、控制器、软件开发等领域，这批员工迅速成长为国内新能源汽车领域的技术领军人才。几年后，辛军出差偶遇过其中几位，每一位都对在奇瑞汽车的那段经历充满了感激之情。

2005 年，奇瑞汽车全系列发动机产品中的第一款——1.6 升排量汽油机投入批量生产。在发动机下线仪式上，一位新华社记者热泪盈眶地大呼："中国车终于有中国心了！"辛军更是成就感爆棚，在这份荣耀的背后，是无数信念和意志的较量，靠着一步一个脚印，他终于接近了自己的梦想。

每当看到装着 ACTECO 发动机的汽车行驶在道路上，辛军都会感到无比骄傲和自豪，这种从 0 到 1 的经验，是在任何美国车企都不会拥有的，他早已超越了过去的自己。

由于与公司的开发理念产生了分歧，辛军于 2007 年 5 月离开了奇瑞汽车。

在短时间出任一家美国企业的董事总经理后，辛军接受了上汽集团抛出的橄榄枝，他将在一个更大的平台上施展拳脚。

磨炼心性

2008 年 5 月，辛军赴上汽集团任技术中心副主任，分管自主品牌动力总成产品研发。

上汽集团产销量常年排行中国汽车公司之首，是国内 A 股市场上最大的上市整车公司，无论资金实力还是技术实力都在国内主机厂中领先。

此时，上汽动力总成开发才刚起步不久，辛军负责的范围覆盖了发动机、变速器、进排气系统、空调与冷却系统、换档机构和传动系统等多个领域，形成了上海、南京、英国三地布局，研发团队大约有 360 人，在设备上依靠原上海内燃机研究所的几个发动机耐久台架作为发动机的试验基地，研发设施仅能满足国产化项目需求。

发动机设计开发难度大，加工精度高，控制策略复杂，绝对是需要公司重点关注、重点投资的领域。

2009年夏天，公司管理层研讨自主品牌发展战略，学习短板理论，讨论上汽的短板究竟在什么地方，最后得出的结论是在动力总成。

当时，动力总成在上汽集团肯定不是长板，根据辛军对短板理论的理解，要想尽快将短板补长，资源应该向动力总成倾斜，在短板没有补长之前，尽量用其他长板来弥补，以突出差异化竞争优势。

然而，事与愿违，从那以后，只要没有找到明确根源的问题，都会归咎于动力总成，短板变成了"挡箭板"。直到2014年，上汽集团外销发动机达到每月15000台，"蓝芯科技"产品在市场上取得良好口碑，辛军承受的压力才骤然降低，此时动力总成已成为公司核心竞争优势。

那是一段非常时期，一方面众多产品开发重叠，任务繁重；另一方面基础研究设施、试验开发设施、计算机辅助工程能力建设等都在同步推进，项目多、人员紧缺，同时他还身兼六速手动变速器产品线的总负责人。

每当无法平息内心的压力和烦恼时，辛军总是靠跑步来排解，"嗨，跑起来！"当脚步声、呼吸声和心脏的跳动声交织奏出独特的旋律时，全身就会大汗淋漓，所有的烦恼也会随着汗水一起蒸发，烟消云散。

辛军不会忘记自己为什么回国，当心有四方天地时，再大的困难也不过是沧海一粟。

蓝芯科技

辛军的行事风格，很容易"将自己顶在扛头上"。

2010年，上汽准备和通用汽车联合开发小排量汽油机，辛军协助公司副总裁具体落实联合开发协议。谈判接近尾声时，辛军意识到一个问题，由于发动机控制器软件不在联合开发范畴，属于通用的知识产权，将来无论用在上汽的整车上还是外销给其他汽车公司，都需要向通用支付高昂的开发费，于是他把合同修改成用第三方的发动机控制器软件。

这件事在上汽乘用车内部产生了很大的异议，有人为辛军担心：万一第三方控制器软件没有通用汽车的好，导致联合开发的发动机性能不过关，这一切就是他的错。为此，辛军在后来几年承受了很大的心理压力。

辛军做事很单纯，一切仅从是否有利于公司发展、有利于项目推进来考虑，他坚守做人的准则，对个人恩怨、误解、损失都不太在意。

在团队的共同努力下，动力总成产品开发、研发能力和体系建设都结出了丰硕的果实，有人提醒他："很多人不知道你为公司动力总成做了这么多实实在在的事情，需要去给领导讲一讲。"辛军对同事善意的提醒报以微笑，心想，何必解释呢，一切过往皆为序章。

苦心人，天不负。从 2010 年起，上汽技术中心为自主品牌全新开发的 NSE 发动机、MGE 发动机、联合开发的 SGE 发动机、两款涵盖中大转矩的手动变速器、两款涵盖中大转矩的干式和湿式双离合自动变速器陆续投放市场，到 2014 年，已形成上汽"蓝芯科技"系列动力总成产品，满足了公司自主品牌及第三方客户的需求，发动机产品入选"中国心"十佳发动机。

第一代"蓝芯科技"系列动力总成开发任务圆满完成！

辛军分管的团队建立起国际先进水平的研发设施和体系，带出了 1000 多人的动力总成正向开发队伍，以"蓝芯科技"为代表的产品大批量投产后，在集团乘用车、商用车及外部客户车型上取得了良好的市场表现，作为职业经理人，辛军交出了一份优秀的答卷。

辛军与"蓝芯"动力

第一代"蓝芯科技"系列动力总成研发刚结束，辛军立即启动制订面向 2017 年和 2020 年的产品和技术路线规划，并于 2014 年底完成定稿。他又来到了一个分岔口，若继续留在上汽，无非是将前面七年做的工作再重复一遍，似乎少了些什么。

回国工作 11 年，辛军看到中国零部件产业的现状与中国汽车的发展不相匹配，尤其是核心零部件对国外供应商的依赖很强。有一年夏天，正在开发的增压直喷发动机在做耐久试验时出现了损坏，损坏零件的供应商是一家欧洲企业，但他们的工程师都在休假，等他们回到岗位，了解情况后，再去签证、订机票，到上汽试验室现场一起分析问题，已经四个月过去了。如此开发效率，怎能支撑中国市场对产品快速迭代的需求？

这是中国汽车企业的痛点，反过来考虑，也是一种机遇。

如果用自己在国内外工作了 20 年的经验和实力，创立一家具有正向研发能力的核心零部件企业，难道不正是时候？

创业之路

2015 年 5 月 19 日，是辛军在上汽工作的最后一天，第二天，他与志同道合的朋友一起，在上海青浦区一个简陋的临时办公室，开启了创业之路。

他们给公司起名为奕森科技（ISEM）。ISEM 源自于英文 Innovative Solution Provider for Efficient Mobility（节能汽车创新解决方案提供者）首字母的音译，中文名同样蕴藏着绿色环保和海纳百川的深刻含义。

对此，家人和朋友提出了质疑，在退居二线的年龄开始创业，会不会有点晚？创业九死一生，是否能承受住这样的压力？

理工男创业，绝不是一时心血来潮。人生去日苦短，来日方长。离 70 岁还有 18 年，离 80 岁还有 28 年，离 90 岁还有 38 年，年龄不应该成为枷锁，只有不断超越自我、战胜自我，才能跃上更高的台阶。

辛军也十分清楚，创业之路绝非儿戏，对于创业者来说，"从此只有眼前路，没有身后身，回头无岸"。

辛军创办奕森科技的初衷，就是以那些顶尖的国际零部件巨头为标杆，做与之竞争的、有技术含量的产品，"中国已不缺汽车制造公司，中国缺有竞争力的核心零部件公司"，他希望奕森科技像它的名字所蕴含的意义一样，成为一家有核心竞争力的零部件公司，他对那些技术门槛不高、称斤论两卖的低端零部件毫无兴趣。

有朋友问辛军："你们公司主要做什么？"

"涡轮增压器。"

"怎么想起做这么难的东西？"

涡轮增压器确实是汽车发动机里价值最高、技术门槛也最高的核心零部件之一，长期以来一直被国际巨头所垄断，朋友们对奕森科技能否有实力与国际巨头同台竞争充满了怀疑。

然而，奕森科技自成立以来，创下了多项行业新纪录。从 2015 年 9 月公司注册成立到第一台涡轮增压器样机下线，奕森科技只用了 6 个月的时间；从公司一无所有到第一个涡轮增压器批量生产，奕森科技只用了 24 个月的时间……

创办至今，奕森科技成功研发出汽油机涡轮增压器、通用航空涡轮增压器、电子真空泵，且均已投放市场，其他电气化产品也在规划实施之中。

萧伯纳说过一句话，人生最大的快乐是致力于一个自己认为伟大的目标。人一旦有了目标，奋斗路上的每一点收获，都能感受到生命的美好。

创业期间的一个夏末，辛军在绿荫道上遛狗，雨后的一丝清凉随着微风吹来，抬头看见夜空中闪烁的星星，突然感到好轻松，幸福感一下传遍了全身的每一个毛孔，这是在焦头烂额的忙碌以后，才能体会到的幸福啊。

回顾过去几十年走过的路，每一次选择都经过认真思考，辛军对走过的每一步都不后悔。回头再看，真的没有哪一条路是容易的，无论怎么选择，都会遇到那条路上独有的坎坷和荆棘，有时走了很远的路以后，依旧感觉想去的地方遥不可及，但是在任何时候，他都没有怀疑过努力的意义。

无论是在宁波的 18 年、杭州的 10 年，还是在美国的 14 年，以及回国后的 16 年，他都没有辜负时光、放弃拼搏。中国人才研究会理事长朱明荣说："辛军开发了一代产品，办成了一个论坛，创办了一家企业。"这句话概括了辛军回国 16 年来的所作所为。

辛军参加"中国心"十佳发动机评选活动

　　无论生活还是工作，家庭还是事业，辛军都得到了丰厚的回报。生命还将继续，时间就像沙漏，在无声无息地悄然逝去，未来的路上会遇到什么、经历什么，依然不可预料，只是他十分清楚，自己会朝着目标，一往无前。

幸福家庭

　　十年修得同船渡，百年修得共枕眠。得一红尘知己相伴共枕，缘分妙不可言。因此，无论读了多少书，无论做了多少自我建设，关于爱，有时就像开盲盒，需要的只是运气。运气好的人，相濡以沫，母慈子孝，家庭和睦；运气不好的人，同床异梦，鸡声鹅斗，四分五裂。

　　时光飞逝，辛军与太太已携手走过了三十多年风雨路，回首往事，所谓幸福美满婚姻，还真是一物降一物，相生相克，相互理解，对立统一，相携相伴。

　　古人云修身、齐家、治国、平天下，为什么要把齐家放在前面，因为男人在外面打拼，需要有人把家里撑起来，孝顺父母、教育孩子，有一个安定的后方，才能免去后顾之忧。因此，一个成功男人背后，一定有一个了不起的女人。

　　辛军的家，属于男主外、女主内。这平常的一句话，却包含了太太极大的个人牺牲。辛军的太太从国内一流医科大学本科毕业，又在美国获得流行病硕士学位。她成熟、理智，有主见，不怕苦，不服输，知道自己要什么。她认为一个家的凝聚力，母亲最为重要，如果夫妻俩都去忙工作，家就不成其家了。人生总是有得有失，为了家庭的幸福、孩子的成长，她最终成了辛军背后的女人。

辛军是一个喜欢折腾的人，博士毕业后，每换一次工作，太太都要跟着他一系列地折腾，如换工作，换房子……1997年，辞去威斯康星大学的工作去密歇根；1998年，卖掉安娜堡才入住半年的房子，辞去密歇根大学医学院的工作搬去俄亥俄；2005年，又卖掉俄亥俄的房子搬回中国，这一切所带来的麻烦事，辛军一件都没有参与过。

在美国卖房很不容易，每次有人来看房，太太都要把房屋打扫得窗明几净、一尘不染，再带着孩子出门回避。美国的房子增值慢，别人都是买来住的，一般看了很多次都卖不掉。好不容易房子卖掉了，又要面临着打包搬家。跨区域搬家还好，跨国搬家可真不容易，其间所经历的困顿、郁结、忧愁和烦恼，只有她自己最清楚。

太太是一个深明大义的女人，就拿回国来说，辛军要报效祖国，如果她坚决反对，辛军就会失去回国发展的大好时机，"我可不想成为你没做成事的原因"，这是她的真实想法；如果辛军一人回国，她带着孩子们在美国生活，儿子们离开了父亲的言传身教，对成长也会相当不利。辛军在家不是工作就是看书，父亲的不断进取对男孩子的影响是巨大的，是没有任何事物可以取代的，为了孩子们的健康成长，她也必须做出妥协。

婚后多年，相爱的激情在柴米油盐的琐碎中被稀释，生活也曾经是一地鸡毛。辛军的姐夫说：晓东（太太的中文名）是我见过的女生中最能干的一位。听了这话，太太不禁泪流满面。

太太是家里的厨师、管家、秘书、司机……成效显著，大儿子15岁时就立志学医，18岁进约翰斯·霍普金斯大学生物医学工程系读本科，四年后又以优异的成绩考入约翰斯·霍普金斯大学医学院，2020年获得医学博士学位，已成为加州大学尔湾分校医院的一名住院医生；小儿子学钢琴，参加辩论班，参加学校网球队，参加英特尔国际中学生科技竞赛……德智体美劳全面发展，也以哥哥为榜样，将学医作为自己的目标。对此，辛军既欣慰又内疚，"以在孩子教育上花的时间来衡量，我不是一位称职的父亲"。

辛军属于闷骚型男人，没有用语言表达爱的习惯，从来没跟太太说过"我爱你"，也从来没跟儿子说过"我想你"。在美国的时候，有一次辛军陪太太去她的同事家吃饭，第二天太太与同事聊天，同事说她丈夫感觉John（辛军的英文名）"很严肃嘛"，意思是他不善言表。在家里都沉默寡言，在外更不可能热情奔放一见如故了。像辛军这样的男人，多亏有太太的包容和理解，如果太太也需要丈夫捧着哄着，日子就没法过下去了。

苦尽甘来，多年的付出终于有了回报，而今丈夫事业有成，孩子出类拔萃，自己身心健康，妥妥的人生赢家。两个有趣的灵魂，从青春到白头，相互欣赏，彼此需要，琴瑟和鸣，活成了最幸福的样子。

或许到了耄耋之年，辛军会坐在桂花树下，给孙子们讲述自己的故事：想当年，金戈铁马，气吞万里如虎；现如今，莫遣旁人惊去，老夫静处闲看；看未来，怕是秋天风露，染教世界都香。

辛军全家旅行合影

时光无悔

刘小稚

今天是你余生中的第一天，今天也是你重新开始的第一天，今天还是你梦想成真的第一天。 今天，一切皆有可能，就让我们从今天开始吧！

刘小稚近照

没有孩子，没有丈夫的单身女性，能过得幸福吗？

答案是肯定的！

只不过，很难。

首先，要有养活自己的能力，最好是富养自己的能力，喜欢的东西自己要能买得起；其次，要有自己的精神寄托，或事业，或爱好，灵魂充实，思想丰富，自己做自己的主角；再者，还要发自内心地享受单身生活，独立，自强，冷静，喜欢独处，不依赖他人。

一言以蔽之，只有在物质上和精神上都能自给自足的女人，才有实力成为幸福的单身贵族。

比如刘小稚。

与众不同

刘小稚年轻时崇拜居里夫人，她的理想是当一名大学教授；中年后，她崇拜安格拉·默克尔，理想是当一位企业家。

这两位伟大的女性像灯塔一样，照亮了刘小稚不同阶段的人生道路。

从懂事开始，父母就经常告诉刘小稚"知识就是力量"，想当教授就要知识渊博，想要知识渊博就得多读书。

康波理论说，每个人的一辈子都能遇到七次机会，只要能抓住其中一次，就能让人生彻底翻盘。

读书，帮刘小稚抓住了第一次机会。

1977 年国家恢复高考，音乐电工刘小稚，以青海省前十几名的成绩，考取了西安交通大学无线电专业。这一年，她 20 岁。

20 岁，是对未来充满绝对信心的年龄。

然而，现实总是残酷的。

入学后摸底数学考试，刘小稚得了零分，要不是学校调看了她的高考试卷，她差一点就被退回青海。

原来青海省属于边远地区，当年高考由地方出题，如果参加全国统考，那年她肯定上不了大学。

刘小稚成了班上入学成绩最差的学生之一，好强的她十分沮丧，但并不绝望。命运就像掌纹，无论多么曲折，终归还是掌握在自己手里，她相信自己一定可以"咸鱼翻身"，因为她可是一条有能量的"咸鱼"。

刘小稚从来不去追求第一名，按照自己的步骤，仅在强项上使劲，不强的课程过得去就行了，60 分万岁有时也是不错的实用主义哲学。

这种思维贯穿了她的一生。

30 年后，刘小稚告诉那些青年企业家：如果我们有 10 分，竞争对手有 90 分，去追赶那 80 分就会非常困难，可以做出另外的选择；如果竞争对手有 90 分，我们有 65 分，差距仅 25 分，很有可能超越过去，就要竭尽全力去追赶；如果我们是 80 分，竞争对手是 70 分，那我们就得使劲往前走，尽量把差距拉大，这样别人才赶不上。

人生短暂，什么事都想做成是不可能的，要懂得放弃那些短时间内无法逆转的劣势。

多年后，有人问刘小稚："你遇到过那么多困难，为什么都能扛下来？"

"这个嘛，应该与母亲的教育有关。"那些存留在脑海中的零碎片段，穿透岁月浮了上来。

小学五年级时，学校组织拉练（野外训练），同学们从西宁出发，途经大通县，最终到达青海互助土族自治县，来回大约需要四周时间。

同学们背着行李，每天要行走 20 多里路。刘小稚是平板脚，路走多了会起水泡，水泡反复摩擦又会形成血泡，一旦血泡破裂，蚀骨的疼痛就会咬噬神经，连大人都难以忍受，更别说孩子了，但她却一声不吭，一瘸一拐地跟着同学们往前走。

一周后，孩子们终于到达了目的地，没有电，也没有热水洗脚，但小孩子哪会感到苦和累呢，反而觉得好玩，大家抢着吃东西，几个学生挤在一个土坑上睡觉，有说有笑，十分开心。

与土族同胞相处一周后，同学们依依不舍地打道回府。上路后，刘小稚脚上刚结痂的地方又长出了新的水泡，她忍住疼痛，继续一瘸一拐地跟着小伙伴往回走。

眼看还有三天就到达西宁市了，老师告诉刘小稚，来了一辆车，要把那些有困难的同学提前拉回去。她要强，不想坐车回去，老师说，你的脚已经这样了，如果不走，就会成为班上的累赘。她可不想成为累赘，于是就坐车回家了。

母亲见到刘小稚很高兴，忙问她："怎么提前回来了呢？"刘小稚简单地说了一下情况，没想到母亲听后大发雷霆："你这是在做逃兵，班上的同学都在走路，你却提前坐车回来了，你连这点小困难都克服不了，将来还能做什么？"

刘小稚给母亲看了脚底的血泡，母亲并不理睬，认为这不是什么事。

在后来的两三年中，每当她做错了什么，母亲就会拿这个说事："你看看，上次拉练你就是一个不能吃苦的人，你就是一个失败的人！"

这件事对年少的刘小稚刺激很大，有一次母亲又提起此事，她说："阿妈，下一次拉练，我就是死，也不会提前回来了！"

母亲对刘小稚的严格要求是方方面面持续不断的，久而久之，母亲的这些话就在她的脑子里形成了条件反射：不管做什么，只要开始做，就一定要坚持到底，决不放弃；遇到困难，要想办法克服，不能偷懒，更不能绕道走。

有一年，刘小稚去国外开会，回来后连轴转，马上参加了张江高科组织的徽杭古道徒步活动，这个活动难度很高，许多年轻人都打了退堂鼓，她却全程走完，比大部分人走得还要快，回来在车上继续鼓励大家。2020 年下半年，刘小稚又临时参加了一个企业业余 5 公里跑步比赛，得了第一名。由此可以看出，精神的力量、健康的习惯、顽强的生活态度，一直伴随着她。

如果没有母亲的严格教诲，就没有今天的刘小稚。她感谢母亲。

在西安交大，刘小稚属于另类，很少上街买东西，也不喜欢穿着打扮，更不会与人聊八卦。在全校女生中，只有她穿着自己补的衣服（并非穷，母亲每月会寄钱给她），独来独往，很少受到别人的干扰，也从来不会关注其他同学在干些什么。

穿着补丁裤的刘小稚
与同学合影

工科大学的女生，属于稀有动物，是众多男生追逐的目标。男生们在宿舍卧谈时，聊到女同学多少会有一些爱慕和赞叹，唯独提起刘小稚，男生们会说：她怎么一点不像女生，每天只知道拿本书，太特立独行了，不是我们想要的女孩。

大学四年，几乎没有男同学追求过她。

不会打扮怎么啦？穿补丁衣裤又怎么啦？她才不会在乎别人怎么看呢，女性的内在修养大于外在修饰，这是刘小稚一生的执着。

追逐梦想

由于时代的原因，大学同班同学年龄相差较大，最大的已35岁，最小的才15岁，刘小稚居于中间年龄段。年龄大的成熟稳重，年龄小的智力过人，各有各的优势。被"文革"耽误了那么多年，大家都想把失去的时间夺回来，晚上熄灯后，同学们会点上蜡烛继续看书到深夜。

刘小稚不用点蜡烛，她自有看书的好去处。

进大学前，刘小稚在青海省广播电台技术部当过四年电工，对传音、放音、配音和设备维护之类的工作很熟悉，入学后她被学校指派到交大广播电台负责做一些维护广播电台的机器和音箱设备、选取和播放早中晚电台音乐等工作。广播电台不受熄灯影响，刘小稚常常会邀请室友们一起享受有光的夜读。

父亲告诉刘小稚要珍惜光阴，他的口头禅是：一日之计在早晨，一年之际在元旦。为了激励自己，每到新年伊始，刘小稚都会带着仪式感去爬西宁北山，并在山上宣读自己的新年誓言。这个习惯，她坚持了很多年。

有一年元旦，刘小稚与大学室友一起爬西安的大雁塔，看见有解放军也在爬，她对室友说："我们一定要第一个爬上去。"她跑得太快了，包里的笔、尺子都掉落到地上，室友跟在后面一边捡，一边追。当她们终于登上顶峰时，山间便回荡起姑娘们的喊声："今天，我们是全世界第一个爬上大雁塔的人啦……"声音传到了很远很远的地方。

刘小稚与一般的女生不一样，她喜欢倒腾电器。在家的时候，经常帮助邻居修理小家电、收音机和电视机，上大学期间，她用节省下来的零花钱买回一堆零件，自己组装了一台音响。每当宿舍里响起震耳欲聋的《命运交响曲》时，她就会感到好兴奋，好满足，好开心。

西安电影制片厂和陕西广播电视台新进了一批设备，想找一位既可以读懂英文说明书，又精通音响设备的助手来协助安装和调试，他们找到西安交大，老师推荐了刘小稚。

这个项目组有一些专家和"老外"，刘小稚在和他们一起工作的过程中，打开了眼界，增加了不少见识，也认识到自己的浅薄。世界很大，知识无边，她萌生了去国外深造的想法。

临近毕业时，刘小稚参加了出国研究生考试，但是没有上录取线，最终被分配到中国科学院水利水电科学院工作。

1975 年，刘小稚在青海省
广播电台做电工

工作之余，刘小稚继续追梦。她心仪的学校是美国斯坦福大学和麻省理工学院，恰好那年发生了"胡娜事件"，美国留学暂停。在申请的多所海外高校中，仅有德国纽伦堡埃尔兰根大学录取了她。

刘小稚知道德国的古典音乐名扬四海，很喜欢音乐家巴赫、贝多芬、勃拉姆斯、舒曼、门德尔松……对德国的哲学家叔本华、尼采也有所了解，还读过歌德的《少年维特之烦恼》。可是她并不清楚德国的工业技术世界一流。

1983 年，刘小稚出国留学前留影

无奈年龄已大，机不可失，她不想再等了。

1983 年 12 月，刘小稚赴德国纽伦堡埃尔兰根大学深造。起程那一刻，她明白，梦想已经照进了现实。

不识西风

在飞往德国的飞机上，一个在德国工作的医生告诉刘小稚，下飞机时，要把没有吃完的食物全都带上，到达时间是星期天，买不到吃的。

果然，到了目的地埃尔兰根市，没有一家商店开门。刘小稚的箱子里除了几件换洗衣服外，全都是书，她靠着飞机上剩下的那点食物挨过了一整天。

不久，不幸的事发生了，刘小稚出了车祸。迷迷糊糊中，她反复用英文念叨居里夫人的名字，主治医生第一次去看她时，大声地问护士："那个要当居里夫人的女孩，在哪个病房？"此时，对已经 27 岁的刘小稚来说，人生目标只剩下一个：如何在最短的时间内获得博士学位。

当时德国对大多数中国院校的学历都不认可，刘小稚只能从本科读起。她用了八个月时间，过了德语关，才正式开始了大学生涯。

如果用一个异乡人的眼光来看德国社会，真是太奇葩了。

那是在 1984 年年初，有位德国同学带着刘小稚上高速公路兜风，一路"油门"踩到底，车子风驰电掣，吓得她大声尖叫，魂都快没了，同学见状更加兴奋，不但不减速，反而开得更快……回到房间，她马上给父母写信：这个地方不得了，车子可以随便开，想开多快就开多快，没有速度限制。

刘小稚租住的学生公寓，房间很小，餐厅共用，里面居住着 20 多个不同国家、不同城市、不同专业的大学生。1984 至 1985 年跨年期间，德国的天气特别冷，大约零下 30℃。有一天，刘小稚正在房间里看书，有人敲门进来，让她赶快去公用厨房，还特别提醒要穿上泳衣。

大冬天的穿泳衣，是在玩什么鬼把戏？刘小稚跑到厨房一看，哇，了不得，只见厨房的门窗紧闭，窗户上贴着黄色的太阳剪纸，室内的温度超过 30℃，六个炉灶上的锅里翻滚着沸水，两个烤箱全部升到了最高温，烤箱的门都敞开着，一个大盆子里盛着蓝色的水，地面上铺满了白色的沙子，有人还故意把水拍在身上，嘴里大声喊："好凉快哟!"这件事给刘小稚留下了深刻的印象，她在给父母的信中写道：德国的学生太自由了，想象力丰富，完全不受约束，没有人管他们。

从小受母亲的影响，刘小稚有洁癖，每顿饭后都会把碗筷清洗干净，而公寓里有些学生，要用完几套餐具后才去清洗。餐具堆在洗碗槽里很不卫生，刘小稚看不下去，就想用雷锋精神去打动他们，她把那些同学的餐具全都清洗掉。没想到从此刀叉碗盘堆得更多，有人甚至广而告知：公寓里来了一个中国留学生，特别喜欢洗餐具，以后大家都不要洗了，让她洗。

勤勉、含蓄、内敛、温和……这原本是我们中国人品行中的精华，然而在异国他乡，这些是优势还是劣势？

话说，他们哪能理解什么叫雷锋精神?

此时，刘小稚还不能说出整句的德语，她准备了一张纸，把练了好多天的话写在了上面。有一天中午，她走到厨房，看到一大堆人坐在那里聊天，洗碗池里又堆了好多餐具，她生气地大声吼道："怎么回事，你们都是动物吗？只知道吃，不会打扫，我洗了这么长时间（餐具），是为了避免细菌，你们以为是我欠你们的吗？我现在就告诉你们，如果晚上回来，这些还没有清洗，我就把它们统统扔到垃圾桶里去。"说完，她摔门而去。

出门后，刘小稚很忐忑，平时这些人也给过她许多帮助，要是大家把她孤立起来，那该如何是好？

晚上，刘小稚回到公寓，推开厨房门，不由得大吃一惊，不但餐具清洗完了，整个厨房的灶台和洗碗池也打扫得干干净净。

刘小稚与同学们一起
参加演出

那一瞬间，刘小稚明白了，与德国人相处要直截了当，不能拐弯抹角，你以为是在学雷锋，别人认为是你喜欢，让你做自己喜欢的事，何乐而不为呢？

后来，她遇到过许多类似的事情，都直接表明自己的态度，喜欢就是喜欢，不喜欢就是不喜欢。这种处事方式，让她结交了不少德国朋友。

张维为教授说，"一出国，就爱国，效果比党的教育还要好。"对此，刘小稚感同身受。改革开放之初，德国同学对中国很好奇，常常问她一些关于中国的信仰、国粹、文学、美食、景观、衣着、婚恋等问题，每当此时，她都会为自己的知识匮乏感到汗颜，以前在家里都读外国文学，对自己身边的许多事物都没有认真地关注和思考过。

多年后，刘小稚在一本书中看到"中国从哪里来？"的解答，其中地质学家的答案最为特别，他们认为中国来源于这颗星球上非常突出的一块寒冷高地——青藏高原。如果那时能这样给同学们介绍自己的家乡青藏高原，一定倍儿有面子。

在繁忙的学习之余，刘小稚跑去大学图书馆读了许多中国历史、文学、戏剧、饮食等方面的书籍，祖国五千年文化的博大精深让她感到十分自豪，同时也增添了不少敬畏之心。

刘小稚对烹调一窍不通，为了能吃上中餐，她开始学做中国菜（包春卷，做辣酱），同时还教会了同楼的德国同学。她做的辣酱很地道，博士同学过一段时间就会来要，因为市场上买不到这么可口的辣酱。

德国博士

在德国，高等教育是免费的，留学只需要付生活费。

刘小稚把每个月花费控制在 500 马克以内，其中医保 60 马克，学生宿舍租金 250 马克，剩下 190 马克作为伙食费。大学食堂吃一顿饭大约需要 5 马克，偶尔去希腊人开的餐馆，花 5 马克可以吃到很大一块肉，还配沙拉。每月如有多余的钱，她还会和同学们一起去看看电影，再买点邮票等小物件。

生活费来源主要依靠勤工俭学。为了不耽误学习，刘小稚选择晚上和周末去打零工，比如到实验室做学生助理，去敬老院给老年人读书，协助宿舍旁边的园林建筑师测量和画图等，做这些活 1 小时有 5 马克，她只要每月挣够 500 马克就行了。

20 世纪 80 年代初，国内大学的计算机知识仅仅涉及一点皮毛，刘小稚在这方面与德国同学相比差距很大，为了尽快补上这一课，她每天很早就到计算机中心去占为数不多的台式计算机机位。有一天，她开机登录后出去买早餐，有个德国同学把她的账号注销后理所当然地用了起来，刘小稚回来后问他："为什么?"没想到此人非常鄙视地嘲笑她："你是从哪里来的? 什么都不懂，像个米老鼠!"气得刘小稚用英文骂道："老子是从中国来的，早就在中国大学毕业，已经是工程师了，你有什么了不起!"

熟悉以后，德国同学知道刘小稚并不是什么都不懂的"米老鼠"，而是一位很认真、很努力、很愿意帮助别人的中国留学生，她对音乐对艺术的理解和修养也比一般德国人要高出许多，很难理解她能背出那么多音乐家的交响乐曲谱。后来，那位德国同学还主动示好，他知道刘小稚集邮，便送给她一些很老的邮票，再后来他们在同一个教授的研究所学习，成了好朋友。

读研期间，刘小稚遇见了一位歧视女性的德国教授，他很少用名字来称呼女士。有一次，这个教授安排刘小稚设计编写一个风洞能量测试学生实验报告课程，当时用计算机来控制和记录整个实验还是一个全新的尝试，他预测刘小稚有可能完不成任务，因为这不是她熟悉的领域。

"好吧，你要挑战我的弱项，我就让你知道，这难不倒我!"刘小稚虚心地请教德国同学，一边学一边实验，在截止时间前一天晚上 12 点，没有任何纰漏地完成了实验课程的全部准备工作。

德国教授以为把这个难度很大的工作交给刘小稚，就会看到她出丑，而她正是因为不懂才逼着自己去接触不熟悉的领域，去努力获得新的知识和能力。有时候帮助自己成长的，恰恰是那些看不起自己并提出挑战的人。

不打不相识，这位教授和他的家人后来也成了刘小稚的好朋友，至今都还有来往。

读博士的时候，刘小稚要承担大学的教学和工业项目，博士论文只能在业余时间完成。导师给了刘小稚五年在职研究合同，可是她仅用了三年多时间就获得了工学博士学位，也是所在学院首位获得博士学位的女性。

刘小稚用 8 年时间完成了本、硕、博学习，而一般德国人需要 12 年才能毕业。一年 365 天，她天天都在用功，而那些"老外"，一年有 200 天花在学习上就已经很不错了。

"枪打出头鸟"，在全世界都一样。刘小稚三年半拿到了工学博士学位，在以男性为主导的工科院校，有些男士不开心了，他们会有意无意地说一些酸溜溜的挑衅话，见刘小稚用的笔很好，他们就不怀好意地问："你的笔是不是公司的？"因为研究所有红蓝黑三种颜色的好笔，言下之意很明显。

这顶博士帽是同事们做的，很重，里面有 8 个电池和电机，包括一个喷嘴和液体灌，可以喷水、喷气。上面分了四个部分，每个部分象征她的一个学术领域

刘小稚回答道："放心，我不会随便拿别人的东西。"母亲从小教育她，在没钱的时候，要买最好的东西，因为质量好，用得长，因此她养成了存很长时间的钱去买一件好东西的习惯。

有一天，这些男同学又在嘀嘀咕咕地嚼刘小稚的舌根，恰好被路过的她听见了："我的论文做得快又怎么了？我比你们花了多得多的时间，看看你们有谁能在我的博士论文里找出一个新理论、新公式或新分析是抄的？除了语言，你们还有什么比我强？"那些人脸都红了，当场道了歉。可是到了第二天，这些德国同学却像没事一样，或许这就是他们的文化吧。

风言风语丝毫影响不了刘小稚，她一如既往地该做啥就做啥。

很小的时候，父亲就告诉她："别人说你不好，要不是你错了，要不就是你太好了。"每当别人说她不好的时候，她就会问自己："我错了吗？"如果没有，那就坚持做下去。

职场博弈

博士毕业后，刘小稚当教授的愿望能如愿吗？

并没有。

在德国，当教授不一定要有博士学位，如果没有实际科技产业的经验，没有将先进科技产业化的能力，就是有 10 个博士学位，也做不了教授。

此时，柏林墙刚倒，有许多民主德国的教授跑到联邦德国来找工作，教授职位很紧缺，再加上联邦德国很难接受一位女性任工科教授，更何况还是一位来自中国的女性。

多年后，刘小稚做了国内几所大学的客座教授，以此来弥补自己的遗憾。

博士毕业后，刘小稚入职通用汽车零部件集团德国分部的欧洲德尔福公司（此时名为派克电器），正式开启了职业生涯。

在通用汽车零部件北美分部，90% 的业务来自通用汽车，而在欧洲分部，超过 50% 的业务来自非通用汽车。换句话说，就是在欧洲，母公司的业务最多只有一半，另外一半需要开拓和服务其他汽车公司。为此，派克电器制定的行动准则是，永远把客户放在第一位，尽全力做到超出客户的预期。

20世纪90年代，派克电器做得非常成功，全球营业额从10亿美元增长到35亿美元，仅仅用了不到五年时间。

人的第一份工作，有如在白纸上打底色，底色打得好与坏，直接影响到能否描绘出优秀的作品。刘小稚在派克电器学到的永远把客户放在第一位以及如何超出客户期待的服务理念，奠定了她良好的职业基础，让她受益终身。

后来，通用汽车剥离德尔福，刘小稚留在了通用汽车。

通用汽车公司（GM）成立于1908年，是美国三大汽车公司之一，旗下多个品牌全系列车型畅销全球120多个国家和地区，是全世界福利最好的汽车公司之一。

一个东方女性，要想在通用汽车脱颖而出，谈何容易，所谓尊严和地位，都是靠实力和才华拼出来的。在与同事合作的过程中，刘小稚多次遇到吃闭门羹或被人逐出门的窘境。

有一次，一位领导问她："小稚博士，你做这个项目很有挑战性啊，我的团队跟你合作了吗？"她回答说："你的总监给了我最大的支持。"其实这位总监连她的面都不愿意见，哪儿谈得上支持呢。

接下来，她给总监打了一个电话："我昨天见到你的老板了，他问起你对我的支持如何，我给了你高度的赞赏。"这位总监听后，马上说："你明天来我办公室吧。"

"他强任他强，清风拂山冈。他横由他横，明月照大江"。与"老外"斗智斗勇，强大的内心和智慧必不可少。

1994年，刘小稚和时任机械工业部副部长的吕福源聊天

20 世纪 90 年代初，通用汽车开始进入中国市场，刘小稚被派往中国筹建合资公司。从 1991 年到 1994 年，她穿梭在德国和中国之间，寻找合资伙伴，参与合资谈判，组建合资公司，带领团队走遍了中国的各大主机厂，见证了中国汽车工业许多从 0 到 1 的发展事例。

相对国外而言，国内的工作条件比较艰苦。刘小稚还记得有一次在湖北孝感谈合作，住在没有暖气的酒店里，晚上要穿着衣服睡觉才不会感到寒冷。然而，她的心中却热血沸腾，开山大师兄可不是谁都能做的，她主导的这项史无前例的大事件将对中国汽车工业的发展产生深远影响。

每当合资谈判的双方发生利益争端时，有人就会问刘小稚：“你是不是中国人，你身上流的是不是中国人的血？”她会干脆地回答：“我做事坚持两个原则，第一，我是中国人，如果这个公司做的任何事情对中国人不地道，我不会在这个公司里做；第二，我是一个雇员，公司对雇员有相应的行为准则要求，我必须按照公司的要求去做，这是诚信。如果在这两个原则下，你们不能接受我的参与，请直接向领导提出让我离队。”

在参与谈判的过程中，刘小稚有两件事不做：第一，她会双方的语言，绝不玩文字游戏；第二，她坚持原则，出圈的事情一律不做。刘小稚以自己的职业操守赢得了谈判双方的信任，外方公司的领导认为她为人正直、敢说真话，中方公司的领导认为她行事端正、值得信任。

皇天不负有心人，在不到 18 个月的时间里，刘小稚作为核心团队成员参与的 4 个合资企业和独资企业相继成立，她除了负责这几个公司的市场和销售以外，还是 3 个合资公司过渡团队的领队。

不管身在何处，与什么地位的人打交道，刘小稚都会给予对方尊重和信任。她领导的团队气氛融洽，做她的下属压力大，进步也大，大家对她又爱又怕。

在跨国公司工作，团队成员经常要与“老外”打交道，刘小稚鼓励员工“不卑不亢，落落大方”，中国人和外国人一视同仁。她做事有担当，工作中遇到的所有事情，任何矛盾，必须解决，从不上交。

有一次，她的下属被“老外”高管不分青红皂白地骂了一通，她很生气，抓起电话打了过去：“我们的人帮你做事，你不说谢谢也罢了，居然还骂我们，见你的鬼去吧……"说完把电话摔了。

这种敢作敢为，不是一般女性能够做得到的。

刘小稚在工作中的忘我、直率给过同事们很多启发。稻盛和夫说，你人品好，别人就乐于与你共事，甚至追随你。她现在的好友，有相当一部分是过去的同事。

在外企工作，再怎么努力，职位和薪酬也要靠自己去争取，天上从来不会掉馅饼。1997 年，刘小稚决定自费去读 EMBA（高级管理人员工商管理硕士），她选择的达特茅斯大学（Dartmouth University）是美国历史最悠久的商学院之一，也是常青藤学校。读 EMBA 需要有相应的管理经验，刘小稚以通用汽车总监的身份申请成功。

在通用汽车，读在职 EMBA 一般由公司派送，像刘小稚这种职位，个人自费的几乎没有。她收到录取通知书后，就去向总裁请假："我一直期待公司能送我去'充电'，学习一些管理知识，可是你们总是说我已经有了博士学位，不需要再深造了，让我看不到任何升迁的机会。现在我要自费去读 EMBA，已经拿到了录取书，我以前从未休过假，现在要把所有的假期都用上，再加上积攒的加班时间，另外还要请一段时间事假，请您批准。"刘小稚一口气说完，还不忘补充一句："回来后，我会考虑换工作，请您要有思想准备。"

公司派人去读短训班，两三天结业回来就会得到升迁，这种好事从来都没有刘小稚的份。山不过来，我过去，读 EMBA 就是在为自己争取机会，为了筹集这笔学费，她存了很长一段时间的钱。

总裁听后十分惊讶，这也太敢说了吧，这种知道自己做什么而且能够坚持做下去的人确实少见。

当然，效果十分明显，学校还没开学，刘小稚就被提拔了。

EMBA 总共要上六个星期的课。通过学习，刘小稚在战略、战术、财务、投资等方面的知识和能力得到了很大提升，工作中的一些疑惑也找到了答案和处理方法，这让她有了重生的感觉。

读完书回到公司，职位升了，薪酬涨了，学费报销了，请假时间也变成了带薪读书时间，这些意外之喜让刘小稚更加坚信，幸福一定要靠自己去争取！

急流勇退

刘小稚在通用汽车工作了近 20 年，搬过 10 次家，分别在德国、美国、中国大陆、中国台湾、日本、新加坡等国家和地区工作和居住过，其间上百次进出美国。

她的高光时刻不胜枚举。

刘小稚曾被公司派往中国台湾任职，成为中国台湾车界首位中国大陆出生且拥有博士学位的女性总裁，也是当时通用汽车全球仅有的两位分公司女总裁之一。

她虽豪爽直率，但在大是大非问题上能行事精准，拿捏得当。因为两岸"普通话"可能会在某些字眼上有差异，她积极本地化，如把"下午好"变成了"午安"。对于较为深刻、敏感的问题，她以英文来回答。她的见识、段位，不久就赢得了通用汽车台湾同事和业界的认可，她也因此得到了拥戴。

刘小稚在中国台湾工作三年，通过她的有效管理，将不可变动成本降低了70%，帮助公司扭亏为赢，重获新生。

在担任通用汽车大中华区首席科技官和总工程师期间，刘小稚带领的技术团队主导了中国第一个自动变速器和三元催化转化器的制造和产业化。

她参与建立了通用汽车 – 清华大学、通用汽车 – 上海交通大学两所汽车技术联合学院，创建了国内首个由 10 所大学组成的材料摩擦学合作团体，联合通用、上海交大、美国密歇根大学创建了先进生产卫星实验室等产学研基地。

凡此种种，让她在未来的岁月中回味无穷。

在通用汽车研发成立 100 周年聚会上，有朋友感慨地说："小稚，无论谁聘用了你，都会很幸运，因为你实在太敬业了。"

然而，任何事物总会有正反两面性。刘小稚一个劲往前冲，不知不觉把别人都甩在了身后，团队成员跟不上她的思路，同级同事也追不上她的步伐，渐渐地，她成了孤家寡人。

"这个女人就是喜欢出风头""她有啥了不起""她就是个工作狂""她和领导的关系肯定不一般"……各种流言蜚语满天飞，偶尔也会传到她的耳朵里。

怎么办？停住脚步，还是继续往前走？

有人挂念，说明自己还有价值——当时没有人警示她，不要走得太快，悠着点儿，让灵魂跟上脚步。

多年后，刘小稚在辅导年轻的创业者时，曾发自肺腑地说道：人应该像柳树，虽然柔软弯曲，但并不会被折断，做人需要照顾到周围人的感受，适当示弱，也是一种大智慧。院子里只有一束花开，成不了花园，只有百花齐放，才会有人间美景。

西北人的憨直，再加上年轻人特有的狷介，让她付出了代价。

许多事只有经历以后，才会有成长。

没有挑战，对不起这份工资，也对不起自己，当她走一步，别人走一百步都跟不上时，感觉自己的脑子已经提前退休了。这是一段最为痛苦、烦恼和迷茫的时期，她在精神上迷失了方向。

如果自己主动离开，意味着要放弃国际一流的平台资源，放弃"国际大公司 CEO"的光环，放弃金钱和物质上的诱惑，放弃司机、秘书和豪车……

她还能从头开始吗？

汶川地震那天，上海下着小雨，打不到出租车，当她狂奔了两站路到达地铁站时，全身上下都湿透了，终于赶上了飞机。她对自己说："小稚，你有这种战斗力，还怕什么？"

树挪死，人挪活，这个简单的道理，她从小就懂。

在福耀玻璃工作期间，
刘小稚与曹德旺谈工作

离开通用汽车后，刘小稚选择了民营企业福耀玻璃，她认为中国的民营企业更需要国际化管理人才。

在福耀玻璃担任 CEO 期间，刘小稚对中国民营企业国际化进程的艰难与不易有了更加深刻的认识，福耀玻璃在拿下通用汽车全球业务后，才得以顺利走出国门，后来又在俄罗斯和美国建厂，实现了全球化布局。

一个能发展壮大的优秀民营企业，往往有一套自己的管理体系和游戏规则，在不同时期，他们对外来的管理方法或思路，态度和想法会有所不同。刘小稚的全球化思路、国际化管理经验和世界性的人脉网络，在水土不服再加上耐心不够的民营企业环境下，其实也很难充分发挥作用。

企业创始人兼董事长曹德旺先生，非等闲之辈，在刘小稚离开福耀玻璃以后，又聘任她为福耀玻璃的全球独立董事。福耀玻璃已经是典型的隐形冠军，国内市场占有率约为 70%，全球市场占有率约为 25%。2019 年，由美国前总统奥巴马及其夫人担任制片人的纪录片《美国工厂》，让福耀玻璃再一次走红全球。

福耀玻璃能有今天，可以说刘小稚是当之无愧的功臣之一。

创业魔炼

回国以后，刘小稚一直担任国际一流企业的高管与董事，从德尔福汽车上海公司 CEO 到通用汽车台湾公司 CEO，再到 Neotek（中国）CEO 以及福耀玻璃 CEO；从百威啤酒全球独立董事到奥托立夫全球独立董事，再到福耀玻璃全球独立董事，刘小稚的身上早已打上了"国际化职业经理人"的标签。

可是生命的终极意义究竟是什么？难道不是对自身能力边界进行探索，对自我潜能进行挑战，并以此获得更多的体验、更大的突破吗？譬如换一条赛道，去创业、融资、悟商道、趟市场……去尝试广阔天地里的另一种可能。

每隔一段时间，刘小稚都会停下来想一想，听一听内心的声音，自己需要什么？将奔向何方？这个习惯保留至今。那些看起来低落或徘徊的时刻，恰好是做出选择的最好时机。

毫无疑问，转换赛道会给人带来新的刺激和活力。

《似水年华》里有一句话：世界上所有事情，都在你没有准备好的时候开始；在你准备好的时候就结束了。

人生如此，创业更是如此。

2007 年，经过一段时间的准备，刘小稚和几个合伙人计划通过合并、收购、合资以及再几轮的并购重组，将几个汽车电子企业，注册在国内一家国际性的实体企业下。在签下国外 1 亿美元的私募基金后，他们就紧锣密鼓地开始了第一阶段的合并工作。

然而人算不如天算，2008 年金融危机爆发，雷曼兄弟倒了，这个私募基金马上叫停了所有获批下来的汽车零部件项目。1 亿美元还没有转到账户，就变成了空头支票。

刘小稚在项目书里预测的业务，不仅在 18 个月后能够完全实现，而且还能有超过两倍的增长。当时计划合并的几个比较弱但又能互补的企业，如今都已达到几十亿产值了。那几个没有投和中途停投的 VC（风险投资）后悔莫及，因为没有相信刘小稚对中国汽车产业，尤其是汽车电子产业的正确判断，从而错失了赚钱的大好时机。

私募基金停下来半年以后，又想重新启动该项目，但是，这时已经不是 1 亿美元可以做得到的了，时机可是真金白银啊！

时代的变化超出以往，指不定什么时候就风口停了、寒冬来了、公司合并了、业务转型了。在接下来的 10 年里，刘小稚参与了几个创新技术的孵化和产业化项目，其中部分公司就是当初准备合并的公司。在这 10 年的技术孵化和产业化运作过程中，"前有狼后有虎，中间还有小老鼠"，竞争激烈，有赢有输。

在创办一个私营制造企业或者孵化一个技术企业的过程中，锦上添花的比比皆是，雪中送炭的却寥寥无几。企业家需要不断地推销自己，不但要画饼，饼还要尽量画大。不急功近利，不投机取巧，实打实不玩虚，会被认为没有魄力和实力，投资方很难给予支持。

在一个很难识别技术真假的环境里，整天上演着骗子忽悠傻子的资本游戏，许多投资人会选择"专业说客"的项目，因为他们常常把完全不靠谱的技术说成当今最有价值和增长预期的产品，这真是一种现实的悲哀。

有一个年轻人，用"专业说客"的技巧获得了一笔政府资金，他马上用项目的钱买了一辆宝马，然后继续四处游说。刘小稚问他："你没有业务，怎么开宝马呢？"他实话实说："不开这种车，不把产品说得'天花乱坠'，就没有人相信你能把事做成，更没有人给你投资。"

刘小稚不会去做没有诚信的吹牛"大咖"，这与她的做人准则背道而驰。母亲直到去世前还在督促她："你可不能拖欠员工的工资啊，更不能去骗别人的钱，也不要向银行借钱。"每次带母亲出去吃饭，母亲都会问："这是花你自己的钱吗？"听到回答"是的"，才会放心。母亲的骨气和尊严，早已融入了她的血液。

正因如此，刘小稚的创业之路异常艰难，专利被人拿走，企业被欠款拖款，工作不顺，上当受骗，投资失误，负债累累，病痛缠身……她有好多年没有领过工资，囊中羞涩租不起办公室，就在咖啡厅洽谈业务、待客开会，在家里写材料、做PPT。

有时候，人的贪婪本性在原则面前也会蹦出来。在一些项目上，她依靠对技术的信赖，忽视了新技术替代老技术所需要付出的资源和产业化速度，为了能尽快有所收获，在没有完全准备好并且对企业执行力缺乏了解的情况下，仅仅凭着单方的信任、友情和感觉去推动项目，结果好几个项目都败得很惨。

然而，刘小稚是一个无论什么外力也打不垮的女人，这些年积累的经验教训让她找到了一条使年轻企业家和民营企业家成为伟大企业家的路子，即帮助这些企业家从生存到发展，从优秀到卓越，最终成为具有国际化竞争力的领军人物。

2009年，52岁的刘小稚在复旦大学旁边的大学路，创立了亚仕龙汽车科技（上海）有限公司，公司致力于推进中国汽车产业链迈向全球先进行业。"自利则生，利他则久"，稻盛和夫这句话，正是许多民营企业家所匮乏的企业家精神，需要像刘小稚这样的商业领袖来做导师，帮助其打开心胸，放下疑心，以诚为本，自我更新，迈出国门，打造成全球化企业。

中国有些民营企业，创始人做得很好，但在创始人离开以后，企业多年积累的问题就会凸显出来，出现四分五裂甚至土崩瓦解的情况。而一些百年老店，如通用、福特、丰田、博世等企业，之所以能长治久安，百年兴旺，其主要原因在于他们有一套权责清晰的管理机制，一般会聘请职业经理人帮助管理，并通过企业文化将企业家精神留存下来，发扬光大。

许多人惋惜刘小稚失去了通用汽车的高位，但对她来讲，未尝不是"子非鱼，安知鱼之乐？"

如果刘小稚一直待在通用汽车，拿着高薪，养尊处优，就不会经历这么多艰难曲折，也不会有如此丰富的商业体验，更不会变得如此强大。所有磨炼都是财富，逆境会逼着她去不停学习，不断探索，保持一颗敬畏之心，永不言败。这种难能可贵的经历，让她在遇到任何困难时，都能披荆斩棘，无往不胜。

回头再看，当初选择离开通用汽车，是多么正确的决定！

无悔人生

回顾过去，刘小稚认为自己做得最满意的一件事，是孝敬父母。回国之初，她就把父母接来一起生活。父母均高寿，母亲离世时 90 岁、父亲离世时 96 岁，两人都是在家里安详仙逝的。

父母简单善良的品质、自由自在的精神和对一切物质的淡化，都已浸入了她的灵魂深处，而今父母虽都已离去，但家一直在她心里，永远都在。

有人问刘小稚："小稚，你没有小孩、没有家庭，遗憾吗？"

其实，女人的幸福和成功不应该被局限在谈一场完美的恋爱，嫁一个优质的丈夫，住在宽大明亮的别墅里培养几个有出息的孩子。女人可以有更加广阔的视野，涉猎更多有趣的领域，拥有更多爱好和兴趣，见识更多世界的精彩，从而丰富自己的生命体验，获得更加立体的精神生活，创造出更有趣味、更有价值，也更有意义的独特人生。

刘小稚与父亲

不可否认的是，年轻的时候，刘小稚也憧憬过美好的爱情、幸福的家庭，可是，正如歌曲《Anthem》中唱的那样，"万物皆有裂痕，那是阳光照进来的地方"。有缺憾的人生，才是正常的人生啊！

生活何其多样，任何一种生活方式，都能找到属于自己的幸福，更何况每个人都有孤独的时候，再热闹的人生终有曲终人散的那天。

现在，刘小稚最不担心的就是花钱问题。母亲不善管理钱财，花钱大手大脚。小时候，母亲月初给她零花钱，到月底就会来找她，"小稚，零花钱还有没有？"

"阿妈，我们家是 3 天做爷爷，27 天做孙子。"这是刘小稚小时候经常对母亲说的一句话。

女人喜欢的名牌包、名牌服装进不了刘小稚的视线，她从不追求那些名牌，她追求艺术和精神上的享受，永无止境。

在生活上，刘小稚喜欢做减法，认为少才是最好的状态，少才会有战斗力，少才会不断进取，少才不会觉得缺钱。

曾经创业失败，让刘小稚经历了从 1000 元到 1 元的过渡，因此学会了惜物、惜财、惜人。有一次，她买了 30 个水饺，只吃了 10 个，把剩下的 20 个包起来，拿给街上一个修路的师傅，远远地看着他吃完后才离开。与朋友们聚餐，菜点多了，她也打包拿去给卖水果的阿姨，"这些菜都是干净的，没有动过筷子。"阿姨收下后，她也舒坦了。

刘小稚为人比较简单，很少去猜疑。当初靠朋友担保在银行借了 500 万元买房，因生病住院，没法现场看房，是朋友帮助签字购买的。房子装修也全权委托给朋友，直到今天都没有出现过令人烦恼的质量问题。你信任别人，别人也不会令你失望。

后来买车，也没有去看，是请朋友帮忙购买的，还摇了一个很不错的车牌号。车买的是别克 GL8，换第二辆还是别克 GL8，她对老东家有绝对的品牌忠诚度。

刘小稚总想尽力改变一些不合理的事情。在街上看到有人插队，她会上前指责："你就这么等不得吗？"看到有人遛狗不拴绳子，她也会说："你为什么不给狗系好绳子？"

她对家乡青海充满了感情，逆流而上找源头，顺流而下找归属，一心想为保护黄河、长江做点事情。在黄河的源头，她看到仅靠几个泉眼溢出的清水，一点一滴汇合成滔滔河水，河水奔流而下，养育了无数的生命。"君不见，黄河之水天上来，奔流到海不复回"。保护好它就是保护好我们的未来。

她和一群志同道合的朋友们一起做保护青海的志愿者已经 10 年了，他们把德国、瑞士、美国等国家管理公园的经验借鉴过来，为创建青海三江公园，起到了积极的推动作用。

刘小稚爱好广泛，人生比较多元化。每天早上起床或在上下班的路上，她会听古典乐曲，再忙也要抽时间去看画展。她认为聆听一首音乐，等于享受一次温暖的日光浴；欣赏一幅画，等于邂逅了一个思想，美好而感动。音乐和艺术早已成为她生命中不可或缺的一部分。

刘小稚相信"我命由我不由天"，自己就是一个普通人，努力，勤奋，坚持原则，说话算数，坚韧不拔，自带能量；智商中上，但不是天才，天才是伯恩斯坦、贝多芬、朱乃正那样的人。

在工作中，她经常会见到一些值得敬佩和学习的企业家，有些人已经八九十岁了，还在辛勤地工作，让她感到自己还年轻，还有提升的空间，还有 50 年可以奋斗，生命不息，奋斗不止。

她接受生活的不完美，接受人生的遗憾，接受命运的不公平，接受竭尽全力后还是不能达到的彼岸；接受无论怎么痛苦、怎么挣扎、怎么拼命，都无法改变的事实，只把最擅长的事做到极致。这何尝不是一种人生智慧。

《唐顿庄园》里有一段台词："你要保持独立，变得强大，但始终相信爱。"无论年龄多大，刘小稚都不会失去爱的能力，爱自己，爱朋友，爱家人，爱工作。所有受过的苦，吃过的亏，扛过的罪，忍过的痛，最终都变成了养料，丰润了她的心田，她用智慧和勇气跃过了命运的鸿沟，让自己的人生变得更为立体，更加成熟，更懂得感恩。

世界上只有一种成功，就是用自己喜欢的方式度过一生。

过往皆为序章，一生无怨无悔！

三十年换一秒

赵 会

找到自己擅长的事，专注、诚恳地一直做下去，
所谓成功，不过是水到渠成。

赵会近照

芸芸众生，大概率是平凡的。当历经山河岁月，踏遍平湖烟雨，尝遍人生百味，回头再看，改变世界的风云人物终究是凤毛麟角。平凡人能把事情做利索，有所作为；把日子过舒服，衣食无忧；把人做稳妥，平安幸福，就已经很不简单了。

赵会说自己就属于这类"不简单"的平凡人，从最底层爬上来，抓住了一波又一波机遇，跨越重洋，跨越时代，跨越阶层，终于被人看见。

人生海海，他历经了属于自己的沉浮。

正面反面

赵会认为，自己之所以能草根逆袭，并不是家里正面教育的结果，而是负面影响、反向刺激的收获。

"生不逢时"四个字，送给赵会再恰当不过了。三年自然灾害的第一年，他来到人间；"文革"十年动乱，恰好覆盖了他从小学到初中再到高中的全部岁月。换句话说，他是在生活贫穷、学业荒废、没有理想、人生迷茫中长大的，他何曾想到，自己能有今天。

对赵会一生影响最大的有两个人，一个是邻居老大哥（以下简称 K 哥），一个是他的亲哥哥。如果说 K 哥是正面的引导，那么哥哥就是反面的刺激。

K 哥比赵会大 20 岁，算是他的启蒙老师。

K 哥学历并不高，中专毕业，在一家小工厂做技术员。然而 K 哥高大帅气，像电影明星一样有范儿，他还多才多艺，写得一手漂亮的毛笔字……总之，K 哥在少年赵会的心中，是一个完美的人，是他人生的榜样。

赵会把 K 哥写的毛笔字贴在自己的本子上，每天模仿练习；他常与 K 哥一起钓鱼，听他讲人际关系的复杂性和与人相处的技巧；他还跟着 K 哥的朋友出去玩，听他们聊社会现状和人生迷茫，虽然听得云里雾里、似懂非懂，仍然饶有兴趣。

赵会印象最深的是有一次和 K 哥一起去公共澡堂洗澡，他看到了一件不可思议的事，澡堂工作人员把湿毛巾收集起来，远远一甩就搭上杆，挂得整整齐齐。K 哥见状，告诉赵会，人要不平庸，一定要有好习惯，一个服务员能把搭毛巾这样的小事做得如此专业，说明他是一个厉害人。K 哥还说，如果做任何事情，都有板有眼、有章法，就能过上好生活。

人生很奇妙，有些稀松平常的事，在恰当的时候被人提点一下，就会醍醐灌顶（当然，说话的人很重要，如果不是偶像说的，也未必能听得进去）。无论如何，小赵会是听进去了，从此以后，他养成了把东西摆放整齐、有条不紊去做事的习惯，这个习惯一直保持至今。

普通和优秀的差距，有时不过是一个小小的习惯而已，毫不夸张地说，这个习惯也是赵会能获得成功的主要原因之一。

然而，K 哥的一生却并不如意，他自恃清高，怀才不遇，游离于当时的社会之外；婚姻也不美满，和老婆经常干架，老婆早早就去世了，他也没有再找，拉扯孩子长大，工薪阶层，一直做到退休。

性格决定命运，确实是亘古不变的真理。

赵会的父母，生养了五个孩子，他是老三，上有一个哥哥、一个姐姐，下有一个弟弟、一个妹妹。可以说，他们家的痛苦，有相当大一部分，是由哥哥带来的。

从上学开始，哥哥就把全部精力用在了调皮捣蛋上，学习成绩一塌糊涂。每次老师来家访，父母都会非常生气，哥哥也免不了一顿皮肉之苦，接下来他仍然四处惹祸，老师再一次家访，父亲又一顿棍棒伺候……循环往复，在父母的打骂声中，哥哥逐渐丧失了自尊和自信，破罐子破摔变成了一个"烂人"，最终进了监狱，成为家庭的耻辱。

赵会恨这个不争气的哥哥，可是拿他又没有任何办法。赵会是一个早熟、敏感、善良而又克制的孩子，从跨进学校那一刻起，他就暗暗发誓，决不能做哥哥那样的人，不能让别人瞧不起，要出人头地，要为家庭争气，为父母争光。苦难化在心里，便成了一种力量。

赵会成了班上学习成绩最好、最听话的学生（可惜"文革"期间，学校没有认真授课），背着手上课，别的同学一个小时都坐不了，他可以一动不动坐上半天。

他先后担任过班长、少先队队长、团支部书记等学生干部，每次老师来家访，父母听到的全是表扬，母亲脸上浮现出的笑容，让小小少年感到莫大的自豪。

左邻右舍都说这孩子听话，这孩子懂事，这孩子不讨人嫌。为何一娘生九子，九子各不同？

反思父母对哥哥的教育，赵会认为，哥哥毁在了"黄荆棍下出好人"的理念，他们以为用简单、粗暴的打骂方式就可以教育孩子好好做人、不学坏，可事实却恰好相反。有研究表明，在打骂环境中长大的孩子，犯罪率和自杀率都比在理性教育中长大的孩子要高出许多。

多年以后，赵会有了自己的女儿，在女儿的教育上，他吸取了父母的教训。他和太太充分尊重女儿的个性，尽力培养她的自我约束力和积极向上的动力，凡事以鼓励为主，从不打骂。现在女儿是一名优秀的急诊科医生，在第二代美籍华裔中，也算是出类拔萃的。

女儿医学院毕业时
全家合影

业余爱好

赵会生长在黑龙江黑河地区,这里土地贫瘠,又冷又穷,全家七口靠着父亲每个月三十多元收入养活,经常吃了上顿没下顿,粗粮占到主食的90%,面和大米只占10%。赵会最喜欢的美食是东北烙饼,那时能吃上一块烙饼,是一件十分奢侈的事,要想吃肉就更加不容易了,每个月能吃到一次肉,就会像过节一样开心。

人的一生,有两个习惯很难改变,一个是口味,一个是口音。味觉是有记忆的,无论你走到何处,舌尖上都有一个故乡;口音就更难改变了,无论你的普通话发音有多标准,乡音总会在某个语调中不经意地蹦出来。

时至今日,赵会还会自己做烙饼。方法很简单,先用热水把面和好,放在盆里醒20分钟,再切成段擀成饼,最后放进刷了油的锅里烙熟。出锅后的烙饼,外酥里糯,劲道咸香,比面包好吃一百倍。

在赵会的童年,母亲做衣服是不分男孩女孩的,老大穿了老二穿,老二穿了老三穿,破了补好接着穿。冬天的衣服,把里边的棉花抽掉,变成单衣单裤,夏天再穿。衣服还要尽量做得肥大一些,鞋子也要买大两号,这样穿的年头才会更长一点。

全家合影
(右一是赵会)

"文革"开始后，在总务科当科长的父亲被打成了走资派，白天高音喇叭里面喊着父亲的名字批斗，晚上造反派来家里抄家，把唯一值钱的一台缝纫机和一块上海牌手表抄走充了公，接着父亲又被下放到"五七干校"劳动改造。

生长在这样一个贫穷、落魄、被人瞧不起的家庭，赵会从小沉默寡言，说话做事小心谨慎。可他还是一个孩子，向往一切美好的事物，看见别人拉小提琴、手风琴、二胡……就特别羡慕，无奈这些爱好都需要花钱，只好作罢。

在那个年代，最时髦的职业是"听诊器"（医生）、"方向盘"（司机）、木匠和理发师。对于赵会来说，医生和司机是可望而不可即的，木匠和理发师还能够得着，他想学这两门手艺，将来靠手艺成家立业。

做木工活要准备三样工具：斧子、刨子和锯。赵会把家里的斧子拿到工厂的砂轮上磨光；用仅有的零花钱去五金店买回一个刀片，再找来一块木头，做成了一个刨子；又在家里找了一个锯片，做了一个锯。

工具准备齐全后，赵会完成的第一件家具，是一把可以折叠的木质小板凳，接着他又做了一个可以靠边站的桌子。之前家里人都坐在炕上吃饭，有了这个桌子，一家人就可以坐在凳子上用餐了，不用时还可以收起来放在墙边。小板凳和桌子都特别结实，用了几十年。

哥哥结婚时，赵会帮他打了衣柜、桌子。他到东北三江平原插队时，知青们自己盖房子住，房梁、门窗都是赵会做的。2020年春节，他故地重游，知青们盖的房子里有农民住着，门窗都还好好的。

理发的手艺，是在邻居小伙伴的头上练成的，有几次剪坏了，不得不把小伙伴的头剃成"电灯泡"（光头）。多年后，赵会还把理发的手艺带到了国外。在美国理发很贵，理一次要14美元外加2元小费，对于穷留学生来讲是一笔不小的开支，于是，身边的朋友都把自己的头发交给赵会来打理。

赵会练习书法也很疯狂，经常练到半夜三更，他能在小指甲盖一半的地方写小楷，上大学时还在书法比赛中得过一等奖。

赵会又学会了打乒乓球、打篮球和游泳，他是篮球队中最瘦小的，曾作为主力队员代表学校参加篮球比赛，获得过冠军；参加地区比赛，拿到了第一名；代表省里参赛，也是主力队员。发小说，"赵会学啥会啥，玩啥像啥。"

现在看来，赵会从小追求的东西，不过是一种认同感而已。虎瘦雄心在，人穷志不短。拿到一手烂牌，那是命不好，但是把一手烂牌打出"王炸"的气势，靠的是毅力和能力。

两次转折

——

从 1968 年到 1976 年，中国发生了一场声势浩大的知识青年大迁移，近 2000 万城市青年，在"广阔天地，大有作为"的号召下，奔赴农村边疆锻炼，这就是知识青年上山下乡运动。赵会也是知青中的一员，他被分配到东北乡下插队落户，并被选为下乡点的点长，他带领知青们早出晚归参加劳动，接受贫下中农再教育。

乡下贫寒落后。每天晚上躺在炕上，望着黑黢黢的屋顶，赵会都会很迷茫，这样过一辈子也太没意思了，可是未来又在哪里呢？

当时，回城唯一的希望，是当兵入伍。

赵会的父亲有一个徒弟，在另外一个城市的供电所当所长，供电所外号"电老虎"，管着大队的电力输送。为了让儿子能得到徒弟的关照，父亲想方设法把他转去了供电所附近的知青点。

不久，当兵的指标下来了，赵会政审、体检都合格（父亲已经平反，否则政审过不了），他即将成为一名光荣的中国人民解放军战士。当天晚上，知青们给赵会开了一个热闹的欢送会，祝福他脱离乡村，开启军旅生涯。

可是，计划不如变化，他被人顶替了。

几十年后，有年轻的工程师问赵会："您能有今天的作为，当初是怎样给自己设定人生目标的？"他说："我从来没有给自己设定过人生目标。人其实不需要给自己设限，只需要做好当下，自然会有一扇门打开，而这扇门又会打开其他好多扇门。不必太纠结当下，更不必忧虑未来，人生中的很多事都是无法预料的，它远比你想象的要精彩得多。"

当兵入伍这扇门被莫名其妙关上以后，国家恢复高考，另一扇门打开了。赵会因参军错失了 1977 年的高考，他请假在家复习，准备参加 1978 年的高考，因为没有回乡下干农活，还被乡干部扣了半年口粮。

经过半年的蛰伏，赵会如愿以偿，高考分数上了重点大学录取线。可他在选择专业时，两眼一抹黑，对大学和专业没有任何常识，再加上选择了服从分配，最后被哈尔滨科技大学（现哈尔滨理工大学）金属铸造专业录取。

在他们家，祖宗八代都没出过大学生，赵会终于为父母争了一口气，也算光耀门楣了。

知青们的命运，在十字路口分岔后，就有了天壤之别。

进了大学，赵会的优越感消失了，比他优秀的大有人在，他那些木工、理发、书法之类的"雕虫小技"，实在难登大雅之堂。

第一次上英文课，每个人都要站起来用英文介绍自己叫什么名字、来自什么地方……赵会连一个英文字母都不认识，自卑得想马上钻进地缝里。

"平庸和卓越的区别往往在于执着，这也是大部分人失败、少部分人成功的主要原因"。赵会把这句名言贴在床头，以此激励自己。

年轻人要经一番挫折，才能长一番见识。此时，赵会还是一个不知天高地厚的"愤青"，自认为考了高分却上了一所师资一般的学校，带头罢课到省教委静坐示威，学校"赏"给他一个处分。

这件事给了他一个极其深刻的教训。

只不过，赵会从始至终都明白，学习是成本最低、风险最小、预期最稳定的成长途径，读书是改变命运的唯一方法。他从未放松过学习，几乎每晚都是十点以后才离开教室，周日也会到教室学习，成绩一直保持在全班前五。

彼时的高校还包分配，分配原则是哪里来回哪里去。八线城市早已装不下赵会的梦想，他要去更大的城市，奔向更广阔的世界，他可不想回到起点。

考研，是唯一的出路。

一个内心信念坚定的人，是不难达到目的的。赵会如愿考上了全国唯一一所铸造研究机构——沈阳铸造研究所的研究生。当时全校应届毕业生有 700 多人，仅有 14 人考上了研究生，他是其中之一，幸运之神再一次降临。

这个幸运，可是他自己奋力创造出来的。

三十而立

赵会的硕士导师是铸造协会的秘书长，在国内铸造领域有一定名气，赵会一心一意跟着导师做研究，对未来并没有太多的奢望。

但是，环境会改变人的想法。

赵会身边的同学，都在准备托福、GRE 考试，留学，这个离他十万八千里的目标，就在身边同学们的身上逐一实现了，同去读研的同学，最后走得只剩下赵会一人。

赵会脑子又不笨，能力又不差，别人能做的事，为什么他不能做呢？这么美好的前景，为什么自己就不能拥有呢？

有同学告诉他，只要能申请到全额奖学金，就可以实现留学梦。

此时，赵会是多么向往留学生活啊！有一次他路过一个国际旅行社，看到一个"老外"，悠闲地坐在里面喝饮料，他投去了羡慕的目光，"唉，如果有一天能去国外看看，也就知足了。"

研究生毕业后，赵会留在铸造研究所做产学研项目。那时"万元户"是最有钱的人，他们赚到钱后不知道还能做些什么，就找到研究所领导，询问有没有好的项目可以投资，这算是中国最早的风险投资（VC）吧。

恰好赵会研究的课题有一定的产业化价值，领导就让赵会来帮助他们建一个工厂。在五年时间里，赵会参与了工厂从筹建到生产再到盈利的全过程。这段经历对他后来再一次回国工作，有着很大的借鉴意义。

他们要新建一个铸造工厂，专门生产高耐磨钢球，主要供给水泥厂使用，一个中型水泥厂每年钢球的消耗量有上千吨。

耐磨钢球主要用于水泥生产的第一步。在一个卧式的大磨（类似滚筒式洗衣机）中，先装上几十吨大小不一的耐磨钢球，再往大磨内倒入需碾碎的石灰石块料，当大磨转动时，钢球在重力作用下把块状石灰石磨成粉末。

赵会做的产学研项目是提高钢球的耐磨性，他研发了一种合金材料，用这种材料制成的钢球，耐磨性提高了 10 倍，成本却只增加 1.5 倍。

工厂挣钱了，研究所收入也不错，皆大欢喜。

赵会并没有止步不前，他要圆的是留学梦，他一直在默默地做着准备。无论是工作之余还是出差途中，他身上都带着一本《英汉词典》，背完一个单词，就打一个勾，五年时间，他背完了整本词典。同时，他还报考了辽宁大学的业余英文补习班，从单位骑车到辽宁大学要用一个小时，他风雨无阻从未缺席。

赵会考过两次托福，他用第二次托福分数顺利申请到了美国韦恩州立大学材料科学专业的全额奖学金。

申请全额奖学金，一要靠技巧，二要靠运气。与赵会一起复习的同学，托福考了 668 分，只差两分满分，如此优秀的分数竟然没有申请到奖学金，原因是他申请的是美国藤校，与一堆学霸竞争，难度可想而知。有一次听金融学家金李说，他进麻省理工时，因为优秀的竞争者太多，GRE、GMAT 满分的都有，最后胜出者是由教授们掷骰子选出来的，可见运气很重要。而赵会剑走偏锋，申请的学校和专业，正好没有人报，因此他成功了。

留在国内的这位同学，发展得也不错，现在已是一位成功的企业家。

情感归属

一个来自底层的男生，经受过生活的各种锤打，他的内心一定是自卑的；当他一步一个脚印，依靠知识跨越阶层，从此出人头地，他又是自强和自傲的。只有非常理解他的女生，给予他足够的关心和爱，才可能与他一路走下去。

赵会有一个青梅竹马的女友（以下称 F 小姐），他们是邻居，又是从小学到高中的同班同学，就连下乡也被分在一起。F 小姐出身书香门第，父母都是大学生，因父亲被打成右派，才从哈尔滨下放到了黑河，尽管如此，他们家的收入仍然是企业里面最高的，生活比较富裕。

F 小姐长得很漂亮，成绩又很好，还是学习委员，属于校花级美女。她像一只高高在上的白天鹅，是赵会奋发上进的动力源之一。

虽然近水楼台，但是赵会有自知之明——自己这只癞蛤蟆就别想吃天鹅肉了。

当初赵会当兵没去成，回家复习考大学，F 小姐也回来复习考大学，他们俩总在一起看书，F 小姐不懂的也会来问他，彼此有点朦胧的感觉，那时考上大学是头等大事，他们没有心思和精力去考虑其他。

1978 年，俩人同时考上了大学，F 小姐进了同城一所医学院，大学期间，两人偶有往来。大学毕业后，赵会要离开哈尔滨去沈阳读研究生，他上 F 小姐家与她告别。

临走时，F 小姐出门送他。

"你有女朋友吗？"

"你为啥问我这个事啊？"

"关心关心你呗。"

"为什么要关心我？"

"你……还不明白吗？"

赵会的情绪突然爆发了："你这么多年对我有好感，为什么在我人生最关键的时刻、最黑暗的时候，没有给过一点关心，而是在我考上研究生后你才来表白，你是冲着研究生来的，还是感情来的？"激烈的内心冲突，让赵会的身体都有些颤抖了。

在这之前，还有一个插曲。在赵会下乡的公社有一个乡村女孩（以下称 D 小姐），她特别崇拜赵会，也想考大学，经常拿一些习题来问他，赵会每次都会给予耐心的解答。在赵会考上大学的第二年，D 小姐也考上了另外一个城市的大学，她听说赵会要考研究生，就给他寄来很多资料，赵会随身携带的《英汉词典》，就是 D 小姐送的。心里有太多苦的人，只要一丝甜就能被填满，D 小姐的关心，让赵会特别感激。

面对 F 小姐的表白，赵会生气地脱口而出："我有女朋友了。"那一刻，他决定去追求 D 小姐。

F 小姐伤心地哭了，她拉着赵会，不让他走。

后来，D 小姐答应了赵会，愿意跟他处对象。可是感激始终是感激，在一起不到一周，赵会发现 D 小姐的性格与自己不合，其实内心更喜欢 F 小姐。

赵会与女儿合影

半年后，赵会回哈尔滨找 F 小姐，F 小姐看他的眼神，完全是一个陌生人，她冷漠地告诉赵会，自己已经有男朋友了。赵会很失落，不过反而如释重负，彻底放下了对 F 小姐的感情。

赵会到铸造研究所工作后，有一位老乡经常请他去家里吃饭，老乡是图书馆管理员，很关心赵会的终身大事。20 世纪 80 年代的研究生，有点类似于现在的海归，属于万里挑一的"紧俏货"，她四处张罗为这位青年才俊介绍对象，告诉他有一个女孩，也是分配来研究所的大学生，长得端庄秀丽，性格很文静，喜欢到图书馆看书，这个女孩名叫王晶。

千帆过尽，岁月静好。两年后，赵会与王晶结为伉俪。

赵会出国时，女儿正好满一岁。

初来乍到

在赴美留学十几个小时的飞行途中，赵会一直处于亢奋状态，他即将拿到的奖学金是每月 1000 美元，按当时的汇率换算，1000 美元相当于 10000 元人民币，这比起他在铸造研究所每月 70 元的收入——啊，"天堂"就在前方，他真想大声唱出："幸福的花儿心中开放"。

可是，刚下飞机，他就从"天堂"掉到了"地狱"。

英文学了十多年，词典背完一大本，托福考了 600 多，他竟然听不懂机场里任何一个人说话，他甚至怀疑是不是来错了地方。

"老外"说的是方言，就像说普通话的人，突然听到上海话或闽南话，感觉像是在听天书。

突然来到一个陌生的国度，远离祖国家乡，没有亲人朋友，身上只有 200 美元，行李箱里装满了方便面、衣服和常备药。他不知道学校在什么地方、坐什么车去学校、今晚住在何处。

赵会站在机场的大厅里，内心充满了惶恐、无助。突然他看到一个亚洲面孔，感觉有点像日本人，那个人也在看他，此时，有如溺水的人瞧见了一根稻草，赵会放下矜持，急忙走过去搭讪，太巧了，他是从上海来的同胞，也是去韦恩州立大学留学。

那些年，从国内到美国留学最多的就是上海人了。美国在中国成立使馆之前，在上海成立了办事处，办事处主任的母校是韦恩州立大学，近水楼台，上海学生到韦恩州立大学留学的机会比其他地方的学生要多很多。

上海同学已联系好韦恩州立大学的学生会主席来接机，直到这时，赵会才知道机场并没有交通车到学校，要不是遇到同胞，不知道还要经历怎么样的波折。

上海同学做事很周全，早已找好了住处，一套两居室，一个单间，一个标间。刚好多出了一个房间，赵会选择了单间，他有奖学金，手上相对宽裕一点，上海同学选择了有两张床的标间，与别人同住。

上海同学在赵会的心中也是人上人啊，可是他没有奖学金，比赵会要节俭很多。还有一个室友在麦当劳打工，每天可以买一个半价汉堡，只需要 1 美元，室友都舍不得买，让赵会吃过很多半价汉堡。

安顿好住宿后，赵会必须去面对听不懂语言的现实了。

留学生奖学金，一般分为两种：一种是 RA（Research Assistantship），研究助理；另一种是 TA（Teaching Assistantship），教学助理。

研究助理（RA），主要协助教授从事研究、做试验、写文章，对英文口语的要求不会太高；教学助理（TA），需要协助教授对本科生实施教学工作，如充当老师的助手，收作业，批作业，给学生上课，对英文口语的要求很高，赵会拿到的就是这种奖学金。

在极度的沮丧和绝望中，赵会找到了系主任，把自己听不懂英语的情况如实告诉了他，最后恳求道："能不能只给半奖，让我在学校读下去？"

系主任是一位和蔼的以色列老先生，他说："非常高兴见到你，我十分清楚来自亚洲的学生口语都不好，你不用担心，学校会出钱送你去语言学院学习，奖学金一分不会少。"

刚到美国留学时的赵会

遇到挫折有多种解决方法，最直接、最有效的办法就是面对它。

美国是一个移民国家，韩国人，日本人，印度人，英国人……什么国家的人都有，各自带着五花八门的口音，如果听不懂别人说话，就不会有理想的发展，人不可能够得着能力范围以外的职位和金钱。

在语言学院读了一学期英文，再回到学校时，赵会的口语已经没有任何障碍了，从此他十分注重对自身语言能力的训练。日拱一卒，功不唐捐，多年后，他的英文听说读写都已非常熟练流畅了。

博士导师

在国内，赵会本科、硕士学的都是铸造材料专业，从事的也是铸造材料方面的工作；到美国后他发现，铸造这个劳动密集型产业污染严重，美国早已输出到第三世界国家。

赵会的博士导师 Ronald Gibson 先生，是世界高分子复合材料力学领域的著名学者，在汽车、机械领域都有很深的造诣，赵会跟着导师，把专业方向转到了材料力学领域。

留学这段时间，赵会称为"洋插队"，其中最痛苦、挣扎、迷茫、孤独的是第一年。在一个完全陌生的环境中从零开始，语言不好，能力有限，去二手市场买衣服裤子，到垃圾桶捡家具沙发，吃最便宜的鸡腿蔬菜，开最破烂的二手车，不知道毕业后是否能找到工作，更不知道未来在哪儿。

奋斗多年，仍然处在社会的最底层，那种滋味，一言难尽。

直到第二年，太太和女儿来了，家庭的温暖、亲人的陪伴才让他逐渐适应了异国他乡的学习和生活。

导师 Ronald Gibson 先生像一位慈父，在赵会的生命中留下了深深的印迹。

到美国之初，赵会的英文写作能力勉强可算初中水平，他在写第一篇博士论文时，语法不通、词不达意，Gibson 教授花了很多时间逐字逐句地进行修改，通过这篇文章，赵会学会了怎样在论文中遣词造句、怎样避免语法错误，英文水平有了长足进步。

Gibson 教授治学十分严谨，他说话有条不紊，做事一丝不苟，他是谦谦君子，儒雅随和，教书育人以身作则，除了第一篇论文他的名字排在赵会前面，其他文章都排在赵会之后。

Gibson 教授曾被选为工学院院长，上任几个月后，他感觉自己的兴趣爱好只在做学问上，便辞去了院长职务。

周末的时候，赵会经常被教授邀请到家里去吃烧烤，与教授相处总能感受到岁月的恬静美好，他幽默、平和、慈祥，从来不抱怨、不焦虑，这是赵会十分羡慕的生活方式。

赵会获得博士学位留影

在教授身上，赵会知道了什么是素养、什么是情商、什么是体面。生活中有这么一个榜样，无论是做学问，还是做人，对他都有很大的借鉴意义。Gibson 教授只有一个女儿，赵会也只要了一个女儿。

在现实生活中，没有一本教科书可以教会你素养、情商和体面，一个人骨子里的涵养和气质，是在日积月累中慢慢熏陶出来的，是一生的修行。

赵会来自穷苦家庭，父母养活他们兄弟姐妹五人，已经耗尽了全力，贫穷到一定程度，根本不会去思考教养、出路、眼界，也没有意识和能力教育子女社交礼仪、衣着品味、处世情商……仓廪实而知礼节，衣食足而知荣辱。体面和尊严是奢侈品，在愚昧和贫穷的状态下很难拥有。

Gibson 教授像一面镜子，照出了赵会身上缺失的不仅仅是能力和学识，更是风度与修养。当意识到这一点后，赵会开始观察周边一些有涵养的"老外"的言行举止，他看到他们走扶梯都靠右侧站成一排，开车从不抢道、不加塞、不往窗外扔东西，不随地吐痰，不一边大声咀嚼一边对着人说话……

无论出身高贵还是贫贱，无论白种人、黄种人还是黑种人，不礼貌的行为、粗鲁的举止都无法获得别人的尊重和理解，一个人如此，一个民族也是如此。

光阴流转，经过漫长的自我重塑，赵会低开高走，冲破圈层，逐渐将自己修炼成一位谈吐儒雅、学养深厚、内外兼修的精英知识分子。

安身立命

博士毕业后，因为没有绿卡，赵会只好进入一家 Optimal CAE 技术咨询公司做合同工。

美国三大车企福特汽车、通用汽车、戴姆勒－克莱斯勒，都有明文规定，要成为公司的正式雇员，必须拥有美国国籍；若是外国人，必须持有永久居留证，即绿卡。而外国人要获得绿卡的条件是先要有一份工作，才有资格向美国移民局提出申请，拿到绿卡的时间大约需要一年半到两年。

尽管大公司的正式职位不向外国人开放，但是大公司基本上都有 20% 左右的合同工在现场做项目，这些没有绿卡的合同工，大多受雇于周边的小型技术咨询公司，他们被小公司选派去大公司完成项目，同时小公司也会协助这些合同工申请绿卡。在合同工获得绿卡后，大公司可以挑选其中优秀的转成正式雇员。

赵会入职的这家技术咨询公司专注于汽车碰撞安全、噪声振动（NVH）、空气动力学（CFD）、疲劳耐久等领域的计算机仿真分析和性能集成，主要承接来自三大汽车公司的项目委托，其中一部分项目在本部完成，另一部分项目专门派人去大公司现场完成。

经过短暂培训，赵会被派往福特汽车现场做项目。两年后，他获得了绿卡，福特汽车对他的工作表现很满意，恰好又有职位空缺，他顺利转成了福特汽车的正式雇员。

命运就像盒子里的巧克力，你不知道自己会拿到什么口味。赵会做碰撞安全，也是机缘巧合，他在技术咨询公司做的第一个项目就是碰撞安全，从此，就在这个领域辛勤深耕，成名成家，30 年过去了，从未离开过这个领域。如果当初领导安排他做 NVH，那么现在他大概率就是一名 NVH 专家。

赵会进入福特汽车的第一个部门是碰撞安全计算机仿真分析部，每天上班绝大部分时间都坐在计算机前，与数据和图形打交道。部门雇员的特点是学历高，99% 是硕士和博士毕业，工作基本上不需要与人沟通交流。部门里大多数是华人、印度人，还有少数韩国人，主管是中国台湾人。

从上班第一天开始，赵会就一头扎进了业务中，从最基本的计算机操作和设计步骤做起，凭着干劲和韧劲，加上读博士学到的基础知识，很快就系统地掌握了该部门的所有技能，成为独当一面的业务骨干。

作为福特汽车碰撞安全性能研发的核心员工，赵会全程参与过福特当年在北美的几款热销车型，如猛禽 F150、探险者（Explorer）、翼虎（Escape）等的研发，为这些车型达到世界一流安全性能、按时上市，发挥了关键性作用。

一个没有任何根基的异乡人，总算在福特汽车这个客栈安身立命了。

成为专家

赵会在计算机仿真部门工作了六年，每年上司给他的绩效评价都是优秀，这在华人雇员中并不多见。

要想全面掌握碰撞安全领域的技术，仅仅从事碰撞安全计算机仿真是远远不够的，还必须懂得碰撞试验，只有系统掌握了碰撞安全领域的所有知识和技能，才有资格成为领域内的领军人物。

为此，赵会向上司提出想调到试验开发部工作，去这个部门不仅可以涉足未知的专业领域，还能锻炼自己的沟通协调能力，因为做试验需要经常与其他部门的人打交道。上司同意了他的申请。

到了试验开发部，赵会成了"老外"，同事全是白人。上司素质不错，做事条理清晰，领导力很强。

如何融入美国人的"圈子"，拥有他们的思维和行为方式，让这群"老美"接纳自己，赵会还真下足了功夫。

世界从来不平等，在别人的穹顶下，如果不想受到轻视，就一定要做到别人做不到的事。如果会沟通、善表达、能做事，达到甚至超过他们的水平，同样也会得到尊重和提拔。

赵会有个同事，是一个比较典型的美国"red neck（红脖子）"[一]，他性情火爆，爱发火，同时又有很强的种族优越感，别人稍微有一点与所谓美国传统文化"标准"不同的表达和行为，他就会表现出极度的不耐烦和排斥。有好几次，他

[一]"红脖子"在媒体和主流文化中被定义为贫穷落后、没文化、有种族主义倾向的白人。

赵会在美国

在赵会面前摆出一副傲慢无礼的姿态，气得赵会想当场与他翻脸，告他歧视华人，但是，每次他都在冷静片刻后强压怒火，选择了忍。

小不忍则乱大谋。对付这种人，需要讲究策略。

西方有句俗语：When in Rome，do as the Romans do（入乡随俗）。发生冲突后，赵会一般会进行自我审视，是不是有些地方做得不够到位，才让对方产生如此偏见。后来，赵会经常去向他请教美国文化和英语俚语的表达方式，还邀请他一起出去吃午餐（AA制），使他慢慢转变了对赵会（华人）的看法，两人关系变得十分融洽，成了好朋友。

这件事让赵会意识到，面对别人的不理解、不尊重，选择强硬回怼，未必是最好的方法，回怼可能会赢了战役，但未必能打赢战争。这个经历，也为赵会回国顺利开展工作并成功打开局面奠定了心理基础。

后来，赵会在试验部门工作得顺风顺水，不仅扩展了专业领域，获得了群体认同，还拥有了美国朋友。

对于这份职业，赵会一直保持着恒久而严苛的敬畏与专注，他参与过10余款车型的安全性能集成、仿真、试验验证工作，在踏踏实实钻研业务、实实在在做好工作的同时，还搞了很多技术创新，把发明专利应用在产品上，让产品的安全水平得到了大幅度提升。

在福特汽车工作12年，赵会从一个没有任何专业经验的"菜鸟"成长为一名经验丰富的汽车碰撞安全专家，他对碰撞安全领域从头至尾的技术路线都十分精通、了然于心，专业水平已达到了炉火纯青的水准。

赤子归来

2003 年，赵会拿到了美国国籍，住着别墅，开着好车，物质生活早已进入了美国的中产阶层，可是在精神上，他仍然感到很漂浮，在以白人为主的国家，找不到存在感和归属感。

日子过得很平淡，周末大都宅在家里，房前屋后剪草坪修花园，一罐冰镇百威啤酒伴着一本小书到深夜。有时送孩子去中文学校，几个家长凑在一起聊聊天，打打球……美国，真是"好山好水好寂寞"。

未来的生活，一望到底。他才 40 岁出头，有精力、有才华、有能力，正是年富力强、大有作为的时候，就这样步入安逸的养老生活，心有不甘啊！

于是，赵会把目光投向了祖国。2003 年，他回国做技术讲座，多年没回国了，中国已经发生了翻天覆地的变化，国家呈现出前所未有的活力，到处欣欣向荣、云蒸霞蔚，与不同的朋友见面聊天，大家开心愉快。至亲的关爱，熟悉的乡音，怀旧的老歌，可口的饭菜……唤醒了他心底那一片沉睡的角落，那些深刻在记忆中的时光一一浮现，他的少年，他的青春，他的梦想，他的牵挂，他的挚爱……都未曾走远，那一瞬间，仿佛一切都有了答案。

心理学家荣格说，每个人都可以拥有两次人生，第一次是活给别人看的，第二次是活给自己的。第二次人生，通常从 40 岁开始。

在 40 岁之前，人们要学习、成长、恋爱、结婚、教育子女、养家糊口，很难实现想要的人生。在 40 岁之后，生活有了起色，孩子已经成长，事业有所成就。当人们对生活有了更多掌控权时，就可以去尝试新的挑战、创造想要的人生。

2006 年，赵会的女儿收到了密歇根大学的录取通知书，作为父亲，教育孩子的责任已经完成，没有了羁绊，他把自己后半生的宏伟计划，提上了日程。

连续几年回国与各大主机厂交流，赵会了解到国内汽车工业在汽车碰撞安全领域基本上是一片空白，与国外汽车公司相比有云泥之别。中国的机遇，国外的天花板，何去何从，答案一目了然。

等风来，不如追风去，如果不去接触，就连参加这场博弈的门在哪儿都不知道。当上汽、广汽、一汽、长安汽车等车企赴美招聘人才时，赵会都会前去详细了解他们的发展愿景和研发规划，通过交流和比较，最终选择了长安汽车。

赵会对长安汽车情有独钟，并非因为他们开出的待遇最优、职位最高，而是这家公司的领导对海归十分重视，人力资源（HR）部门的工作人员又很有亲和力，让他有一种宾至如归的感觉，赵会相信，在这里一定可以实现自己的理想与抱负，干出一番惊天动地的事业。

2006 年，赵会正式加盟重庆长安汽车股份有限公司（以下简称长安汽车），担任汽车工程研究院副院长兼总工程师。

这一年，赵会 46 岁，他要用自己的知识和才能，为中国汽车自主品牌碰撞安全领域开辟出一个崭新的世界。

初见成效

理想很丰满，现实很骨感。

赵会在长安汽车的员工编号是 90001，从编号可以看出，他是长安汽车工程研究院引进的第一位海归（顾问除外）。第一个吃螃蟹的人，真没那么容易当。

长安汽车起源于 1862 年的上海洋炮局，第一任董事长是李鸿章。长安汽车像一位百岁老人，脸上的每一条皱纹都有故事，组织机构盘根错节，人际关系错综复杂，各种目光注视着赵会的一言一行，如果情商不高，怕是"活不到宫斗剧的第二集"就被人扫地出门了。

然而，长安汽车对海归的管理和服务又是一流的，人力资源部设有高级人才管理办公室，配有专人对海归的工作安排、业绩考核、秘书助手、住宿公寓、车辆年检等进行全方位服务。

那个在汽车圈流传的"青蛙的故事"，就是 HR 周到服务的很好佐证。

有一位专家的太太，找到高级人才管理办公室主任反映，说专家公寓晚上很吵，先生睡不好觉，直接影响了第二天的工作，原因是有青蛙彻夜鸣叫，看她能不能想办法把这些青蛙赶走。

这位主任与公寓的物业沟通，物业说，青蛙是绿色生态平衡的标志，不能捉，如果让业主们知道了会有意见。经过反复争取，物业最后同意，只给一晚上悄悄干活，动作不能太大，否则有可能被人当小偷抓起来。

主任又到公司的修建处去找来两位有专业技能的民工（他们在农村捉过青蛙），两人在小区里守了一整晚，捉了三只大青蛙，第二天上班，他们把装在麻袋里的青蛙拿到高级人才管理办公室，说捉了三只最大的，擒贼先擒王，把老大抓走了，估计晚上不会再吵闹了。

谁知道，晚上青蛙吵得更凶了，因为没了头儿，附近的青蛙都跑过来占山头，场面更加热闹壮观了。

没办法，该做的都做了，专家太太也不好再说什么。

为了海归专家能睡得踏实，青蛙都可以去抓，这个服务，确实找不到第二家。

当时，国内汽车企业在开发上一般采取改进、模仿、国产化、联合开发四条路径来实现自主创新，而长安汽车开创了第五条道路："以我为主，自主开发"。

这种认认真真、实实在在做自主研发的态度，让赵会感到非常踏实。此时，公司正处于自主开发的初级阶段，碰撞安全领域加上赵会一共才三人，领导让他用三个月时间去做调研，并根据现状写出碰撞安全领域的技术发展规划，当然，这三个月也是试用期。

做人要有三品：沉得住气、弯得下腰、抬得起头。平心静气地面对挑战、谦虚谨慎地解决问题，方能成就大事，昂首做人。

赵会意识到，在新环境下，"海龟"和"土鳖"的融合，是最为关键的第一步。如果他不能摆正位置，高高在上俯视众生，绝不可能做出任何业绩。汽车开发太复杂，一个人再厉害，没有团队的帮衬、支持与配合，也终将一事无成。

工作中的赵会

赵会说话十分注意分寸，从来不会在说中文时夹杂英文单词，以显示自己的优越感；对待下属，哪怕是车间里的工人，都会真诚友善，尽责耐心，从来不颐指气使，咄咄逼人；对待上级领导，不卑不亢，领导布置的任务，不苟且，不应付，不含糊，把每一件事情都做正确、做好、做到位，既能从大局出发，顾全公司的利益，又能在该坚持的时候坚持、该争取的时候争取。

三个月后，赵会交出了一份完整的技术发展规划，他把建流程、建体系、建团队、建试验室都写进了规划中，以此迈出了长安汽车碰撞安全大发展的第一步。

这位有傲骨、没傲气、识大局、懂尊重的海归，试用期考核全票通过，考核结果为优。

大有作为

可是万万没想到，技术发展规划实施起来却是那么困难。

组建团队要增加人，设立项目要投入钱，建立流程体系要其他部门配合，"为什么你做个碰撞安全，就要投入这么多的人财物？"大家觉得不可思议。

冯仑说：伟大是熬出来的。为什么用熬？因为普通人承受不了的委屈，你得承受；普通人需要理解、安慰、鼓励，你没有；普通人忍受不了的厄运、意外、背叛、误解，你得忍受，你受得了何种委屈，决定你能成为何种人。

赵会耐心地一遍一遍给大家讲它的重要性，在他的坚持下，流程上到了公司办公会讨论，没想到几届高层领导，没有一位提出异议。领导之所以能当领导，自有过人之处，确实比一般人站得高、看得远，哪怕是在经济形势不好的情况下，也在经费投入上给予了充分的支持。

其中，试验室的投入最大，花了1.5亿元，自2008年开始规划，2009年开工建设，2011年竣工，历时三年。该试验室是目前世界上精度最高的试验室之一，可以做世界各国标准的碰撞试验。

碰撞安全试验室建成当年，为长安汽车节约委外经费3000多万元，投入的1.5亿元成本三年时间已经全部收回，至今创造了多项自主开发专利技术。

在赵会的率领下，碰撞安全领域由一个结构分析室发展成12个不同分支的研究室，由三人发展成 120 多人，人员培养以实战为主，边学边做，目前团队的技术水平已经达到国内领先水平。

时至今日，长安汽车自主研发的所有车型，其碰撞安全技术均已达到最新 C-NCAP 标准的五星水平（汽车在发生碰撞那一瞬间，一秒之内安全气囊爆出，乘客不会受伤）。

有一年，赵会获得了长安汽车的劳模称号，公司奖励了他一辆车，"荣誉写在我名下，车卖掉，请大伙吃饭"。卖车的钱成了团队的活动经费，下班后大家经常聚在一起吃饭，坐在一起聊天，增加了彼此的感情，工作起来配合更加默契。有人开玩笑说，现在想做一款不安全的车，比做一款安全的车还要难，因为有层层体系作保障，哪一层通不过都无法向下推进。

国外一流的汽车公司之所以能基业长青，最重要的原因在于，无论研发、生产还是销售，都有一套完整的流程体系，以此来保证产品质量和公司正常运转。

自进入长安汽车以来，赵会一直致力于为公司建立一套完整的碰撞安全设计开发体系，有一天当他不在时，这个体系还能保障碰撞安全领域的正常运转。

中国自主品牌走向国际是一个漫长的过程，要与国外的老牌车企去竞争，还需很长时间的积累，没有捷径可走。随着新能源、车联网、自动驾驶等新技术的涌入，这条路将更为艰难曲折。

考验一个人从来不是能否往上升，而是能否向下降。在国外工作，没有太多年龄限制，而在国内企业，特别是国企，到了一定年龄就要退居二线。放弃职位和地位，意味着放弃了权利和光环，对任何人都是一个不小的挑战。

从 2019 年开始，赵会主动提出把位置让给年轻人，自己做一个技术上的把关人。从此他不再抛头露面，而是专注于技术上的深耕和沉淀，让自己始终走在技术的前沿。

从福特汽车到长安汽车，赵会在汽车碰撞安全领域已经工作了 30 年。他用 30 年的宝贵年华，换来了驾车人生命中宝贵的一秒，这一秒，他用了一生来垒建。

所谓热爱，不过如此。

人在旅途

个人在大时代的背景下沉浮，犹如草芥，只有抓住机遇，顺势而为，才能有所成就。赵会十分感谢一位伟人——邓小平，没有他，自己就上不了大学，留不了学，也不会有今天的作为。

赵会从不否认自己有一点小聪明，但是他一生追求大智慧。聪明是与生俱来的，而智慧要靠后天培养。遇到困难和挫折，需要用智慧来化解，聪明解决不了任何问题。

自己得到的远远超过了失去的，他很满足，也很感恩。此生唯一的遗憾，是在做学问的过程中失去了创业的机会。如果人生可以重来，他还是会选择读博士，但是不会再做技术，而是成为一名企业家。在赵会还没有出国时，国内已经开始有承包和技术转让了，他的徒弟承包了一个项目，后来成为沈阳第一个买凯迪拉克的人。如果不出国留学，他大概率会是一个商人。

一年中，赵会最期待的事，是做一次长途旅行。"人生如逆旅，我亦是行人"。旅行是人最接近自然的一种方式，无论是抬头望星空山峦，还是低头看江河大地，人都是非常渺小的，正如古诗所说，"念天地之悠悠，独怆然而涕下。"这个时候，恰好也是他最放空、最惬意的时候。

在旅行中，有一个地方令赵会十分震撼，什么是天堂？那就是天堂！

在密歇根北，有一座睡熊（Sleeping Bears）沙山。这座山是由沙子堆积起来的，走过一段干净的白沙，又走过一段细腻的黄沙，就来到了沙山脚下。沙山很陡很高，到山顶要爬很长一段路程，当精疲力竭想要放弃的时候，山顶已经到达，出现在眼前的景色，瞬间让人惊呆了，只见湖水和山连成一片，分不清哪儿是湖水哪儿是山，人在山中，山在湖中，那种居高临下的感觉，让他不禁热泪盈眶。这个画面一直留在赵会的脑海里，多年后想起，仍然感动万分。

这种美景很稀罕，仅仅会出现在每年 7 月下旬到 8 月初的短短十几天时间里，恰好被他遇见，感觉无比幸运！

赵会和女儿在
睡熊沙山上

据说，在家乡东北神秘的长白山天池，一年只有 50 天能看到水面，如果天池不想被人看到，就会突然飞来一片云，把整个水面遮住。当乌云散开出现一丝光亮时，池水会反射出有深有浅的柔和的光亮，仿若一块瑰丽的碧玉显现在群山环绕之中，宛若仙境瑶池，让人产生飘飘欲仙的感觉。

这与人生多么相似，时运不佳或者大环境不好时，无论你怎么折腾，都看不到美好生活的影子，但是只要你不停地寻找，总会遇到雨过天晴、彩虹出现的时候，那时只要你能及时抓住机遇，人生曼妙的风景就会出现在眼前。

其实人间美景一直都在，只是它属不属于你。

赵会是一个典型的"上个时代"的知识分子，对所有的感情都很克制。他说做人要"上善若水"，水永远处于低位，却能包容万事万物；水又隐藏着无穷的力量，滴水穿石。

"人生碌碌，竞短争长，却不知枯荣有数，得失难量。"对待不喜欢的人和事，他会尽量站在对方的角度去看问题；遇到矛盾冲突，他会退让三分。有一句老话说得好：互相搭台，好戏连台；互相拆台，一起垮台。他曾经看过一个节目，当你与别人争吵时，你只说三句话，超过三句，就不要再继续了，在适当的时候保持沉默，是做人的一大智慧。

每天早上，赵会用一杯咖啡，开启一天的生活和工作。他十分喜欢宜家创始人英格瓦·坎普拉德的名言："快乐并不是到达终点，真正的快乐是永不止步。"

他会一直行走在路上。

幸福的底色

杜　敏

在这个世界上，如果通过他人去寻找幸福，找到的任何东西看起来都不像幸福。 没有人能给你幸福、自由、平等或者其他任何东西，唯一的办法是靠自己去获取。

杜敏近照

女人的幸福是什么？

"能决定自己的命运！"这是最好的答案。

一个女人，无论出身贫穷还是富有，长得漂亮还是普通，性格温和还是倔强，学历高还是低……你都能够握住自己的自由，掌控自己的生活，决定自己的命运，只要做到这些，你就是一个幸福的女人。

杜敏的幸福，从小岛开启。

乡下女孩

杜敏出生在鱼米之乡崇明岛。

崇明岛被上海人戏称为乡下，它并非奉贤、普陀、宝山这类地理位置上的乡下，而是真正土地肥沃、树木葱郁、环境幽静的乡土之地。从小学、初中到高中，杜敏从未离开过这座小岛，她在这里度过了最美好、最自由的幸福时光。

那时，杜敏到过最远的地方是上海的复兴公园。她的外公在上海做生意，在淮海路边上的复兴公园有一间小房子，每年寒暑假，杜敏都会去外公家玩耍，对"十里洋场烟花地，风云际会上海滩"十分向往，也算是有点见识的"乡下"女孩。

杜敏的父母都是一般的工薪阶层。地主家庭出身的母亲"下嫁"给穷得叮当响的父亲，夫妻俩十分恩爱，共同养育了她和弟弟两个孩子。

父亲聪明勤劳，业余时间靠打三斗柜、五斗柜挣外快，收入还不错；母亲勤俭持家，把家里拾掇得舒适妥帖、整洁温馨。原生家庭，会锻造人的一生，那些温暖的气息缘于她的童年。

父亲文化程度不高，教育孩子只有三句话：一要靠自己；二要好好读书；三要学一门手艺。

杜敏天生要强，天资聪慧，从上学开始，一路繁花似锦，门门功课名列前茅，试卷经常被当作标准答案贴在教室的墙上。

她乖巧懂事，小女生又都有爱美的天性，偶尔想穿件漂亮衣服、别个好看的发卡、要双美丽的皮鞋……但她很少去向父母索取，因为她知道家里的经济并不宽裕。

杜敏有一个梦想：考上重点大学，离开乡下，去大城市过更美好的生活。一个普通的女孩，能够目标明确，心无旁骛地向着想要的目标靠近，并为之付出全部的智慧和努力，仅此一点，就超过一般孩子太多。

这位"小镇做题家"，以崇明全县第二名的成绩考入了上海交通大学。本来以她的分数，可以上清华北大，但是父母舍不得她走远，于是填报了附近的上海交大，遵从父亲"要学一门手艺，一辈子都不愁饭吃"的教导，选择了机械工程系。

从此，乡下女孩杜敏走进了向往的新世界。

上海交大人才济济，崇明中学的学霸到了上海交大，很快被淹没在人群中，一点都不起眼。

一个从来没有输过的人，一定想要赢回来。

杜敏的优势是记忆力超群，几乎能做到过目不忘，家里所有亲戚的电话号码，她都能记得一清二楚。她的弱项是空间思维，遇到高等物理、立体几何、画法几何这类学科，无论怎么拼命，都考不过某些同学。

当人能承认甚至接受自身的弱点，才会做出有益的改变。经过一段时间的调整，杜敏与自己"和解"，选择退而求其次——既然男生争不过，那就在女同学中考第一吧！

读大学，原本是一个人的朝圣，走着走着，却因为另外一个人的加入，偏离了既定的方向。

爱与出国

这个人，就是张林。

入学第一天，杜敏带着行李兴致勃勃地来到上海交大报到，迎接她的除了班主任粟老师，还有一位白净高大、笑起来带点婴儿肥的男同学，他叫张林。

杜敏与张林刹那间的相遇，并没有产生电光石火的心动，她心中的白马王子是《上海滩》里周润发那类高高瘦瘦、英俊潇洒的美男，张林不属于这类。但张林温文尔雅，衣着适衬，给人很有礼貌的感觉。

为了让新生尽快熟悉环境，班主任指定了两位上海籍同学担任班长和团支部书记，于是，张林做了班长，杜敏当了团支部书记。

俊男靓女天天在一起组织活动，杜敏欣赏张林的才气与儒雅，张林喜欢杜敏的秀丽和聪慧，在耳鬓厮磨中日久生情，两人开始了热恋。

那时上大学不允许谈恋爱，老师请双方家长到学校（上大学请家长，好搞笑），这怎么可能阻止得了两颗相爱的心，他们的恋情从公开转入了地下。两人约好每天晚上一起去阶梯教室上晚自习，熄灯以后就躲在角落里拥抱亲吻。纯洁的爱会产生一种积极的力量，唤醒内心潜藏的才能，杜敏在学习上的拼劲更足了，成绩也在不断进步，课余时间还外出做家教，挣些零花钱。

出身高知家庭的张林是独生子，每次周末从家里回学校，他的包里都会"变"出好多美味的食物，他还经常去小卖部买"鞋底饼"，那是杜敏喜欢的零食。

在爱情和美食的滋润下，杜敏愈发美丽动人。毕业后找个好工作、结婚生子，是她和父母看得见的未来。

出国留学，对杜敏来说有如天方夜谭，从未想过。

张林与她恰恰相反，他有叔叔在中国香港和加拿大，愿意帮助他出国读书。从大三开始，张林就一门心思想出国，为考托福天天学英语，还跑去校外参加英语补习班。

两人整天在一起，张林学啥，杜敏也跟着学啥。没钱参加补习班，她就拿张林的英文书来自学，还跟着他去参加了托福考试，成绩考得相当不错。

申请韦恩州立大学也完全是一个巧合，她去学校信箱取信时，有一个同学恰好收到了两份韦恩州立大学的空白申请表，顺手就递给了她一份。

杜敏是幸运的，很快就收到了韦恩州立大学的录取通知，张林也拿到了波士顿大学的 offer（录取信）。两人一前一后跑去签证，签证官向他们提出了同样的问题："还有一年就本科毕业了，为什么还要去美国读本科？"

说不出充分的理由，眼见签证无望，情急之下，杜敏的泪水像断了线的珠子大颗大颗地往下掉，她一边抽泣一边说："这种机会以后不会再有了，可是我很想出国去学习，呜呜呜……"女孩子梨花带雨惹人怜啊，黑人签证官心肠一软，签证过了。

后来杜敏开玩笑地说，是爸妈给自己的名字取错了。杜敏，太敏感，喜怒哀乐都挂在脸上。类似的事情还发生过好几次，有一次开车太快，不小心闯了红灯，在警察面前，她一边承认错误一边哭得稀里哗啦，罚单就免掉了。

张林，当然没有这个运气。

命运总是喜欢与人开玩笑，想出国的人被拒了，打酱油的却幸运地过了。

无知者无畏，杜敏哪儿知道自费留学需要花那么多钱？等她知道的时候，已经没有退路了。

出国前，杜敏和张林一起去拜见了双方的父母，正式公开了恋爱关系，两颗相爱的心在热恋中渐渐融为一体，你中有我，我中有你，难舍难分。

"两情若是长久时，又岂在朝朝暮暮"。杜敏起程了。

飞往美国

1990 年元月，杜敏乘坐美国联合航空公司的班机，经旧金山转机到底特律。在飞机上，她如梦境般飘浮，摸着贴身藏着的 2000 美元"巨款"，感到如此的温暖和幸福，这可是父母的爱啊。这份爱，让她有勇气走向远方，未来会发生什么，完全无法想象，既然已经踏上这条路，就要好好走下去……好奇、兴奋、憧憬、欣慰、激动，种种感觉一起涌来，十几个小时没有合过眼。在漫天幻想中，飞机已经抵达底特律机场。

出关途中，杜敏看见有客人稀稀落落地出来，沿途的设施有些陈旧，过道也并不宽阔，有几个黑人在搬运箱子。来到出口，她一眼就看到了林老师。林老师是班主任粟老师的丈夫，他被派到密歇根大学做访问学者，比杜敏早两个小时到达底特律机场。林老师的朋友倪军教授来机场接他，顺便带上了杜敏。

多年以后，已经成为杜敏丈夫的张林，去密歇根大学读博士，导师也是倪军，他们一家与倪军的缘分不浅。

倪军把他们接到了自己的家里，他租住在密歇根大学北校园的一个公寓里，不大的房间布置得整洁温馨，太太、丈母娘都很和善，大家一起包了顿饺子，算是给他们接风洗尘。

第二天早上，倪军开车把杜敏送到了汽车站，她要在这里坐车前往底特律市中心汽车站。有两位老人，在底特律汽车站等着她。

杜敏称两位老人"舅公、舅婆"，其实他们与她没有任何血缘关系，准确地说是爸爸同事的舅舅和舅妈。舅公曾经是国内很有名的眼科医生。

底特律市中心的房子破破烂烂，街道冷冷清清，四处萧条败落，难道历尽艰辛就是为了来这种破地方求学？杜敏好失望。

舅公与舅婆把杜敏接到了家里，他们的家位于底特律以北 20 余英里外的高档别墅区，家里有鲜花、火炉、字画、蜡烛……宽敞，雅致，舒适，睡在温暖的房间里，杜敏很快就进入了甜蜜的梦乡。

杜敏从底特律机场出来，经过了三个印象深刻的地方：倪军家、底特律市中心、舅公舅婆家。三个地方让她的心情起伏不定，倪军家有着普通家庭的温暖，底特律市中心是衰落城市的缩影，唯有舅公舅婆家，才是发达资本主义国家该有的样子。

第二天，杜敏跟着舅公舅婆去了一趟 Meijer 超市。这是一家大型综合性超市，从衣服、鞋子、电器、家居到牛奶、鸡蛋、罐头、水果应有尽有。杜敏像刘姥姥进了大观园——眼花缭乱，目不暇接，她从未见过如此丰富的商品，呆呆地望着眼前这一切，在心里默默地发誓："这里有我想要的生活，一定要在这里立足，要买舅公舅婆那样的大别墅和舅公舅婆那种的小轿车，还要把父母接过来一起享受。"

为了这个信念，她要活成一个斗士！

在舅公舅婆家留影

四份临工

常言道：无功不受禄。舅公舅婆家的免费食宿让杜敏十分不安，身上的2000美元还不够大学一学期的学费，生活费也没有着落，但这都不是理由，在杜敏的坚持下，两位老人象征性地收了一点钱。舅公对杜敏说，白天多跟电视里的脱口秀学学口语，其他的暂时不用去考虑。

学校5月开学，杜敏要利用这段时间去挣点钱，她没有移民身份，不能正式打工，就把简介写在纸上，挨家挨户去敲门，"有需要做家务活的吗?"斜对面有一对年轻的美国夫妻刚生了小孩，需要找人带孩子，每小时可挣6美元。杜敏除了照看孩子，还会主动洗碗、擦地、打扫卫生，小两口对她很满意，会加一些工钱给她。

开学后，杜敏就搬到学校附近跟人合租住宿，偶尔去看看舅公舅婆。

杜敏总说自己是一个被上帝眷顾的幸运儿，刚到美国，就遇到了这么好的长辈，帮她平稳过渡。没有绿卡，挣不够学费，却碰上一个百年难遇的奇迹，帮她渡过难关。

同年4月，美国政府针对中国人出台了免费申请绿卡的政策，凡是在当年4月15日前进入美国的中国人，都可以免费申请绿卡。

如果没有这个政策，就算用尽洪荒之力，拼到24小时不眠不休，杜敏也未必能挣到足够的学费和生活费。

美国太大，出行主要靠开车，没有车无法外出打工。杜敏隔壁的中国女孩，要去加州读硕士，她有一辆小破车，杜敏跑去求她："姐姐，把车卖给我吧，我就这么点钱，一定要卖给我哟。"

破车也是车，小姐姐收了300美元，让杜敏从此成了有车一族。

可是她不会开，也没驾照。在美国考驾照，笔试考完马上路试，必须先学会开车，否则无法通过。杜敏去找同学教，男同学很愿意帮助这位开朗漂亮的女生，她领悟力强，手脚配合协调，平衡性也不错，仅学了三天，那辆手动档的破车就在她的驾驶下摇摇晃晃地上路了。

杜敏白天上图书馆擦书，晚上去两家餐馆端盘子，挣的钱还是不够。于是，她把目光投向了租住的公寓。负责管理公寓的白人经理问她愿不愿意看门，这是一份正式发工资有税单的工作，可把杜敏高兴坏了。

接下来，她再没时间上床睡觉了。每天打完工回来，从深夜 12 点到早上 6 点，只能趴在桌子上睡觉，有人进来就撑起来登记开门。公寓里的清洁工、修理工、电炉工给过她很多关照，特别是那个深夜做清洁的黑人，经常在她趴着睡觉的时候，帮她搭个眼，让她能多睡会儿。

美国的理工本科，要学很多文科类的课程，如历史、哲学、文学、政治等，在语言不熟练的时候，这些文科知识学起来非常困难。杜敏买来一个袖珍录音机，把课堂上老师讲的内容录下来，回去后再反反复复听，有时一句话要听很多很多遍。

无论多苦多累，杜敏的学习成绩始终保持第一，很少有人能超越她。

为了省钱，杜敏每天都在中餐馆吃免费的鸡腿，天天吃，月月吃，吃到后来看到鸡腿都想绕道走。那时候，她常常安慰自己，等以后有钱了，就去吃一顿葱姜炒螃蟹外加清炒绿豆苗。

靠打四份工的收入，杜敏交了学费，买了保险，付了房租，应付了日常开销，勉强渡过了在美国的前 10 个月。

人总是活在希望中的，她坚信只要熬过了这段最苦的日子，美好的生活就会到来。

1993 年，杜敏在
韦恩州立大学的毕业照

结发夫妻

刚到底特律的时候，舅公舅婆叮嘱杜敏，底特律治安不好，外出身上一定要揣 20 美元，遇到抢劫时，这个钱可以保命。

有一次，杜敏去附近的小超市买东西，她买好蔬菜水果往回走，一个男人突然对眼前这位穿着漂亮裙子、身材苗条、皮肤光洁的大眼睛女孩吸引住了，跟着她，唱起了那首《漂亮女人》：

漂亮女人，你走在街上

漂亮女人，你就是我想要遇见的那类

漂亮女人，你要我怎样相信你

你的感觉是那么不真实

……

杜敏吓得三魂丢了两魂，拼命往住的公寓跑。这是她在美国的 20 多年里，唯一一次被人尾随跟踪。

其实，底特律没有想象中的那么糟。

那时候追求杜敏的男人很多，有在美国出生的华裔（ABC）、中国留学生、美国白人、印度人、巴基斯坦人……一个靓丽的妙龄女孩，如果选择嫁给美国白人，学费、生活费都不成问题，何苦每天打四份工，把自己搞得这般累？

真正的爱情需要等待，谁都可以说爱你，但不是人人都能等你。杜敏爱张林，他是她的初恋，"执子之手，与子偕老"是她想要的浪漫人生。做人都难，生活中的困境无时不在，只要双方共同奋斗，最终都会过上自己想要的生活，为什么要因为金钱等外在因素而放弃自己的所爱呢？

寂寞孤单得如苦行僧般的日子终于熬到了头，10 个月后，张林来美国读硕士。"有情饮水饱"，精神上有了寄托，相互之间有了依靠，经济的拮据就不算啥事了。为了省钱，两人决定搬到一起住，不如，我们结婚吧！

7 月的一天，杜敏和张林带上绿卡、驾照和护照，兴高采烈地跑去底特律市政府办结婚证，没想到去了才知道，需要三个公证人，否则结婚手续办不成。

杜敏一转身，看见大厅里有三个美国人，她马上跑过去问："我们要结婚，

杜敏和张林去底特律市政府
登记结婚时留影

可以当我们的证婚人吗?"这两男一女同时笑了，没有丝毫犹豫，三个美国人分别在他们的结婚申请书上签了字，并一起祝福他俩新婚快乐。

回去后，他们请来四位好朋友在公寓里吃了顿饭，终身大事就算完成了。

婚姻，从本质上讲就是一种合作，是经济上的共享、责任上的同担、风险上的同负。

从此以后，她和他组成了一个完整的圆，开始了充满烟火的平淡日子。

初为人妻

许多美国人会把不用的家具电器放在家门口，想要的可以自己去拿。杜敏和张林，除了爱，什么都没有，家具电器全是捡来的，她把捡来的宝贝擦洗干净，布置了一个简洁温馨的小家。

夫妻俩又结伴去餐馆打工。杜敏在大厅里端盘子，像小鸟一样愉快地跑来跑去，挣到很多小费。张林脸皮薄，躲在厨房里洗碗，挣得没她多。杜敏仍然要打几份工，"多做一点有什么关系，难道我赚的钱和先生赚的钱不一样吗?"这是她内心真实的想法。

杜敏最好的闺蜜，在另一家餐馆打工，那时闺蜜没有车，晚上回去很害怕，常常向她求助。"不要着急，等12点关门后就去接你"，杜敏总是这么安慰她。

有一次打工结束，已是半夜3点，小两口与闺蜜一起去24小时超市买东西。三个一无所有的年轻人，半夜三更在店里逛来逛去，穷开心。

有一天，杜敏拿到了不错的小费，夫妻俩约上两位男同学（其中一位还带了自己的太太）一起出去玩。五个人开了 2 小时车，高高兴兴地来到密歇根邻州的一个大型游乐场，他们要坐当时在全美最长、最高、最刺激的过山车。

那位太太不敢去，在下面等着。四个人上去排队等候，他们看到过山车在 3 分钟内急速从高空直冲下来，上面的人发出各种刺耳的尖叫声，三个男生吓得直发抖，打起了退堂鼓，杜敏也怕，双腿在不停地抖，但她却大声地说："来都来了，钱也花了，怎么可以不去呢？我坐前面，你们坐后面，上吧！"当他们从过山车上下来时，其中有个男生的脸吓得像白纸，一点血色都没有。

女人身上有一种高度发达的创造力，生来复杂且强大。伍尔夫的这句话，说得很到位，杜敏就是一个有高度创造力的女人，她那辆破车经常坏，又没有钱去修，每次坏了，她就跑去请教会修车的朋友，回来自己敲敲打打地捣鼓好。有一次车的消声器掉了，行驶的时候会出现叭叭叭的声音，听着烦不说，还会引来警察。杜敏找了个铁皮罐头，把盖和底切掉，再用胶带把两端固定在管子上，这样，声音就被"关"在罐头里了。

以前在家的时候，杜敏除了读书，从来没做过家务。婚后她买了两本菜谱，学会了好多菜的做法。有一次，她请朋友来家里聚会，她自己做，不让大家带菜，请了 19 个人，做了 19 道菜，色香味俱全，朋友们佩服得不行，说她做什么像什么。

杜敏以全优的成绩本科毕业，继续读硕士。读硕士可免一半的学费，他们的经济已经没有之前那么紧张了。由于大部分课程在上海交大都学过，她用一年半就修完了所有的学分。

就读韦恩州立大学期间，
简陋的公寓房，家具都是捡来的

底特律是汽车城，学机械的女生机会较多，杜敏硕士还没毕业，就找到了工作，在一家华人开的小公司做有限元分析。这时，她已怀孕，挣钱养家成了头等大事，张林要去密歇根大学读博士，只有她去工作了。

为了方便先生读书，他们把家搬到了密歇根大学的北校园。

杜敏怀着宝宝，每天开车上下班。"爱一个人意味着什么呢？意味着为他的幸福而高兴，为使他更幸福而去做需要做的一切，并从中得到快乐。"这是杜敏的爱情观，如果吃苦能换来幸福，为什么不吃呢？

两口子过日子，哪有勺子不碰锅沿儿的事？在婚姻里，哪一对夫妻没有委屈？一旦选择了婚姻，生命里所有的繁华与零落，都应甘愿承担。

买房换房

家庭有两个基础，一是爱情，二是金钱，缺一不可。对于杜敏来说，仅有爱是不够的，她想要一套自己的房子。在异国他乡，唯有房子，能给她带来安全感，靠租房生活，总像无根的浮萍漂浮在水面，这或许就是所谓的"难民思维"吧。

杜敏挺着"大肚子"，跑来跑去风风火火地干活，连美国人都发出感叹："这个中国女人真能吃苦！"有个好朋友的太太也要生小孩了，那个太太没有工作过，与外界接触少，临产前，杜敏开车把她送到医院，医生看着两个大肚子问："你们谁生小孩？""她生，我的时间还没到。"杜敏一直工作到生产前一天。

生完孩子一个月，她又赶去上班了，因为要挣钱买房子。

由于爸爸妈妈和公公婆婆的签证都没有通过，儿子生下来无人照顾，正好上海交大的班主任粟老师来密歇根大学陪读，两家人都住在大学的北校园，粟老师帮他们照看了一年孩子。这是多么深厚的师生情啊，每次想起来，杜敏都特别感动。

儿子两岁半时，杜敏又生下了女儿，这时张林还在读博士，杜敏的收入是家里唯一的经济来源。考虑到每天开车上下班路途的风险，她去保险公司给自己买了一份生命保险，如果她出事了，保险公司要赔偿15万美金，这样张林和两个孩子就可以安全地活下来了。

1994 年 6 月，一家三口合影

每逢周末去超市买菜，杜敏都会提前把每一家超市的广告浏览一遍，了解哪家的鱼肉在打折、哪家的鲜奶在做特价、哪家的蔬菜新鲜……然后剪下优惠券，再开车一家一家去购买，有时候张林嫌麻烦，她就一个人开车去搞定。

靠着点滴节约，勤俭持家，在女儿满一周岁时，杜敏用积蓄下来的钱，首付10%买下了人生中的第一套房子。这是一套总价 25 万美元的全新住房。

当初那个站在 Meijer 超市发誓的女孩，她的美国梦，终于圆了。

这时父母已来到美国，她要花最少的钱，装修出一个漂亮的新家。

杜敏天生对数字、价格十分敏感，看一眼就能记得清清楚楚，她很能吃苦，不怕麻烦，装修房子的所有材料都做到了货比三家，材料、家具、窗帘、靠垫等由她一手操办，父亲和张林负责把地下室、花园、房间等装修好。

搬进新家后，他们请了好朋友到家里玩，朋友们看到一个布置得漂漂亮亮、收拾得干干净净的新家都赞不绝口。这让杜敏再一次坚信，靠自己努力，就能得到想要的一切。

杜敏是一个喜欢折腾的人，两年后，她把这套房卖掉，换成了一套大点的房子，过了几年又卖掉，买了更大的房子。她在美国前后换过四次房，装修过四次家。在不停的折腾中，房子越住越大，家也越来越红火。

仅在美国买房换房还不过瘾，她回中国后又开始折腾，换过四次房，搬了四次家。每次都是她亲力亲为，不需要任何人帮忙。一般人装修、搬家都要脱一层皮，也不知道她哪来那么好的精力和体力。

或许，在一种强大精神的支撑下，做自己喜欢的事，就不会觉得累吧。

职业起步

在美国，限制中国人发展的最主要因素不是知识和能力，也不是语言，而是表达方式。中国人内敛含蓄，再加上文化背景和语言环境的不同，经常会出现"茶壶装汤圆，有货倒不出"的情况。

表达恰好是杜敏的强项，她在美国读本科和硕士，除了说得一口流利的英文，还学会了美国人的表达方式，她不拘谨，敢于且善于表现自己，这些优势决定了她终究会脱颖而出。

杜敏的事业之路是从华人开的 ETA Inc. 开始的，这是一家外派公司，主要派遣工程师去主机厂做项目。很多留学生毕业后都是先到这类公司过渡，等有了一定的工作经验，再跳槽到其他大公司。

杜敏的职业生涯也是走的这条路，她被公司派到福特汽车做有限元结构分析，一年半后，李尔公司招聘员工，她跳槽去了李尔公司。

李尔公司是一家零部件企业，主要为汽车主机厂配套汽车座椅，杜敏在李尔公司做通用汽车委托的业务，她出色的沟通和表达能力给通用汽车的合作伙伴留下了很好的印象。都说朝中有人好办事，当通用汽车招聘员工时，她在第一时间就得到了消息。

杜敏顺利进入了通用汽车，她的职业生涯，也从通用汽车开始起飞。

杜敏进通用汽车后，担任了汽车碰撞安全性能有线元分析的项目经理，她带领团队与外部供应商合作，共同搭建了一个模拟的碰撞实验室。项目完成后，分析参数和工艺流程得以规范，让通用全球平台上的汽车安全工程师所需的分析准备时间，从两天缩短成 2 小时，大大提升了工作效率。

第二年，项目获得了总裁奖，这是通用汽车的最高荣誉奖，也是杜敏所在部门唯一一次获奖。

杜敏低开高走，一路升迁，几年后升到了通用八级。通用的技术职级，最高到十级，到达八级已经非常不易，算是进入了管理层，可以享受公司免费提供的新车和汽油，许多工程师做了 10 年都未必能达到。

通用汽车是国际一流大公司，在培养后备人才方面，经常要推荐一些优秀雇员去读 EMBA，会给有色人种少许名额。EMBA 学制两年，每年 4 万美元学费由公司支付。

当初硕士毕业时，因为家庭经济等原因没能继续读博士，这成为杜敏一生中的最大遗憾，如果能读 EMBA，会让这种遗憾减少一点。

杜敏工作业绩突出，群众基础良好，提出申请后，总监马上就批准了，这位总监是她的贵人。

EMBA 彻底改变了杜敏的职业生涯，也改变了一家人的生活。

事业转折

大部分人读 EMBA，与其说是读书，不如说是为了混圈子、拓展人际关系和业务网络，不过杜敏例外，她把 EMBA 当博士来读，是同学中最认真的一个。

杜敏把家务活都交给父母打理，每天回到家吃完饭就把自己关进书房，查阅资料、分析案例、完成作业，弄到深更半夜才上床睡觉。

EMBA 的学习以案例分析和课题研究为主，班上 50 个同学，分成七个小组，很多课题研究都以小组的形式完成。第二学期，杜敏所在的小组接了一个供应链管理方面的课题，由于别的同学都比较忙，她就自告奋勇地做了这个课题的领头人。

杜敏是工程师出身，从来没有接触过采购、物流这类供应链管理工作，有同学在彼欧集团（Plastic Omnium）工作，课题组就以彼欧集团的供应链体系为案例。为了掌握具体情况，杜敏特地与彼欧集团的采购团队进行了交流，最终交出了一份优化的供应链战略方案。

课题研究做得很成功，授课教授对杜敏十分欣赏，说她有做供应链的天赋。教授的话有一定的权威性，他是业界有名的供应链专家，出过好几本供应链管理方面的书籍。当时，教授和杜敏都没有想到，不久后，她将踏上供应链管理这条职业道路。

杜敏以每门功课第一名的成绩从 EMBA 班毕业。毕业典礼成了她的颁奖典礼，她获奖无数，并代表全班同学上台发言。EMBA 让杜敏的视野、平台和人脉都如同打通了任督二脉，一个改变命运的时机已悄然来到。

同学中有一位麦格纳国际的高管，有一天，这位同学找到杜敏，问她愿不愿意去中国工作。原来这家国际零部件集团准备在中国设厂，要寻找一位有中国文化背景、精通技术的人去做采购高层。

杜敏抓住了这个千载难逢的机会，从此她的工作状态和生活状态都发生了质的飞跃，天赋、努力、机遇、心气形成一股合力，带着她一路攀升至职业顶峰。

EMBA 课程有很多哈佛大学的分析案例，每天晚上睡觉前，杜敏都会与先生分享，如做产品之前要先分析竞争对手，为什么要进入，怎样进入，竞争力在哪里，长期规划是什么……这些都是先生之前从未接触过的，他对此很有兴趣，也会拿过来看看。

后来，夫妻俩一起分析中美形势，认为中国一定会有突飞猛进的发展。一个人靠自己很难成功，要善于借势，回中国是大势所趋。

当奇瑞汽车的工作机会出现时，杜敏就积极支持先生回国工作，尽管当时奇瑞汽车开出的薪酬待遇并不高，但她不在乎，她看准的是这个机会带来的其他机会。

事实证明，杜敏的判断十分正确，张林选择在最好的时机回国发展，事业如日中天。

孩子们回来，除了母语水平的提升，眼界和视野也不一样了。

2004 年年末，杜敏被任命为麦格纳汽车内饰采购与供应链开发执行总监，派驻中国上海。她从技术转向了管理，配有团队和专职司机，除了高薪，还享有车补、房补、商务舱度假机票、小孩国际学校费用补贴等福利。

任何事物都有两面性，派到中国很自由，天高皇帝远，可是也容易被忽略，遇到经济不好、减人增效的时候，这种部门往往首当其冲。

在职场，杜敏有一套自己的原则：做事无法要求完美，但要竭尽全力；做人无法做到万能，但要有所担当、勇往直前。

杜敏是一个精力旺盛、积极主动的人，她会为团队寻找业务，争取权利，多创佳绩，如定期回美国工厂，把中国的采购价格拿去与美国的供应商比价，让工厂掌握一定的讨价还价依据。每个月还会做一个工作汇报 PPT，把团队工作的详细情况告知上司，让上司对他们的工作了然于心。

在麦格纳工作 11 年，杜敏还担任过麦格纳外饰杭州工厂启动负责人、麦格纳国际亚洲采购执行总监。公司上下，无论是上司还是下属，对她都极其认可。大家知道，只要把事情交给她，就绝对不会失望。

工作游刃有余，做事得心应手，她以为自己会在麦格纳一直干到退休。

高管生涯

"人都是往高处走的"，当猎头这样对杜敏说的时候，她并没有任何反应，这家企业不想放弃。猎头又抛出了诱人的条件：集团采购总经理职位，薪酬丰厚，享受与麦格纳同样的福利待遇。

每当看到有人回国创业，事业做得很大很成功的时候，她就会想：要不是在麦格纳工作得很愉快，会不会自己也去创业？仅此而已，她并没有离开麦格纳的想法。

与麦格纳一样的国际化零部件企业，集团采购总经理职位，负责管理全球三个不同洲（亚洲、北美洲、欧洲）及全公司 200 多人的采购团队，还包括全球 40 多家工厂的采购人员，其管辖范围远远超过了麦格纳。

从中层到高层，见识、视野、格局都会不一样，为什么要拒绝呢？

2015 年 7 月，杜敏告别了麦格纳，出任敏实集团采购总经理。

站在集团公司管理层面，带领全球管理团队，管理风格必须强势。

人性从来都是欺软怕硬的，要有能力、有本事、有力量，说到做到才能让人心服口服，强势依靠实力，委曲求全不适合外企的生存法则。

杜敏经常会拜访全球不同的供应商。与人讨价还价是一门学问，世界上从无亏本的生意，供应商也要生存和发展，只有双赢才能达到真正的降本增效。

她很少单纯依靠砍价来降低成本，而是站在技术的角度建议供应商优化流程、改进工艺，比如从工序的角度、材料的角度、国产化的角度进行调整和改进，或者在降本的同时给出另一个更大的订单，以减少对方的损失。

在敏实集团工作两年，杜敏收获了荣誉、满足和快乐，也尝到过沮丧、失落和无奈，人生变得立体、深刻而丰满。

高职高薪也意味着高风险，当供应链的体系流程都建立起来时，也到了离开的时候。

接下来，杜敏短期到过两家造车新势力汽车公司工作。

每一段经历都是人生的财富。经过几次职业变换，杜敏认为自己直率的个性更适合外企，外企的土壤更容易让她枝繁叶茂、开花结果。

有一天，杜敏去美国一家中餐馆吃饭，她从饭后的"幸运糖果"里抽到了幸运签，不久，博格华纳摩斯系统全球采购及供应链管理副总裁的 offer 就到了。

入职博格华纳后，杜敏又成了空中飞人，每周一半时间在博格华纳美国公司总部上班，另一半时间在博格华纳中国办公室工作，周一至周五的时间安排是，周一到办公室召集部门开会，布置本周工作；周二开始全球范围内拜访供应商，飞行两三次，周五晚上回家。周而复始，每周都在倒时差，每天睡眠不超过 5 小时。

杜敏频繁往返于机场、工厂、酒店，把所有的精力都放在了业务上。通过与世界各地供应商的沟通与实地考察，她掌握了供应商的产品结构、生产成本、降价空间等一手信息。为了降低成本，她把很多国外高成本的供应商换成了国内的供应商，因此得罪了一些"老外"，为后来的变动埋下了伏笔。

有人的地方就有江湖，无论国企、民企还是外企，都存在办公室政治，人际关系永远是回避不了的。博格华纳摩斯系统全球采购副总裁是一个全球高管职位，之前从来没有聘用过亚裔，亚裔女性更是不敢想，这是一个令白人都垂涎三尺的肥差。

一年半以后，上司离职，器重她的上司走了，她也成了内部斗争的牺牲品，被迫离开了博格华纳，一个美国白人接替了她的位置。

那次因黑人乔治·弗洛伊德（George Floyd）之死而引起的全美暴乱，也说明了一个事实：美国的种族歧视一直都在暗流涌动，"那个压在黑人脖子上的膝盖，也压在所有有色人种的身上"。不管你承不承认，它一直都在，从未消失过。

或许，当我们的祖国更加强大时，对华人的种族歧视才有可能减少甚至消除吧。

杜敏 20 多年的职业生涯，在博格华纳画上了一个句号。

紧接着，新冠肺炎疫情在全球暴发，杜敏为自己放了一个悠长的假期。

回顾过去的职业生涯，杜敏在大部分时间都蒸蒸日上，只在两段经历中有过挫败感，其中对博格华纳的反省最多——本来可以给公司的供应链体系创造更大的价值，可是却被迫出局了。也没什么好遗憾的，现实本来就不会完美。

任何一个终点，都不过是新的起点。

她，在等待下一次启程。

家庭旅游

"管理一个家庭的麻烦，并不少于治理一个国家。"无疑，杜敏是家庭的一把手，不光要挣钱养家，还要统领全家的衣食住行。

自孩子们出生以来，杜敏和张林一直在为自己的事业和学业奔波，两个孩子大多数时间都与外公外婆生活在一起，作为父亲的张林，与孩子在一起的时间更少，教育孩子的重任自然落在了杜敏身上。

杜敏对两个孩子要求很严，从小就告诉他们："你们没办法选择，我就是你们的妈妈。"言下之意，你们得听我的。

做采购时间长了，她对价格很敏感，给自己和孩子们买衣服，从来不跟潮流，注重性价比，只买经济实惠的，孩子们对此颇有微词。

她在两个孩子的教育上很舍得花钱，送他们上各种兴趣班：弹钢琴、踢足球、跳舞、游泳、绘画……像天下所有母亲一样，在自己能力范围内给孩子最好的教育。

她是一个强势的母亲，对孩子要求高，盯得紧。比如要求孩子学习成绩要拿A；东西要归类不能乱放；给儿子买的游戏机，成绩达到要求才可以玩，等等。

不久前，杜敏与张林一起去洛杉矶看儿子，恰好遇到张林生日，儿子订了米其林餐馆，十几道精致的菜品，一道一道摆上桌，分量刚刚好，服务员从始至终面带微笑，氛围温馨愉悦。杜敏很感动，儿子真的长大了，知道父母平时很辛苦，在自己的能力范围内，请他们吃最好的东西。

那顿饭吃下来，花了约1200美元，要是在以前，杜敏肯定接受不了，1200美元可以买一个高档沙发了，但现在她改变了，儿子花钱就是想让父母开心，应该感谢而不是指责。

随着孩子们的成长，她也在调整自己的心态。

2004 年，杜敏和张林分别回国工作，两个孩子也跟着父母来到上海读书。

儿子中文不好，想进国际学校，如果强行送到本地学校，对孩子的成长不利，她尊重了儿子的想法；女儿年龄小一些，容易适应环境，进了本地学校。

全家人回国后，因为工作地点和学校不同，四个人几乎没办法在一起生活，为了弥补这个遗憾，从孩子们七八岁开始，他们把每年暑假定为家庭旅游期，安排一次七天七夜的豪华邮轮游，一直坚持了 10 年，直到两个孩子回美国上大学。

一家人跟着邮轮去过东加勒比海、西加勒比海、南加勒比海、阿拉斯加、夏威夷群岛、西地中海、东地中海、希腊群岛、斯堪的纳维亚半岛。

在旅游的过程中，孩子们与父母一起体验不同平常的生活方式，遇见过压在石头下顽强地向上伸展的绿芽，吹过不同地域的海风，偶遇过稀有动物，品尝过异国的新奇美食，收到过陌生人的微笑……点点滴滴的经历让他们的心灵感到充实而美好，这是另一种人生体验。

2019 年，一家人包船出海钓鱼

在旅行途中，经常会发生很多小意外，孩子们有机会参与进来现场处理问题，有利于培养他们的处事和应对能力。孩子们外出旅游，也是在实地了解地理，学习历史，亲眼见到的人文景观比在网络和书本上看到的更加生动有趣。

有一年去意大利的西西里岛，他们来到仰慕已久的电影《教父》里结婚场景的教堂，还特地去主人公曾经住过的小屋参观。坐在旁边的咖啡屋小憩时，一位慈祥的老太太热情地接待了他们，她和大家一一拥抱，令人没有想到的是，她拿起女儿的手，放在她的胸前低头亲吻，赞美她可爱，并虔诚地用她胸前的十字架祈福，她把自己的爱无私地分享给他们，让他们感到了她的善良，感受到人与人之间的美好。

大家一起旅游，增加了彼此之间的感情，至今，每逢圣诞节，他们一家人还是会安排一起出游，大家对此都很期盼，这已经成为家庭里的一个固定聚会了。

幸福底色

幸福的底色是什么呢？

杜敏认为，是付出。

纵观过去几十年，她接受过最好的教育，遇到了心爱的人，经营了幸福的家，从事过喜欢的工作……从一无所有到财富自由，从无名小辈到功成名就，除了时机和运气以外，更多的还是靠自己日积月累的付出挣来的。

骨子里的坚毅和韧性，注定了她干什么就能成什么。

杜敏继承了父母的两大优良传统：一是勤俭节约，二是吃苦耐劳。尽管在美国留学、工作、生活了20多年，她内心中还是一个传统中国女性。

婚姻观：愿得一人心，白头不相离。谈过一次恋爱，爱过一个人。

育儿观：万般皆下品，唯有读书高。学习第一，其他第二。

理财观：由俭入奢易，由奢入俭难。只买对的，不买贵的，讲究性价比。

她优先考虑的从来都是孩子和老公，心甘情愿地为他们付出，经常忘了自己。

杜敏身上有一种矛盾的反差萌——小女孩和大女主的混合体。远看是女强人，勇敢勤劳，英姿飒爽；近距离接触，又能明显感受到她的柔弱和单纯，时常缺乏安全感。

她二十岁来到美国，精神和物质双双匮乏，靠几十年如一日的拼命工作，赚钱，买房子，仿佛有了房子才能抓住幸福。在张林面前，她像小女孩，盼望被他爱，被他哄，她经常问先生："老公，你爱我吗？"她既有世俗化的可爱一面，又有一种理想主义的天真。

有一次，杜敏读到英国传记作家概括的最理想的婚姻："我见到她之前，从未想到要结婚；我娶了她几十年，从未后悔娶她，也未想过要娶别的女人。"

这是钱钟书对杨绛说的话。

杜敏盼望有一天，张林也能这样对她说。

人活一世，真正的快乐是什么？

这是杜敏离职后，赋闲在家思考得最多的问题。

她在一本书中看到一段话：快乐的关键在于追求真我，真正了解自己，接触自己内心的情感，得到心灵的宁静与满足。然而，人的追求和欲望往往又太多太杂，真正能够得到一辈子心灵宁静并快乐着的，能有几个人？减少欲望，获得心灵的宁静与满足，难道不是后半生要追求的人生境界吗？要怎么做才好？

她读了好多书，依靠阅读来理解复杂的人性，读懂这个多元的世界，开释自己，化解负能量，恢复内心的勇气和信心。

其实，生命就是一个不断寻找、不断历练、不断感悟的过程，从最初的天真单纯，到百炼成钢，再到最后的云水禅心，是悟，亦是成长。她开始给企业做咨询，生活变得充实起来，好像再次走在了通往幸福的路上，有了一种由内而外的满足。

既然无处回头，有光的日子，没光的日子，不再有分别，那就继续向前奔跑，直到海水退远，星辰散落，跑成自己的炬火，照亮前行的道路。

沉浮岁月

董显铨

人的一生不过是数千年文明史中的"过隙"，不论遇上盛世还是乱世，都要珍惜时光，努力练就一技之长，以此实现人生或大或小的目标，人才活得充实，于己死而无憾，于社会留下一颗铺路的石子。

董显铨近照

董显铨在别人眼中，代表着上个时代成功人士中非常罕见的那种类型。

"文革"前，大学毕业（1962年）。

改革开放不久，出国留学（1981年）。

中国经济滞后时，在宝马研发中心就职（1986年）。

中国经济腾飞时，被宝马公司派回国任首席代表（1997年）。

他集博士、外企技术专家、外企高管等身份于一身，半生漂泊，苦乐参半，一生可谓"流光容易把人抛，红了樱桃，绿了芭蕉。"

童年趣事

大凡博士，可以定义为早慧早熟、天赋异禀、智商超群的人，如幼年时已能认识很多汉字、背诵许多唐诗宋词、会做复杂的数学题，等等，然而董显铨是个例外，他童年时不但没有过人的天赋，甚至还有点儿呆呆的发傻，以至于连父母都怀疑"这孩子脑子是不是有毛病"，带去看过医生，诊断的结论是：孩子的脑子没有问题。

董显铨的祖籍是山东青岛，从董氏家谱的记载上看，董家是明朝永乐年间从"大槐树"移民至此的，到董显铨已是第15代，属"显"字辈。据说中国人有不少家族来自"大槐树"，总共有两个"大槐树"，一个在山西洪洞县；另一个在云南。董家来自哪个"大槐树"，已无从考证。

1940年8月，董显铨出生在山东济南一个职员家庭，家中有五个兄弟和三个姊妹，他排行老四。由于父母整天忙于生计，董显铨出生后就交给一个被称为"李妈"的奶妈喂养，奶妈待他如同亲生孩子，一直带到六岁，到十二三岁时，董显铨还认为奶妈是自己的亲妈。

五岁那年，董显铨跟着二哥（相差一岁三个月）在济南上小学，接受启蒙教育，稀里糊涂的小孩子，对功课一点不上心，成绩老是垫底。他还记得学校大门影壁左右两边墙上的"忠孝仁义，礼义廉耻"八个大字，这也是他脑海里记忆至今的儒家思想。

八岁时，董显铨随家人搬迁至天津，他转学到一所师资水平不错的私立小学——惠青小学读书，老师全是保定师范学校毕业的，授课尽心竭力，教学水平十分出众。

这时奇迹出现了，"小糊涂虫"因一道鸡兔同笼运算而突然开窍，不但能解难题，还能举一反三，从一个"丙等生"跃升至"前三甲"，直到小学毕业。

一所好学校，对孩子产生的影响真的是一辈子的。董显铨至今还记得那些老师的名字，对他们充满了感激之情。

董显铨九岁时，天津战役打响了，枪炮声大作，火光冲天，家家户户的门窗都用地毯和被褥遮盖起来，紧邻的南开女中楼顶是机枪和迫击炮阵地，晚上能看到一串串火舌从那里喷出。战火平息后，大哥带着他出门看热闹。沿路都竖着"小心地雷"的标牌，突然，他看见一个血肉模糊、头上被未爆炸的手榴弹砸了一个窟窿的士兵尸体，顿时吓得魂飞魄散，差一点就踩到了一个写着"小心地雷"的地沟盖上，要不是大哥拉了他一把，估计人生就画上句号了。

紧接着，解放军进城了，士兵们坐满了街道的墙根，他们说话像是在喊，声音好大，听说因为耳朵被枪炮声震坏了。士兵们对老百姓很友好，可以说秋毫无犯。

考上一中

小学快毕业时，董显铨的父亲失业了，那时最小的弟弟才一岁多，家里的经济状况一落千丈，一度靠变卖积存的黄金度日，董显铨做事牢靠，常常由他拿着金饰去银行兑换，他还记得当时 1 两黄金可卖 96 元。

董显铨与二哥同时小学升初中。想要继续读书，只能选择免费的公立中学，私立中学没钱上不了，如果考不上公立中学，就要陷入失学的窘境。当时天津最好的公立中学是市一中，由于报考的学生太多，兄弟俩不得不提前一天带上行李露宿街头排队报名。

考上一中是一件非常荣耀的事，一中的录取名单在《天津晚报》上发榜，录取率大约 10%。董显铨还记得一家人头挨头在报纸上找名字，找到了一个，又找到了一个，兄弟俩双双被录取了，那真是一个不可多得的令全家人欢欣鼓舞的日子。

在人的一生中，总会遇到几个重要关头，每一个关头都如同来到了一个十字路口，怎么选择将决定今后的命运。

在人生的第一个十字路口，董显铨走上了一条理想之路。

好学校会带给学生更宽的视野和更广的见识。一中是男校，全校一共有 2000 多名学生，出过很多体育国家队队员，可谓藏龙卧虎，如破世界游泳纪录的健将穆祥雄、篮球国手白金申、足球国脚李学濬、体操冠军林楷等，后两位还是董显铨的同班同学。在一中，人人都会打垒球，校垒球队成为组建国家垒球队的基本班底，因为一中校园原来是美军营盘，遗留下的垒球场和器械为一中普及垒球提供了条件。男高音歌唱家李光羲也出自一中。

董显铨喜欢游泳，小伙伴们根据指导游泳的小册子相互纠正动作，游泳技术还不错。20 世纪 50 年代，天津南开大学（八里台）一带是一片泽国，一片片池塘成了孩子们的游泳池，顺便还可以钓鱼和摸螃蟹，简直是游乐的天堂。36 岁那年，董显铨在中国科学院（京区）游泳比赛中，还获得过百米蛙泳冠军。

通过游泳，董显铨提高了肺活量，有一次体检时将测量肺活量的仪器吹到了极限 4000 毫升，他一口气潜泳可达 40 米，直到现在，他在静息时每分钟呼吸仅 8～10 次，比正常人的平均值 16 次慢了近一倍。

人是环境的产物，在一个学习氛围浓厚的环境里，在一群优秀的同学中，彼此都会受到正面的影响。董显铨有一位好朋友，两人一起学习，一起上学放学，这位小伙伴在一次象棋比赛中拿了全校第一，让董显铨十分惊讶，并且非常羡慕。

董显铨向小伙伴请教，他说了一句很有哲理的话："要想人前显贵，必定背后受罪"。那位同学确实是"受过罪"，曾用心背过上百个棋谱，否则怎么可能得第一呢？董显铨把这句话当成了座右铭，时刻告诫自己不能偷懒。

2015 年，毕业 58 年后
再访母校天津一中

其实人与人并无太大差别，贵在持之以恒，即"行百里，半九十"中的最后"十里"，有相当多的人在这"十里"放弃了"受罪"，结果功亏一篑。

董显铨不想平平庸庸地度过一生，他给自己立下了一个规定：凡是浪费时间的娱乐消遣活动，如打扑克、打麻将之类的一律不参加。这个规定，他坚持到了今天。

向上的阶梯永远存在，成功的路上并不拥挤，因为能够做到自律的人，实在不多。

考进北航

一中有最优秀的老师，师资力量十分强大，比如立体几何全国统编教材就是由一中老师主编的。董显铨参加高考时，看到不少考题都有一种"似曾相识"的感觉，做起来得心应手，高考成绩上了清华大学的录取线。

填报志愿时，董显铨不知道该如何选择专业，正当他举棋不定时，同桌劝他一起填报北京航空学院（今北京航空航天大学），那位同学是天津市某领导的儿子，他说国家要大力发展航空事业，考航空专业大有前途。

董显铨心有顾虑，自己家庭出身不好，担心政审过不了关。同桌是团支部书记，安慰他道："你表现好，到时候把评语写好点，不会影响录取。"

于是，董显铨第一志愿填报了北航飞机系，第二志愿填了清华电机系。结果，董显铨被第一志愿录取。接到录取通知书时，他刚满 17 岁。

董显铨能上大学，实属侥幸。

1957 年，正值开展"反右"运动，老师们整天搞运动，高考政审象征性地走了一下过场，出身不好的同学也被名校甚至像北航这类与国防有关的高校录取。

次年高考先政审后看分数，像董显铨这种"黑五类"家庭出身的学生，不要说北航，甚至连录取分数线最低的高校也不会录取。或许这就是冥冥之中的安排吧，老天爷可不想让他做一个平庸的人。

董显铨的两个妹妹，在次年分别高中和初中毕业，尽管她俩成绩优秀，但升学均因出身问题被卡住，只剩下两条路可选：要么进厂当工人，要么上技校。两个妹妹的升学前景就此止步，当了一辈子工人。

稚气未脱的董显铨同学，望着迎风飘扬的"北航——航空工程师的摇篮"的巨大横幅热血沸腾，他对未来充满了无限的期待和向往。

当时，北航的飞机系师资力量十分雄厚，学校 10 多位海归，好几位在这个系教学，如教流体力学的吴礼义老师，是英国剑桥大学 20 世纪 40 年代的博士；系主任陆士嘉老师，是德国流体力学泰斗普朗特的关门弟子，也是学校唯一的一位女博士。他们都是学贯中西的楷模，特别是陆士嘉老师，不仅学富五车、才高八斗，还特别注重学生的品德教育，同学们都十分爱戴她。在她逝世之后，学校专门成立了陆士嘉基金会，董显铨也捐了款，以表对恩师的怀念。

学习方法

董显铨在北航飞机系空气动力专业上完两年基础课后，学校又对系进行了拆分，一部分同学去了新建的火箭系，另一部分同学到了新建的计算机系，空气动力学专业也改成了数学力学系，家庭出身与社会关系有问题的同学不能去尖端专业，只能留在数学力学系，董显铨就留了下来。

北航将空气动力学专业办成半理半工性质，据说是参照麻省理工学院的教学模式。以数学为例，要上七个学期。在学机械原理与设计的同时，还要全方位实习车钳铣刨磨以及铸造焊接方面的制造工艺。这一套理工双全的培养模式，让学生既具备扎实的理论功底，又具有较强的动手能力，确实受益匪浅。

董显铨热衷于集体活动，先后担任了生活班长和团支部书记，他成绩优异，大学所学的数十门课程，除了五门是四分（当时是五分制），其余全是五分。毕业论文选题为三角形机翼临界颤振分析，答辩后获得五分，以此给五年大学学习画上了一个圆满的句号。

每次考试前，董显铨都会跑去颐和园等景点放松，同学们看他一副轻松自在的样子，却不知道他有一套自己的学习方法，即自创的方法论。

该方法是站在伟人和科学家的肩上总结出来的，其理论依据来源于毛泽东的《矛盾论》和《实践论》；华罗庚的由薄到厚、由厚到薄之方法；钱学森的注重基础，不仅要懂，还要烂熟于心的要领；丁肇中的重视实验，掌握动手能力与技巧的倡议。

具体操作步骤分成两步：

第一步：先把书由薄读厚。这是一个学习和熟悉的过程，对书中的理论（定义、定理和推论等）要先读懂，再问"为什么"，问题越问越多，书就越读越厚，要"打破砂锅纹（问）到底"，直到所有细节全都弄懂为止，可谓之"耕读"。

第二步：再把书由厚读薄，这是一个消化、提炼的过程，即提炼贯穿全书的"主线"，依此分析出每门功课的主干图，找出次重点，画成支流，再找出更次重点，画成支支流，凭借这个逻辑思维图，细节就很容易记住了。

方法不难，贵在坚持，再简单的方法，不坚持都等于零。

这套方法论，让董显铨告别了平庸。

首次重创

董显铨读大四时，恰逢三年自然灾害，全国人民都吃不饱饭，大学生口粮只有 36 斤，每顿饭两个馒头加上清水白菜汤一勺，馒头还越做越小，后来小到每个一两多点。人饿得难受时，什么都想吃，有时竟然喝起了盐水。不过与普通百姓相比，还算好的，至少没有吃糠咽菜。

董显铨因严重营养不良得了浮肿，双腿一按一个深坑。

与精神上的折磨相比，肉体上的痛苦实在算不了什么。

当时全国开展"三个念念不忘"运动，即"阶级斗争要天天讲、月月讲、年年讲"。班里有一位室友举报董显铨，说他去北京景山上歇斯底里地狂吼，以发泄不满。

董显铨确实喜欢独自一人上山，他是去唱苏联歌曲，离数十公里之遥的北航室友怎么就听成了对社会主义不满的狂吼呢？

这是董显铨亲身经历的"欲加之罪，何患无辞"，全校政治学习，在广播大会上对他进行批判，紧接着班里又召开批判会，撤销了他的团支部书记职务。作为奖励，举报者接替他成为新任团支部书记。

20岁的董显铨，经历了人生中的第一次重创。

一个稚气未脱的青年，面对如此大的冤枉，一下子跌入了人生的谷底。他彻夜难眠，找不到人述说，也没有地方可以发泄，他常常自言自语："我没错，我没错……"，这个病根一直留到了现在，自言自语而不自知。

董显铨抑郁了。

为了能入睡，他开始学打当时正在普及的太极拳二十四式，没日没夜地练拳，以忘掉心中的痛苦。紧接着又自学气功，逐渐达到了以吐纳导引意念，疏通任督二脉，协调意、气、力的统一，身体才慢慢恢复了元气。

他没有垮掉，挺过来了。

谁能想到，60年后的今天，董显铨仍然精神矍铄地活着，这完全得益于日复一日的太极拳锻炼，真可谓塞翁失马焉知非福啊！

董显铨的北航毕业证书
（1962年）

再受重创

大学毕业时，全班 52 人中的大部分同学被分配到了与航空有关的部门，仅有 12 位同学因出身问题需要等待分配工作。董显铨被分到了中国科学院力学研究所，尽管专业不太对口，但与那些等待分配的"倒霉蛋"相比，他已经很满足了。

此时，董显铨对自己的定位是做一名科研工作者，终极目标是成为一名科学家。他一贯认为，自己就算开个小面馆都会赔钱，因此从来不介入商界。

他认为自己已经站在了成为科学家的起点上，准备雄心勃勃地大干一场。

然而，不幸的事情再一次降临。入职两个月后，人事部门通知他："由于政治审查不过关，不能继续在力学所工作。"董显铨被劝退了。

意外之灾犹如五雷轰顶，瞬间让他的梦想破灭，前途一下变得渺茫无望。没有解释，也没有一丝有人情味的安慰，董显铨由一个有梦想、有抱负的未来科学家变成了一名待业青年。

在历史的大潮中，个人如蚁，微不足道啊！天壤之别的境遇，让董显铨陷入了绝望之中，难道自己的锦绣前程就此结束了？

在那个年代，没有自主择业、自由职业之类的选择，一切都得依靠国家分配工作。无奈之下，董显铨经同学介绍来到隶属于中科院的科学出版社做编辑，主要工作是为科学家审稿出书，参与选题调研、组稿、送审及文字编辑等工作。后来得知，科学出版社就是各研究所政审不合格者的"收容站"。

毕业分配时的董显铨（1963 年）

董显铨编辑过钱学森写的《星际航空概论》（科学出版社 1963 年版），由于他工作认真负责，找出了文字和图表中的一些小瑕疵，钱先生还亲笔回信感谢他。

在这期间，董显铨的最大收获是遇到了一位好老师（当过青年军的翻译官），老师每天按北大的教材讲习英语，大约有两三年光景，给他打下了良好的英语基础。

天生我才必有用，董显铨在等待时机干点大事，没想到这一等，就是十个春秋。

"劳动改造"

从 1964 年到 1965 年，董显铨两次被分配去参加"四清运动"，先后下放到四川和河南农村各一年，与当地农民同吃、同住、同劳动，农村的"三年饥荒"还没过去，吃不饱饭，肚子里"红苕水，浪打浪"，饿得皮包骨，走路打晃晃。

董显铨用山东人常说的"能大能小是条龙，能大不能小是条虫！"来鼓励自己渡过难关。

有一天，他跟随农民进城掏粪，来回大约要走 10 里路，挑着粪桶往回走时，实在饿得不行，猛然看见城门口有一家面馆，进去连吃了 6 碗素面（每碗 2 两），吃完后整个人都站不起来了，肚子差点儿撑破。

下乡这两年，董显铨深切体会到了农民生活的艰辛和不易。在四川三台县的生产队里，一个壮劳力每天能挣 10 个工分，结账时仅相当于 0.23 元，这对从小生活在城市里的董显铨产生了极大的心灵震撼，他从未想到几亿农民过的是这么贫穷的日子！这成为他在德国读完博士决意回国的动力：要用所学报答这些贫苦的人们。

董显铨从河南驻马店"四清"点返回北京时，已经是 1966 年 8 月，文化大革命正搞得轰轰烈烈。

"文革"中的知识分子统称为"臭老九"，属于社会最底层人士，董显铨所在单位在"文革"后期被"一锅端"到河南信阳罗山劳改农场一分场进行劳动锻炼，该劳改农场隶属于全国最大的劳改农场，后改名为国家科委"五七干校"。

既然是劳动锻炼，生活环境必然是艰苦的，晚上五六十人住在一排土炕上，白天吃饭全在露天坝，遇上大雪天，雪花飘入盛着米饭和白菜汤的饭盆里，吃进嘴里拔凉拔凉的，有的老知识分子吃着吃着就大哭起来。

考虑到夫妻居住方便，干校里的人将一排排四面漏风的猪圈垫上一些新土，让一对对夫妻住进去。春天来了，泛出来的猪屎味让每个家庭增添了另一种酸楚的凄苦。

董显铨被分配到铁工房，先是打铁，后来兼做白铁活，全干校的白铁壶和烟囱都出自他手，镇上钣金作坊的师傅看了他做的活儿，说手艺不低于五级工水平。师傅不知道，这些活儿不过是立体几何中的平面展开，对他来说小菜一碟。

当时与干校相邻的部队农场，想要造稻田收割机，董显铨之前从未接触过农机，但部队领导"迷信"他这个北航的大学生，他只得硬着头皮接了活儿（没钱的）。董显铨带着二十几个军人，照着图纸，天天干到半夜，几个月后，竟然造出了两台中型收割机，秋收投入使用，运转正常，次年还在正常使用，离开干校后就不得而知了。

无论什么样的境遇，都可以让自己脱颖而出，这才算有本事。是翻身做主人还是低头做奴隶，**99%**的主动权掌握在自己手上。木心先生说得好："所谓无底深渊，下去，也是前程万里。"

差点拼命

有一天，董显铨正在铁工房干活，突然来了一位不速之客，这人是单位新分配来的大学生，属于出身好的"红五类"（这在当时的科学出版社属于稀有人才），被委以重任来管教他们这些"黑五类"。

此人叼着烟卷，阴阳怪气地问董显铨："你在'文革'期间，某年某月某日去社会科学院参加过大会吗?"

那时会太多，董显铨记不起都参加过哪些大会。在这人不断的启发下，他想起来曾经参加过一次上千人的大型报告会。此人听后，严厉警告董显铨：凡是参加了那个会的人，基本都是"五一六分子"。

董显铨吓出了一身冷汗，这等于指着你的鼻子说：你可能就是反革命分子！幸好事后因为拿不出证据而不了了之，否则后果不堪设想。

不巧的是，董显铨两岁多的儿子得了肺炎，在北京儿童医院急救，医生已经出了病危通知书。屋漏偏逢连夜雨，六个月大的女儿也得了肺炎，妻子分身乏术，在家里照看襁褓中的女儿，把病危的儿子独自留在了医院。

董显铨拿着电报，心急火燎地跑去找"五七干校"的领导，数次请假都不被批准，给出的理由十分充分：北京的留守组织会处理好，你就不用回去了。

董显铨急得像热锅上的蚂蚁，无奈之下请体弱多病的母亲来京帮忙。母亲拖着病体来到医院，看到孙子的嘴唇都紫了，医生告诉母亲，今晚最后再上一次红霉素抢救，不行也没办法了。

活着怎么这么难啊？不过是为了照看病危中的孩子，人性都到哪儿去了？董显铨像一头困兽，两眼冒着火光，一辈子就那一次起了"拼命"的念头，他一夜未眠，已做好第二天去拼命的准备。

幸好使用红霉素后，儿子的病毒被压下去，保住了性命。

红霉素救了孩子，也救了他。

董显铨是一个怀旧的人，30年后他独自一人故地重游，当年"五七干校"高墙四周重新拉上了电网，戒备森严，角楼上站着荷枪实弹的士兵，又恢复到原来的劳改农场一分场了……

2014年，董显铨从重庆开车去绵阳三台县，看望50年前搞"四清"运动的老乡，当他来到这个村庄时，惊愕至极：半个世纪过去了，村庄几乎看不出有什么变化！最大的变化是流经村中的绿豆河，当初清澈见底的河流已被污染成了墨水河。他只见到两个认识的人，当年打过交道的人基本都不在世了。

否极泰来

有一位企业家曾经对适应环境有过一段精辟的论述："大环境改造不了，你就努力去改造小环境，小环境还是改造不了，你就好好去适应环境，等待改造的机会。"老是遇不到机遇的人，最终还是会走运，只不过运气大多要靠积累的人品得来，很少会从天而降。

1972 年，董显铨从"五七干校"返回北京，等待重新分配工作。他已经在外面蹉跎了十年，盼望能够尽快回到科研岗位上，以实现当科学家的梦想。

一个贵人的出现，为董显铨带来了转机。

话得从"五七干校"说起，董显铨在铁工房接受劳动教育时，一起抡八磅大锤的还有一位 60 岁的老先生。老先生年高体弱，让他干如此重活，董显铨实在于心不忍，于是自己抡大锤，让他打小锤，只是有人来检查时，才让他做做样子抡两下大锤。老先生记住了董显铨的好。老先生曾经是国家科委副主任，属于正部级领导，平反后还担任过造船工业部（八机部）的部长。

在北航同学的引荐下，中国计量科学院答应接收董显铨，但原单位刁难不放，恰好计量局局长是老先生的老下属，就这样，董显铨被调到中国计量科学院从事振动计量方面的研究工作。

从气动转到振动，需要从头学起。与董显铨同组的同事，大多毕业于清华、北航、哈工大这类名牌大学，早在十年前就开始干这行了，他是半路出家，差距可想而知。

走了十年弯路才获得的机会，没有任何理由放弃。董显铨为自己设定了"三年赶上，三年超过"的目标。

在六年时间里，董显铨连大年三十都没有休息过，功夫不负有心人，他终于实现了突破，提出了一个测量 0.1 微米高频振动的方法，在国际测量年会上被认为是在美国学者方法的基础上做出的进一步发展。

与此同时，标准加速度计也研制出来，尽管设计没有太多新意，但在当时还是有相当难度的。研磨是制造加速度计的关键技术之一，为此，董显铨虚心向一位八级研磨工学习研磨技术，积累了研磨不同材料工件的诀窍，实现了工艺上的突破。

当时，扬州无线电二厂正在开发加速度计，董显铨应邀前去指导。在那个年代，处处发扬"雷锋"精神，没有"技术转让""专利保护"之类的说法，与现在的"市场规则"相比，那时很单纯，都是无私奉献。

2015 年董显铨重访
中国计量科学院（十三陵分院）

董显铨把自己的研究成果奉献给了扬州无线电二厂，与其仪器配套后，该厂走出了一条新的发展之路。半个世纪后，扬州已经成为全国加速度计生产基地，近 10 家工厂的创始人几乎都来自扬州无线电二厂。

能用自己的知识为别人创造价值，董显铨感到很骄傲和自豪。

出国风波

1979 年，计量科学院要派人去日本计量院回访交流，董显铨的研究成果被选中，他代表中国计量院赴日交流。次年又去了莫斯科参加国际测量年会，现场报告获得了美苏科学家的肯定，中国驻苏大使馆发红头快讯报道了此事。

日苏两次出国，打开了董显铨的眼界，让他看到了一个丰富多彩的世界，内心萌发了出国深造的念头。

董显铨开始多方寻找出国机会，两次申请赴美读博，均已拿到 offer（录取书），但单位不批准，理由是，我们还没开放到那种程度（允许私人去国外留学）。

"只要有 1% 的希望，就要做 100% 的努力"，正是这种锲而不舍的精神，让幸运再一次降临到他头上。

董显铨偶然得知，德方在中科院招收洪堡研究奖学金访问学者，申请的前提条件是要有"博士学位"。因为当时中国还没有博士学位制，所以仅要求申请者提交一些可以证明其学术水平的论文，审核通过即可。

Die Alexander von Humboldt-Stiftung ist eine von der **Bundesrepublik Deutschland** errichtete gemeinnützige Stiftung des Privatrechts.

Der Inhaber dieses Ausweises ist ein ausländischer **Wissenschaftler**, der mit einem Forschungsstipendium der Alexander von Humboldt-Stiftung Forschungsarbeiten in Deutschland durchführt.

Die Stiftung bittet alle Organisationen der Wissenschaft und die deutschen Behörden, dem Inhaber dieses Ausweises während seines Aufenthaltes in der Bundesrepublik Deutschland jede mögliche Unterstützung zu gewähren.

Professor Dr. Wolfgang Paul
Präsident der
Alexander von Humboldt-Stiftung

Bad Godesberg

Jean-Paul-Straße 12
D-5300 Bonn 2
Telefon (0228) 36 30 21

洪堡研究奖学金证
（1981 年）

"机会从来都是留给有准备的人"，这句话再一次在董显铨身上显灵，他用自己的成果和论文，拿到了洪堡研究奖学金，该奖学金的录取率仅仅为百分之几。

当录取通知书、赴德机票、旅馆的住宿证都放在眼前，以为梦之旅即将开启时，有人因羡慕嫉妒恨，向上级打了小报告："他家有亲戚（舅舅）在台湾，出去后肯定会叛逃。"领导轻信谗言，逼着他把所有出国文件统统交了出来。

董显铨跑到各个相关部门去申述，并保证会按期回国，最后，在计量局与计量院联席会议上，以出了事共同担责的方式批准了他的出国申请。

当董显铨拿回机票和出国文件时，离出发只剩下两天时间了。他的前 40 年，在经历这番波折以后，总算画上了句号。

留学德国

1981 年腊月二十九，董显铨拖着箱子来到德国汉堡旁的小镇吕内堡，他要去歌德学院报到，次日便是除夕。走在异国寂寞而陌生的街上，天空正飘着鹅毛大雪，想到出国前遭受的刁难，想到国内的家人，想到自己孤身一人远走他乡，董显铨感到一阵阵透彻心扉的寒冷，眼泪不知不觉一串一串地掉落在衣服上，与雪水混在一起，浸透了衣服的前襟。

这一年，他 41 岁，不会说一句德语。

当务之急是攻下德语，年龄大记忆力衰退，那就笨鸟先飞，"只要开始，什么时候都不晚"，董显铨这样鼓励自己。

这批洪堡奖学金学生先被送到歌德学院突击培训四个月德语。国内能买到的书，只有一本《科技德语》，他中学、大学学的都是俄语，在语法上德语更接近俄语，没费太多劲，他基本掌握了德语的语法，但词汇量为零。

学习德语口语，是董显铨感到压力最大的一件事。课余时间，他跟着电视新闻广播，练听力，抠发音，培训结束时，他已经能与德国人做简单的交流了。

三毛在《倾城》里也讲到在歌德学院学习德语的经历，她每天上课加夜读要花十六七个小时，经过三个月的训练之后，起初连早安都不会讲的青年，也能够听出语调、方法和发音上的精华。

更巧的是，董显铨住的学生村，三毛与当时交的德国男朋友也住过，她的男朋友太自律，连睡觉时枕下都放着小录音机，播放白天念过的书籍，约会要等男朋友将他的台灯移到窗口，作为信号，她才可以过去一同读书。那个男朋友不久就成了大使。

世界上的成功者，看来都有很多相似之处。

与董显铨同在德国做访问学者的中国人，年龄大都过了40岁，他们做研究时几乎放弃了德语，改用英语与人交流，而德国人的英语普遍不好，如果想要在德国继续发展，就很困难了。

洪堡研究奖学金是德国级别最高的奖学金，一般先提供一年，做出成绩或者有希望做出成绩，才会延长一年。

在德国联邦材料检验院（BAM），董显铨选择了三个课题中最难和最具挑战性的一个课题——材料冲击试验机的干扰振动与衰减研究。该课题与之前学的做的差别很大，需要"半转行"，即从振动测量与计量转到实验结构动力学上来。

在BAM，还有来自其他国家的学者，有时候大家会聊聊天，一位日本访问学者问他：

"你有多少财产（意思是有多少股票、基金、房产）？"

董显铨想了想，在北京住的15米^{2}小房子是单位分配的，家里的床和小椅子是自己用废木材打的，都不能算作财产。一块国产海鸥牌手表和一辆凤凰牌自行车，应该是属于他的全部财产了。

日本学者听后，很自豪地告诉他，自己有别墅、汽车、股票和存款，等等。

他这才知道自己穷到了什么地步，真的是天壤之别。但是，穷并不可怕，只要人穷志不短。

他要在德国白手起家。

工学博士

德国联邦材料检验院与德国技术物理研究院（PTB）是德国两个最大的国家级研究机构，这两个研究院的从业人员分别有上千人，配备了相当多的先进研究设备。

董显铨要利用这些现代化的设备，干出一番业绩。

在国内，他从来没用过计算机，仅去中科院计算机所隔着玻璃参观过一台单片机，**BAM** 正好新购置了一台快速频谱分析计算机，还没有人用过，这让董显铨如获至宝，他根据说明书，很快学会了使用这台机器。

与此同时，董显铨还申请购买了一套模态分析软件，软件购买者必须到软件开发公司参加培训，否则无法使用。董显铨用自己的"方法论"，不久就学会了如何使用，他也是唯一一位没有参加培训就能使用该软件的客户。

20 年后，开发软件的 LMS 公司在中国召开用户大会，两次邀请董显铨参会并主持专业讨论，他们一直记得这位无师自通的学者。

在硬件与软件的加持下，董显铨的课题研究如虎添翼。

做科研非常辛苦，试验机与计算机不在同一幢大楼，每激励一次试验机，就要跑到对面三楼的计算机上存储数据，一次实验往往要激励数十次，上上下下就得跑数十次。为了获

柏林工业大学授予董显铨工学博士学位
（1983 年）

得质量好的数据，需要这样反反复复做很多次。

在一年多时间里，他除了每周六上午与同胞聚餐以外，其余时间一直处于一种高度紧张的工作状态，由于太过辛劳，董显铨身体十分虚弱，1.8 米的身高，体重仅有 129 斤。

那条最难走的路，通常是改变命运的唯一的路。

经过一年九个月的刻苦努力，董显铨终于攻克了难题，后来申请的德国专利获得了批准。他在德国的两年半时间，完成了全部课题，包括博士论文的撰写以及答辩准备。当时赴德做研究的访问学者都想做博士论文，他们确实也很优秀，但是被用德语写论文和答辩这两道门槛挡在了外面。

董显铨在研究成果的基础上，撰写了博士论文，并通过了论文答辩，以"优秀"评分获得了博士学位，成为新中国成立以来第一位获得柏林工业大学博士学位的中国大陆学者，同时也是柏林自第二次世界大战以来第一位来自中国大陆的博士。

柏林工大的校长接见董显铨时说："中国的进修学者都是到我们这里来学习的，现在终于有让我们学习的人了。"

国外生活

董显铨在歌德学院学习德语期间，学校曾组织他们参观过大众汽车厂，看着一辆辆崭新的高尔夫轿车驶下流水线，董显铨的心中曾闪过一个念头：这辈子什么时候才能开上一辆自己的车？

那时以为不过是妄想，谁能料到有一天他能开那么多辆宝马汽车，甚至中国第一辆宝马 X5 都是配给他的。

人，永远都不要怀疑自己的梦想。

洪堡研究奖学金每月提供 2000 马克（税后），董显铨在国内的工资是每月78 元人民币，对于一贫如洗的他，2000 马克是一笔巨款。

董显铨到超市购物，这瞧瞧，那看看，可乐、啤酒便宜得让人无法相信……他酷爱喝啤酒，在北京时，每个月规定自己花 2 元钱买啤酒，每升啤酒 4 角钱，一个月掐着时间去喝五次，总是站在路边的小店喝完，蹬三轮车的还能买包花生米或粉肠来下酒呢，他觉得自己连蹬三轮车的都不如。

收入陡增，不再受"钱"的压抑。当生活不以物质生存为目的时，精神便得到了解放，他觉得自己终于活成了一个真正的人！

董显铨算留学生中的"富人"，大多数公派留学生，每月只能拿到500马克，要很节约才够用。在生活上，许多留学生只能去超市买便宜食品吃，诸如冻鸡、鸡蛋之类的。大家还拼命节省外汇，为了回国能买得起彩电、冰箱之类的"八大件"。在20世纪80年代，这些都是奢侈品，只有出国人员才能买得到。

为了节约时间，董显铨平时用餐很简单，唯一吃大餐的机会是在周末。他出钱采购食材（鸡鸭鱼肉）和成箱啤酒，请中国留学生中的"大厨"掌勺，做好后，中国留学生都可以来狂吃狂喝。

董显铨还买来烧烤炉，约上中国留学生，让他们带上沙拉，一起到伊萨河畔烧烤。伊萨河穿过慕尼黑，河面时常闪耀着炫目的光斑，成百上千的德国人喜欢在河岸草地上裸体游乐，起初大家都非常好奇，又不好意思盯着"老外"看，久而久之也就习以为常了。

一群来自中国的异乡人，就像茫茫人海中的流星，自生自灭，无人在乎，唯有美食，才会让他们暂时忘掉学业的压力和异国他乡的清苦寂寞，感受到味蕾上的满足和惬意。

后来大家偶尔相遇，回想这段经历，依然记忆犹新，感慨万分。

再次离开

董显铨获得博士学位后，BAM希望他能够留下来继续做研究，他们开出了诱人的条件——年薪6万马克。

但董显铨骄傲地拒绝了。

他要回去兑现自己的承诺，他要让那些预言他叛逃的人闭嘴！他要对得起在农村共同生活过的贫穷农民。

可迎接他的又是什么呢？

有2000多研究人员的国家计量科学院，出了第一个海归博士，本来是件令单位自豪的事，然而现实是，有人向他投来怀疑的目光：这么短的时间能拿到博士学位？有人心里愤愤不平：这家伙挣了不少外汇，还买了"八大件"……

无人认可这位海归博士的价值，领导不给分配工作，也没项目可做，每月仅拨点购买文具的费用。

当了领导的知识分子，刁难起下属来，远比不懂专业的领导段位高，废掉一个人的方法很简单，就是让他闲着，过几年一事无成，大家半斤八两，彼此心里也就平衡了。

董显铨坐在冷板凳上，转眼，一年时间过去了。

作家白桦曾经说过一句话，很能代表董显铨当时的心情："这个地方，我爱它，可是它不爱我。"冷漠比挨打还要让人难受，他又一次体会到了世态炎凉，心灰意冷中，他想到了再一次离开。

可是，怎么才能出去呢？

再艰难的处境，都可以迎来转机。当时出国人员回国有 8 张券，每一张券可以买一台"八大件"，有领导暗示他，想买台彩电，如果能帮上这个忙，就会投桃报李。

领导的目的达到了，他也要启程了。离开办公室那天，董显铨最后看了一眼自己工作过十几年的地方，内心五味杂陈。别了，计量院！

许多年后，计量院的老同事在聊起这段往事时，曾感叹道："董显铨先打了计量院的脸，后来又长了计量院的脸！"

入职宝马

1985 年，董显铨再一次登上了赴德班机，此时他早已不是当初那个不会一句德语的"毛头老小伙"，他拥有技能、实力和博士学位。这次，他将以客邀科学家的身份，重新回到离开一年半的柏林联邦材料检验院。

良禽择木而栖，在异国他乡安身立命，得寻找一个好的平台。那时候没有现今这么发达的网络，董显铨只能通过德文报纸、德语电视等媒体搜索一切大公司的就业机会。

很快，董显铨收到了宝马汽车公司的面试邀请。主导面试的是科长和处长两位考官，当他们带着董显铨去看实验台架时，面对一张张实验曲线，董显铨反客为主，给考官出了两个技术上的"灵魂拷问"，结果，他们没能回答上来。

董显铨在宝马公司的工作证

没想到，他竟然被录取了，录取了！或许，这就是文化上的不同吧。

柏林的同事也没有人相信他能被宝马录取，因为有人曾尝试过，但无人成功。巴伐利亚人排外，甚至连普鲁士人都排斥，怎么可能录用一个中国人？有人甚至猜测是院长动用私人关系帮了他，直到院长出面辟谣。

有人的地方就有江湖，宝马寄给董显铨的录用通知等文件，被所在部门的领导扣留了，那人认为外国人不应留在德国。这种极端民族主义思想留存在相当一部分德国人的脑子中，董显铨上诉到院里才拿回了报到文件。

从此以后，三十年河东，三十年河西。

这一年，董显铨46岁，作为一名工程师，他已经不再年轻，然而对有志者来说，年龄不过是一个数字而已。

董显铨的前半生，大部分时间在"与人斗"，出于工程师的思维方式和直率个性，他常常说一些有智商、没情商的大实话，不碰壁才怪。

到了宝马，几乎没有"关系"可言，唯一要求的是贡献，是对产品开发做了多少实实在在的工作。在这种环境里，董显铨如鱼得水，个人潜力得到了最大限度的发挥。

属于他的辉煌，从此拉开了帷幕。

职业顶峰

宝马为什么要招聘他？

董显铨入职后才知道答案：原来是为了解决一桩困扰了他们五六年的技术难题。在宝马3系轿车高速行驶时，车身共振问题顾客投诉率高达28%（这是一个很高的数字，当时质量部门设定的投诉上限不能超过5%），他们希望董显铨能搞定这个"老大难"问题。

"宝马车上留有董显铨的指纹"
他曾为第一代 X5 做模态优化

《易经》里说：君子藏器于身，待时而动。让董显铨大显身手的时机终于来了。

经过分析，他发现这是被车轮一阶动态不平衡所激发出来的整车扭转共振问题。找到了"病象"后，继续探寻"病因"。整车的动刚度主要取决于白车身，只有当白车身的共振频率提高到一定值时才能保证整车不产生共振。

经过模态分析，他找出了问题的关键点，白车身的共振频率应该比整车高出多少才行？他同时还发现，此问题在宝马 3 系、5 系、7 系上不尽相同，因为它们的共振振型不同，分别是扭转、扭转＋弯曲和弯曲，从而导致白车身与整车共振频率差不同。

"病因"找到后，董显铨拿出了对系统进行优化"治疗"的方案。那时候 CAE 结构优化还不成熟，他依靠经验，推断出不同车型提高白车身的共振频率值。

据此，宝马制定出宝马白车身及整车动刚度（模态）的企业规范。

这项成果不仅帮助宝马解决了多年存在的技术难题，还大大缩短了研发周期。后来，宝马汽车行驶时速超过 200 公里，也不会因整车共振而发飘。

那是在 1986 年，这个 Know-how 远远走在了汽车行业的前面。

董显铨没有令宝马失望，在不到一年的时间里，他靠实力解决了技术难题，展现了自身价值，在宝马站稳了脚。

纵横发展

在宝马，几乎每个工程师都是驾车高手，同时还懂驾评，这是一项"必需的"技能。可是董显铨连驾照都没有，更谈不上开车技能了。

为了不露馅，董显铨花了一个月时间考取驾照，并且一刻都没耽误，马上跑去买了一辆二手车。

经过多年用心积累，反复摸索，董显铨逐渐具备了一套自己的主观驾评经验，用手摸摸仪表板，就能准确判断出车身共振是扭转共振还是弯曲共振；判断车在怠速或高速行驶时怠速的噪声值和风噪值与实测结果仅仅相差 1 分贝左右；还能根据车速迅速推算出结构共振频率……

钱学森先生说得对：不仅要懂，还要熟练，熟能生巧嘛！

不知不觉中，董显铨已经从科研型转到了工程型，他似乎更偏好做一个研发工程师，研制出来的产品看得见摸得着，产品性能改进也实实在在，有很强的成就感。

既然人生是一场开卷考试，何不充分利用所能拿到的所有资源来答题呢？每过一段时间，他都会跳槽到不同的部门工作，以便从纵横两方面拓展知识和技能，横向是从车身、整车换到动力、传动，纵向是从模态分析换到整车及总成的噪声与振动分析和优化。

为什么宝马能长居豪华车阵营？制胜法宝是什么？

答案是研发流程。

早在 20 世纪 90 年代初，宝马就拿出了业界第一个汽车研发总流程，当年还获得了美国商界的最高奖。

再好的技术也需要科学化的管理，而对管理的掌控恰恰是中国人的短板，无怪乎外国企业的高层中鲜有中国人。董显铨又开始向技术管理转型，重点关注研发流程、学习研发流程，并逐步参与到流程的建设中。

1986 年，董显铨初入宝马时，在四缸大楼前留影，曾在此楼九层工作过数年

宝马是注重品质的企业，能做的都做，但凡做了的，都是顶尖水平之一。在参与宝马 3 系、5 系、7 系、8 系和 X5 等车型的前期预研阶段原型车和后期样车验证的开发过程中，董显铨真正学到了一流车企新车开发的精髓，大大开阔了眼界，积累了大量经验，个人开发实力也得到了极大的提升。

多年的用心积累，董显铨形成了自己的知识矩阵和综合实力，参与宝马的研发流程建设，又让他如虎添翼。

真可谓"金麟岂是池中物，一遇风云便化龙"。

事业转折

1993 年，鉴于奥迪在中国获得的成功，宝马也开始探索在华生产汽车，扩大销量。时任宝马副总裁 T 先生是激进派，力推此事。

T 先生担任德国前总理办公室主任长达十余年，还担任过慕尼黑欧安会的秘书长和俄罗斯现任总统普京的私人顾问等要职，是德国的名人。

当 T 先生得知董显铨是宝马唯一的"红色中国人"（对中国大陆人的称呼）时，立即任命他担任宝马中国事务专员，紧接着又派他出任宝马驻华首席代表。

突然"被馅饼砸中"，董显铨在没有任何准备的情况下来了个急转弯，进入了跨国公司高管的职业生涯。

在北京的任命发布会上，副总裁 T 先生充分肯定了董显铨为宝马做出的贡献，他说："在宝马车上留有董显铨博士的指纹。"

一个中国人，能够得到宝马高层的如此评价，能够被骄傲的德国人认可，董显铨感到既光荣又自豪，人生还有比这更牛的事吗？

此时，董显铨已年近花甲，随之而来的角色转换将带来新的机遇和挑战。如果没有实力作支撑，运气也会等于零——前任德国籍首席代表中文说得好，但是没能打开局面，还不是被换掉了。

董显铨带着一个项目组，在北京当时最高档

1997 年，出任宝马驻华首席代表，历时五年

的凯宾斯基写字楼办公，打交道的中方人员是各省市政府官员、国家各部委领导，最高到总理；在德方，他们向宝马高层直至首席执行官（CEO）汇报。

为了迎接新的挑战，董显铨恶补了项目管理、市场分析与产品战略、品牌构建与管理、全面质量管理、时间管理等一系列管理知识，接触了宝马大量的管理信息，大开了眼界。

角色转换并没有让董显铨感到困惑，在几次人生的十字路口，他都会细致地对自己的优劣势以及机遇风险做出分析，然后采取扬长避短和快速补短来应对，这是他从未丢失的诀窍。

中国首代

董显铨走马上任后着手做的第一件事，是为 BMW "正名"。

当时，中国人对 BMW 很陌生，叫什么名字的都有：宝马利亚、巴法利亚……香港人叫宝马。在 1998 年北京车展上，很多人在问："BMW 是什么新牌子的车？"很难想象现在满大街跑的宝马，在当初却鲜为人知，全大中华区（包括港澳台）年销量仅 2000 辆。

董显铨主持了品牌命名研讨会，确定 BMW 的中文名为宝马。如何将"宝马"译成德文并能让上级理解，他很费了一番周折，德方担心品牌因"中国化"而导致误解，尤其是 BMW 在全世界都没有其他译名，为什么在中国一定要有呢？

经过反复解释，这一命名最终才被公司接受。为了引起社会的注意，他请书法家范曾到北京车展现场题字"宝马"。

范曾先生在 1998 年北京车展现场为宝马挥毫题名

还有另一个被宝马收购的品牌 LandRover（陆虎，后因重名改为路虎），其车型 Freelander，经董显铨提议命名为"神行者"（灵感来自《水浒传》的神行太保）。

那时央视二频道有一个《轻风车影》栏目，请董显铨做过多期宝马汽车的专题介绍。董显铨将宝马品牌的定位浓缩成六个字："开宝马，坐奔驰"，朗朗上口，令人过目不忘。

"开宝马，坐奔驰"，早已成为传遍大街小巷的经典广告语。

在 20 世纪 90 年代，宝马的不少高层对中国发展持保守态度，认为"没有高速路，开什么宝马？"并由此得出"宝马在中国没有多大市场"的结论，有项目决策者甚至认为，即便在华生产，充其量不过是 SKD（散件组装）。他们请来德国的咨询公司做市场分析，得出了在华投产"为时过早"的结论。

转变这些人的思想成了董显铨的一项重要工作，尤其是在让这帮"老外"理解中国人的消费观上下了不少功夫。

2000 年，T 先生退休，宝马的一位亚太销售总监接任了项目负责人，此人偏于保守，对待中国项目缺乏战略眼光。当时的国家计划委员会要求合资汽车公司必须年产 3 万辆才能立项，而他只同意 5000 辆，大家僵持不下……

经过与国家计划委员会和汽车司官员们反复协调、博弈，最终妥协到了 2 万辆，成为合资项目的一个例外。

董显铨十分清楚中国市场的消费群体和消费观，又了解中国汽车工业的产业政策，同时还熟悉宝马公司的海外战略、运作模式以及诸多"规矩"等，兼顾民族情和企业情，需要找到祖国与公司的平衡点。他前前后后五六十次往返于中德两国之间，几乎走遍了中国所有的汽车厂家，最终让这个项目落了地。

2003 年 3 月，宝马与华晨在华合作生产轿车项目获得批准。世界汽车业的"名门望族"与中国汽车业的"后起之秀"终于携手，各大媒体纷纷用头版头条报道了此事。

遗憾的是，华晨汽车的表现让人大失所望，这是后话。

1998 年，董显铨在北京车展上

告别宝马

在宝马汽车 17 年职业生涯，董显铨先后在技术和管理两个舞台上展现了自己的才华，通过不断的精进修炼，从一名纯粹的技术专家转变成一名优秀的高层管理者，最终获得了属于自己的荣耀。他很珍惜这 17 年，小到能听出汽车噪声有多少分贝，大到宝马中国项目获批，既掌握了真本事，也为宝马做出了大贡献。

一句话：值了！

在德国工作生活近 20 年，董显铨对德国和德国人有相当的了解，对利弊都看得十分清楚。

从好的方面来看，德国的"社会主义"值得学习，生有所育、学有所教、居有所屋、病有所医、老有所养，甚至死亡都纳入了国家的保障之中。其手段是"上要设限，下要兜底"，杠杆是"税收"和"补贴"，是真正实现了经济上平等的社会。另外，德国社会不会埋没一个有才华、有上进心的人，它是一个"靠实力的社会"，而不是一个"凭关系的社会"，所有人的上升通道都是畅通的，机会均等。德国人普遍受过良好教育，自信、认真、努力、诚信等传统品德几乎深入到绝大多数人的骨子里。

另一方面，德国人的民族主义思想很强烈，认为他们是最优秀的，他们有骄傲的资本，两次世界大战后都能迅速重建，再度成为世界经济强国。德国的排外依然是个社会问题，大多数人会因为了解而与你正常相处，但不排除个别极端分子的存在。

再者，德国人的亲情观念很淡薄。没有人享受"天伦之乐"，很少有老一辈给子女带孩子，人们更愿意单独生活，连家人拜访都需要预约。德国家庭对子女不会溺爱，父母承担学习费用，但额外的支出，比如学生买辆摩托车，就需要向父母借债，毕业后逐年偿还；甚至不允许孩子用家里的电话打长途，要到街上的公共电话亭去打……

业余生活以参加各种协会来消遣，因此，德国的协会多如牛毛。

"梁园虽好，不是久恋之家！"实话实说，董显铨确实遭受过不少磨难，而且这些磨难都发生在自己的祖国，关起门来讲，那是母亲和儿子之间的矛盾，血浓于水，与对岸"老外"没有任何关系。

树高千尺，终需落叶归根。

德方曾给过董显铨德国护照，可是他没有接受，至今仍持有中国护照，仍是一个中国人。

功名利禄有太多诱惑，一流平台也让人难以舍弃，但董显铨还是义无反顾地提出了退休申请，尽管宝马高层极力挽留："再干两年吧，到 65 岁离开如何？"希望他能留下来扶植新上马的项目，可是他拒绝了。

在合资投产的第一年，宝马汽车执意先推出了国外即将退市的 3 系轿车，由于车型太老、质量问题频发，销量惨不忍睹就不奇怪了。这种短视行为，董显铨早有预见，这也是他为何不愿延期退休的原因之一。直到几年后，宝马汽车逐步认识到中国市场的潜力，派出工作组来华调研顾客的"口味"：重舒适、轻操控稳定性，于是跟在奥迪后面加长了车身，市场才逐渐打开。

2020 年，宝马汽车在中国的年销量已达到 77 万辆，占宝马汽车全球销量的 1/3，中国市场成为宝马汽车全球第一大市场。这是他们无论如何都没有预料到的！中国市场拯救了德国汽车产业的"三驾马车"——奔驰、宝马、奥迪。若没有中国市场支撑，这三家车企将如何生存？对德经济的打击会有多大？德国汽车产业占国民经济近两成，是地地道道的支柱产业，直接影响了德国的对华政策。

回顾过往，客观来讲，宝马汽车在中国的成功，董显铨功不可没。

与此同时，宝马汽车也在董显铨的身上注入了"职业 DNA"，他的行为方式、知识结构、专业素养等都深受其影响，宝马汽车好似一艘渡他的船，载着他驶向了人生的暮年。

顾问生涯

2003 年 4 月，63 岁的董显铨正式从宝马退休。

此时，中国的汽车工业正处在蓬勃发展时期，作为炎黄子孙，他深感自己有责任也有能力为祖国的汽车工业做出一些贡献。

中国有句谚语：树老根子深，人老骨头硬。有一定年岁的人，经验丰富，处事执着，做顾问最合适。退休后，董显铨开启了 15 年顾问生涯。

第一站，董显铨到吉利汽车任顾问。当时的吉利汽车与现在的大部分造车新势力极其相似，属于汽车 1.0 时代，量产汽车的质量问题很多，但恰好那时顾客对汽车质量的认识还处在"幼儿园"阶段，因此，吉利汽车在市场上卖得还不错。

董显铨遇到的第一个问题，是如何才能将车门关严？当时，吉利汽车平均每辆车有两个车门关不严。不合格的模具肯定做不出合格的车门，外形可以用一二十千克的腻子去刮平，但门关不严就没那么简单了！这类低级质量问题对董显铨而言确实是个很大的难题，因为他从未遇到过如此奇怪的问题。后来在其他厂家工作时，也常遇到一些令他发窘的低级问题。最终，车门关不严问题还是用笨办法解决了。

他曾试驾过一款吉利生产的美人豹跑车（后来停产了），尽管造型看上去像跑车，但时速超过 80 公里就开始发飘，特别是在高速路上，开得人心惊胆战，生怕车身飘起来。

董显铨花了很多精力，耐心地给技术人员培训产品开发流程，给高层讲汽车性能的重要性，告诉他们不仅要"知其然，更要知其所以然"。

董显铨帮助他们将汽车的怠速噪声批量降到 39 分贝，此项技术的应用比其他自主品牌至少提前了好几年。对此，吉利汽车曾扬眉吐气地到各地摆"擂台"，看看谁能与他们的"静音王"较量。

后来，董显铨开启了做顾问以来最引以为傲的一段职业生涯。长安汽车八年，他为自己的顾问生涯，落下了浓墨重彩的一笔。

在成为董事长顾问之前，董显铨力促长安汽车成立了市场部。从此，以市场决定产品战略替代了由领导拍脑袋进行决策。

在成为董事长顾问之后，他每周给董事长写周报，由董事长亲自逐条批示，并列入任务清单交由办公室督办执行，在一把手的亲自主抓下，他的许多建议变成了现实。

董显铨在长安汽车获得金质奖牌时留影

如带领团队建立了 NVH 研发流程；推动建立了性能研发队伍；提出了全面质量管理；提议人人都要会驾评；重视定型后的批量试驾，推行投产前百辆车试驾 5000 公里，尽可能让缺陷在交付前解决……

因董显铨的特殊贡献，长安汽车授予他金质奖牌。

目前，长安汽车已发展成为国内自主研发界的领军企业，其中也有董显铨的一份功劳。

离开长安汽车后，董显铨还在奇瑞汽车等车企做过顾问。

历时 15 年的顾问生涯，让他见识到国内车企各式各样的经营逻辑。其实无论正向开发也好，"曲线救国"也罢，许多车企缺的从来不是钱，而是一颗不急功近利的心。

颐养天年

岁月悠悠，人生苦短，董显铨已是一位走在人生边缘的耄耋老人，往后看，"人生天地之间，若白驹之过隙，忽然而已。"

漫长的一生，董显铨最骄傲的有三件事：

一是考上北航；

二是获得博士学位；

三是入职宝马，掌握了真本事，做出了大贡献。

人在不同阶段，领悟不同的人生真谛。其实苦痛和创伤很有必要，正是有过多种曲折的历练，才能明白各种人间疾苦，才有机缘看到世态真相，才得以确立自我，活出独一无二的人生。

75 岁时，董显铨重返欧洲，站在宝马汽车四缸大厦前，他感慨万千，四缸大厦屹立在蓝天白云之下，依旧保留着昔日的姿容，而他已迈入暮年。

李鸿章晚年曾手书一帧对联，上联：享清福不在为官，只要囊有钱，仓有米，腹有诗书，便是山中宰相；下联：祈寿年无须服药，但愿身无病，心无忧，门无债主，可为地上神仙。

这位叱咤风云的重臣，最后的人生感悟也不过如此。

或许，千帆过尽，对于人生而言，平凡才是最好的答案，繁华处淡泊，安静处养心，不求轰轰烈烈，只愿岁月静好。

回首过往，董显铨生在旧社会、长在红旗下，是新中国成立后第一批戴上红领巾的"共产主义接班人"，有丰富多彩的社会阅历。他见证了半个多世纪以来中国的社会变革，人生随着历史的重大转折而起伏，历史的列车风驰电掣般驶过了几十年，每一段行程都在生命中刻下了不可磨灭的年轮。

所有经历的低谷、绝望，经受的无礼、冷遇，抵御的迷茫、慌张，最终都化为筋肉骨血，成为参透生命意义的力量，他无怨无悔。

他不过是一个普通人，相信"业精于勤，荒于嬉"这个简单的道理，进取心强，不服输，甘愿"背后受罪"。在每个关键的十字路口，他总是选择一条需要付出超常努力才能走下去的路来走，这才有了后来的"人前显贵"。

在为人处事上，他乐于助人，同情弱者，但易于冲动，常常口无遮拦，表里如一，是一个不会"为五斗米折腰"的性情中人。吃过很多亏，受过很多非议，至今也没有学会"老奸巨猾"。

在80年的沉浮中，他相信命运只有掌握在自己手中，才会有终极自由。

目前，董显铨是候鸟型老人，冬在海口，夏在青岛，春秋在重庆；"管住嘴，迈开腿"，几乎天天骑车或散步，前两年还买了辆电动摩托车，用于短途采购或办事，感觉甚是方便，与年轻人在路上并驾齐驱也不在话下。

董显铨八十大寿
（2020 年摄于青岛）

他每天都会上网看时政，浏览汽车发展动态，汽车新闻天天必读，朋友圈的汽车好文也要仔细阅读，几乎没有他不知道的新车型，偶尔跑去 4S 店试驾新车，佯称要买车，其实是找一种留在汽车界的感觉。

青葱年少不知世事艰难，人到中年尝遍柴米油盐，耄耋之年感慨人生易老。过去的是是非非、恩恩怨怨都已经远去，再辉煌的生命也会尘埃落定。当回首往事的时候，不因虚度年华而悔恨，也不因碌碌无为而羞耻……

"回首向来萧瑟处，归去，也无风雨也无晴。"不悲过往，不惧未来，不愧此生，心静如水，平静淡然地准备上路。

东方玫瑰

蓬 蕾

感恩你经历的生活，活出你热爱的人生。

蓬蕾近照

蓬蕾（英文名 Rose）是谁？

她没有在国外读过一天大学，却在不到十年的时间里，从临时工做到了福特汽车的全球高管；她在 2008 年被 *Diversity Journal* 评为美国九位杰出美籍亚裔商业领袖之一；她在 2014 年入选美国当代汽车史上影响深远和功绩卓著的七位女性之一。

她养育了两个出类拔萃的女儿，大女儿是成功的创业者，小女儿是年轻的芭蕾舞蹈家；她有一位蜚声海外的科学家丈夫，几十年爱她如初，希望下辈子还能娶她做老婆。

"世界上荣誉的桂冠，都是用荆棘编织而成"，卡莱尔这句话告诉我们，所有成功都来之不易。

陪读夫人

女人要获得幸福，一般有两种可能：一种是靠自我奋斗；另一种是嫁一个好丈夫。蓬蕾的幸福属于两者兼备，不过顺序得调换一下：先嫁一个好丈夫，再依靠自我奋斗，实现自我价值，获得美满人生。

1987 年，蓬蕾的丈夫周二专（英文名 Mike）赴美国爱荷华州立大学做博士后，蓬蕾以陪读夫人的身份去美国领事馆申请签证，她既没有参加过托福考试，也没有参加过 GRE 考试，仅脱产培训过一年英语，然而流利的英语对答让签证官十分怀疑她有移民倾向，两次签证都没能通过。

第三次面试签证，估计签证官良心发现，做人应该成人之美，于是"通过"大印一盖，夫妻二人总算在异国他乡团聚。

蓬蕾到达美国的第二天，周二专就带着她去拜见自己的导师，导师见蓬蕾英文不错，就问她："要不也来读一个学位？"周二专马上回答："没有必要。"他做博士后时间不会太长，如果蓬蕾去读书，可能又要面临夫妻分离。周二专的一句话，让蓬蕾错失了继续深造的机会。

第四天，邻居太太来串门，她对蓬蕾说："你应该去挣美元。"周二专不以为然，"蓬蕾是娇小姐，在家什么都不做，挣不了美元。"在20世纪80年代，周二专一年就能挣几万美元，两个人开销足够了，没有必要让太太外出打工。

Ames 是个很小的大学城，仅有5万人口，远没有北京热闹。蓬蕾在家里待着十分无聊，决定出去做点事，她没有绿卡，唯一能打工的地方只有餐馆。

那天，她穿着时尚的职业套裙，脚踩高跟鞋，欢天喜地跑去饭店应聘，所谓饭店其实是一间非常小的餐馆，老板娘从头到脚打量了她一番，心想："这人是来走时装秀吗？穿成这样怎么刷锅洗碗！"

"英文如何？"

"还行。"

"如果愿意在前台收钱、接电话，就留下来吧。"

"好的，那就试试。"

没想到，这一试，就是一年。

大部分人是爱一行，干一行，蓬蕾是干一行，爱一行，这个特性，决定了她的卓尔不凡。

平淡乏味的前台工作让她干得有声有色，空闲的时候，就到厨房去学做饺子、馄饨、春卷，每个月挣得比当初谈的要多不少。那时她还不会开车，只能上午和下午工作，晚上要回家给丈夫做饭。老板娘对她很好，经常打包一些饭菜，让她带回家给先生吃。

家里的一切都以丈夫为重，周二专去哪儿，她就去哪儿。周二专要去加拿大卡尔加里大学（University of Calgary）做访问学者，她也要跟着去加拿大。临别时老板娘十分不舍，"像 Rose 这么勤快的员工，以后再难遇到了。"

到了加拿大，一次聚会上蓬蕾认识了一位新

初到美国时的蓬蕾

加坡籍老板，他们家开了很多商店，老板问她想不想打工，"先生在加拿大做访问学者，我是跟着他来的，能去商店打工吗？"她还没有合法的劳务身份。

老板说："那给你现金好了。"

蓬蕾去了他们家的礼品店，礼品店有好几家，她在各家轮流工作。

礼品店的工作时间很长，要从早站到晚，圣诞节前，生意尤其忙碌。大家都很奇怪，蓬蕾轮岗到哪个店，哪个店的生意就特别兴旺，销售额也会最高，可是没有人能想到，她为了节约上厕所的时间，可以不吃不喝，从上午九点一直干到晚上九点，下班后才去吃饭喝水。

蓬蕾做起事来很有干劲，她总是把公司当作自己的公司，把同事当作自己的家人，脸上常常洋溢着灿烂的笑容，大家因此送给她一个"喜神"的外号。

不久，蓬蕾升职成经理。

其间，她还去餐厅做过服务员，因为做服务员挣的钱更多。她穿着高跟鞋，左手上垒着许多盘子，不停地在餐馆内来回小跑。有相当长一段时间，她的左胳膊要比右胳膊粗很多，人也特别瘦。怀孕四个月时，她低血糖发作，从楼上摔到楼下，才不得不重新回到礼品店工作。

老板说，从来没有一个服务员能拿到这么多小费，她的收入甚至比在卡尔加里大学任教的丈夫还高。

那时，周二专时常在周末把同系的留学生和访问学者请到家里来改善伙食，他的口头禅是："就当我们家蓬蕾今天没有上班嘛。"能者多劳，谁让她做得一手好菜，大女儿都快生了，她还挺着大肚子给十几个等着打牙祭的"食客"做饭烧菜。

加拿大的冬天特别冷，外面下着鹅毛大雪，跨出大门，蓬蕾常常摔跟头，大女儿皮实，怎么摔也摔不掉，孩子长大后动作敏捷，手脚麻利，估计与此时的"胎教"有关。

在蓬蕾看似柔软的面孔下，藏着一个不屈的灵魂。

全职太太

1990 年，周二专应聘到加拿大萨省大学（University of Saskatchewan）做教授，同时又为一家电力软件公司做咨询顾问，工作变得十分繁忙。为了支持先生，蓬蕾辞职做起了全职太太，这也是她唯一做全职太太的两年。

1992 年，周二专从大学辞职，前往做咨询的电力软件公司任技术副总裁，除了负责软件开发、编写代码和用户手册外，还要频繁出差，实在忙不过来了，就来拉蓬蕾的差："要不你来试试，帮忙编用户手册，我给你一个模板，照着写就行。"

蓬蕾照葫芦画瓢，编出了第一份电力系统分析用户手册。周二专拿去给老板看："这是 Rose 写的，你看行不行？"老板看后，认为还不错。从此，她除了做家务又开始编写软件系统用户手册，很快还担任了技术文件经理。

蓬蕾怀老二的时候，身体很不好，晕过去好几次，仍然没有停止编写用户手册，还是高产写手。老二出生后，事情更多了，出门买东西，常常左手夹一个，右手牵一个，整天忙得焦头烂额。

从表面看，她光鲜亮丽娇气，经常打扮得漂漂亮亮，搞一个聚会，主持一下演出，朋友们在一起总是开玩笑地说："你看 Mike 多辛苦啊，每天起早贪黑地努力工作，养着家里一大两小三个女人。"

实际上，她白天是家里的厨师、保姆、司机、采购员、搬运工，收拾房间，做饭洗衣，上幼儿园接送孩子，外出购物，事无巨细；晚上照顾两个女儿洗漱睡觉，再坐下来编写用户手册，直到深夜。

在家里待的时间长了，能网上做的事都在网上做，蓬蕾与社会渐渐有些脱节，偶尔去参加一些华人的社团活动，这是她接触社会的唯一途径。

蓬蕾在底特律的家

1997 年，蓬蕾帮一个华人业余男生合唱团做点杂事，这个合唱团每两周要排练一次，蓬蕾就邀请大家来她家里排练。她是一个有超强能力的家庭主妇，把家里布置得有格调、有情调，任何方向、任何位置、任何角度都恰到好处，简洁清爽、一尘不染。她又做得一手好菜，在请大家吃好、喝好、玩好的同时，还把排练组织得有条不紊。

合唱团里有一位福特汽车研究所的技术专家，他问蓬蕾，福特汽车刚成立的残值分析特别小组正在招聘数据分析临时工，是否考虑。蓬蕾去征求丈夫的意见，没想到被他泼了一盆冷水："你能做什么？外面做事有多艰难，你知道吗？"

"以前你不是说，我是你认识的最聪明的女孩，现在怎么变了？"

丈夫的话，让蓬蕾更没信心了，她回复技术专家："数据分析做不了，写点用户手册啥的，应该还行。"

"你一个人能把两个孩子照顾得那么好，又把家里打扫得干干净净，说明你做事注重细节；去你们家排练，各方面也都安排得井井有条，说明你做事情有章法。不用担心，两个月时间，做不好回来就行了。"

那是一个周四，蓬蕾第一次开车从加拿大过境到美国，那一天，是她去福特汽车做临时工的第一天。

此时，蓬蕾并不知道，她的人生将发生翻天覆地的变化。

福特临工

第一天上班，经理让她从 Taurus（金牛座）车型的数据开始整理。"金牛座是什么？"蓬蕾听得一头雾水，她一个家庭主妇，怎么可能知道，金牛座是 20 世纪 90 年代福特汽车卖得最好的轿车车型。

一切从零开始。在那两个月里，她每天早上六点前起床，把两个女儿收拾好送走，晚上八点多才下班回家，等两个女儿安顿入睡后，再补课到第二天凌晨。

蓬蕾起点低，要想做下去，只能花大量的时间恶补专业知识。天下没有免费的午餐，公司不会随便付你工资，要么干好要么走人，别无他法。

紧接着，她做了一件让"老外"完全不能理解的事情。

蓬蕾把两个女儿送到了北京父母的家里，这时老大上小学二年级，老二才四岁多。在"老外"看来，她是个"狠心"的妈妈。

在此之前，孩子们从未离开过她。在送走女儿们的当天，魂不守舍的她，把手上的大戒指给丢了；头两周下班，开车老是走错，找不到回家的路。

她去买了台计算机，装上摄像头后送到父母的家里，每次与两个女儿视频，孩子们总是哭着说："妈妈妈妈，我们要回去！"

女子本弱，为母则刚。这个"刚"字包含一种内心的坚毅。蓬蕾把女儿们送到父母家里，是希望她们能得到更为周全的照顾。她是一个母亲，母亲的努力、上进、成就才是最优质的亲子教育，身体的陪伴固然重要，但榜样的作用和精神上的相通却比陪伴更加重要。在某些时候，孩子们也需要与妈妈一起面对困难。

送走孩子们后，蓬蕾把全部精力都投入到了工作之中，认认真真做好手上的每一件事情，不懂就虚心向同事们请教，每天工作到晚上十点多才下班，回家后还要查看许多资料，睡眠时间常常不足三小时。

由于内分泌失调，蓬蕾的脸上布满了大大小小的脓包，她是一个爱美的漂亮女人，平时也十分注重外表。可是，她没得选择，只有扛过这一段艰难时光，才有可能看到未来。

蓬蕾用最辛苦的方法消化梳理那些信息，把冰冷的数据转化成简单生动的语言，把枯燥的流程诠释得浅显易懂。她做的 PPT 简洁明了、内容翔实，字体颜色恰到好处，能够一下抓住人的眼球，让人一看就清楚、一听就明白。在不断的摸索中，她不凡的才华逐渐显露出来。

进福特汽车不久的蓬蕾

用心到了"痴迷"的程度，这个世界上就没有什么事是做不成的了。

一年以后，项目告一段落，蓬蕾的合同也到期了，她终于可以去北京接两个女儿回家，就在她到达北京的第二天，美国的上司打电话来说，这个小组的工作还要继续，让她赶快回去。

原来，在蓬蕾离开以后，新上任的总监一进办公室就问："谁是 Rose Peng？"有人回答："她是临时工，工作已经结束了。"总监马上说："前任总监告诉我，Rose 是这个团队里的核心，她可以成事，让她马上回来！"

步步升迁

蓬蕾回到了福特汽车，这次她是去市场销售部（Marketing & Sales）做驻场合同工，专注于残值研究。市场销售部的特殊性在于对语言能力的要求很高，对于无语言根基和文化背景的非母语从业者来讲，是很难存活下来的。

此时，蓬蕾的梦想是早点结束龙套生涯，成为福特汽车的一名正式员工，她没有什么野心，每天把工作做到能力范围内的最好，晚上睡觉时就会感到很踏实。

每次市场部老总下班路过她的工位，都会向她打个招呼："Rose，还不走啊，为何总是这般开心呢？""先生出差了，有事做就会很开心啦。"那时周二专长期出差在外，周末才会回家。

有一天，部门总监问她："你怎么会拿这么少的薪酬？"

应聘福特汽车的临时工时，招聘负责人问蓬蕾要多少工资，她说只要能够支付从加拿大到美国的过桥费和汽油费就行。因为起点低，她在福特汽车的薪酬一直是同级别员工里面偏低的。

总监帮她把薪酬涨了 50%，蓬蕾十分感激，借此机会小心翼翼地问："您看，我可以成为正式员工吗？"

"中国人不太适合做市场或销售。"总监的意思很明显，中国人语言不如"老外"，个性又含蓄内敛，不适合干这类与人打交道的活儿。

成为正式员工的事，就这样被总监敷衍过去了。

那时，欧洲福特也想做残值研究，总部派她去欧洲短期出差，不久，欧洲的上级给部门总监打电话："如果我是你，就会扣住 Rose 的护照，不让她出来，她能同时做几个人的事，我们也想要她。"

蓬蕾是那种只要你推着往前走，她就会走得很远，只要你把机会给她，就能抓得住的人。团队有一个颜色对车辆残值影响的项目，由于项目太小，大家都没有放在眼里。蓬蕾去向上司争取："要不让我来做这个项目吧，不会的我学。"上司说可以。

蓬蕾对色彩十分敏感，没用多长时间，就把项目做了出来，效果还不错。直线经理（line manager）向负责市场、销售及售后的大领导汇报项目情况，蓬蕾坐在一旁帮忙翻 PPT，大领导问了几个具体问题，直线经理不清楚，回答不上来，蓬蕾就替他做了回答。没想到大领导对这个项目十分感兴趣，他从来不允许汇报议题时超时，却让蓬蕾解答了 20 多分钟，这让大家都惊掉了下巴。

色彩对新车销量及残值影响的项目结束后，蓬蕾又去了欧洲，欧洲领导想留她，而美国这边把原来的残值提升特别小组升级成了一个新部门，同时还增设了几个经理位置，大领导特别指出："其中一个要留给那天回答问题的 Rose。"

2000 年 9 月 11 日，蓬蕾正式成为福特汽车的经理级员工，服务于大客户销售、大客户租赁、个人租赁以及二手车再售业务板块，并专注于残值研究，这天恰好是"9·11"，也是她在福特汽车工作的第三年。

一个没有美国文凭的中国女人，凭着勤奋和实力，终于实现了自己的梦想，成为福特汽车的一名正式员工。

蓬蕾经历过福特汽车三次大裁员，令人惊奇的是，每经历一次裁员，她都会得到升迁或被委以重任。

两年后，新调来一位老总，负责所有与残值和二手车再售相关的业务，他对数据特别敏感，每周管理层例会都要不断提问，不久后他发现，蓬蕾的直线总监只是一个传声筒，"既然她可以做上司的事情，为什么不提升她呢？"

于是，蓬蕾从初级经理晋升为中级经理，全面负责福特汽车的残值提升及管理工作。

当时，大客户销售、大客户租赁、个人租赁及二手车再售业务板块一直亏损，蓬蕾接手后，带领团队开发了八个计量经济学模型和商业优化系统，并在实际应用过程中与业务部门密切协作，几年后，这个业务板块便扭亏为盈。

车展公益活动日上的蓬蕾

2005 年，福特汽车的销售深陷危机，公司大量裁员，蓬蕾的上级也没有幸免，她临危受命接管了上级的工作，担任市场分析部总监，并负责扩建福特汽车市场分析部的建模分析团队（GLAD），同时将研究范围拓展至新车领域。

GLAD 开发的许多商业模型及优化系统早已广泛应用于福特汽车的战略决策和日常业务运营，同时还用来评估公司未来五年的商业发展计划。

2011 年年初，蓬蕾掌管的市场分析部从北美扩展至福特全球，团队为五大洲 13 个主要国家的市场分别开发模型，同时还为福特在各国的业务运营提供支持和帮助。

连续多年，福特汽车都为蓬蕾提供除去职务股份以外的挽留奖金和股份，让她有能力把两个孩子送到昂贵的私立学校读书，让她在获得尊重与信任的同时，实现了财务自由。

人格魅力

一个人的成功，绝不是偶然的。

刚进福特汽车时，蓬蕾就是一个临时工，一个可有可无的"小透明"，她缺乏自信，为了得到他人认可、同仁喜欢，别人怎么说她就怎么做，哪敢有自己的想法和观点。

升任经理时，她惶恐地说："我可做不了。"上司看着她："你认为自己不行，可是我们认为你行"。接任部门一把手，她又怀疑自己："这么大一摊子事，能做好吗？"后来，她还执掌福特汽车面向北美所有残值评估公司的新车上市及试乘试驾，这是车企在北美市场第一次启用分析板块的高管，且还是外国女性来负责这类市场活动，她照样做得有板有眼，十分出彩。

自信是在日积月累中逐步建立起来的，自信也是建立在成功的基础上的，对于一般人来说，成功才是成功之母，只有不断地成功，才会越来越有自信。

蓬蕾在美国办公室的墙上，挂了一幅用毛笔写的大大的"忍"字，很多"老外"问她这个字的意思，她说是"耐心"，这样解释也没错。每当遇到不顺的时候，这个字就会提醒她，在以男性为主的汽车公司，女性要想获得成功，不仅要有坚强的一面，更要有柔韧的一面，柔中带刚，以柔克刚，才能脱颖而出，创造佳绩。

一个外国人，要向别人证明你有价值、你值得信赖，就要付出比别人多得多的努力。蓬蕾长期缺乏睡眠，她有个外号叫"24小时待机"，黑莓手机就放在身旁，任何时候响起，她都会跳起来回复。在福特汽车工作期间，因劳累过度三次被送去急救，她的顽强毅力和忘我付出感动了身边的所有同事。

蓬蕾的团队成员，几乎都是博士、博士后，唯独她是本科毕业。公司有一位自视甚高的女博士，认为自己的"硬件"条件比她好，但境遇却一般，内心不平难免出言不逊，风凉话传到了蓬蕾的耳里，她淡淡地说："她的学历确实比我高，又没有和我一起工作过，不了解我的工作状态和能力，有想法可以理解。竞争这么激烈，大家都不容易，专注于自己的工作，努力做到最好，时间和结果会是最好的检验，没必要在意别人说什么。"她的豁达与宽容赢得了大家的尊敬。

蓬蕾的团队聘用了很多华人，她把宽容和严格、照顾和要求结合起来，与大家一起努力，互相成就。任务紧迫时，同事们废寝忘食，主动加班，从不抱怨；遇到棘手的问题时，同事们出谋划策，互相鼓励，直到问题得到解决。集体的智慧和力量是制胜的法宝，团队一次又一次创造出的优秀业绩让"老美"看到了华人的潜质，也让他们改变了华人不适合在市场销售部工作的偏见。

有几年，美国汽车行业不景气，福特汽车时有减员。有一次，蓬蕾的部门有一位合同工不幸被列入了"黑名单"，他的妻子患病、孩子上学，都需要钱，如果他失去了工作，家庭将陷入困境。蓬蕾上下奔波，努力争取，终于为他安排了新的岗位。

蓬蕾不会埋没下属的贡献，也不会放过提升别人的机会，大家都愿意跟她做事，与她合作。

琳达曾是蓬蕾的上司，后来又成了内部客户，蓬蕾与这位美籍以色列裔女性共事多年，从相识到相知，从理解到认同，从欣赏到牵挂，彼此成了挚友。每次蓬蕾的父母去密歇根，琳达都会设家宴为他们接风洗尘；蓬蕾的哥哥、姐姐到美国探亲，她也会邀请他们去自己的家中做客或到餐馆欢聚。当得知蓬蕾向福特汽车提出辞呈时，她伤心得掉泪："Rose，为什么要离开福特？有什么办法可以让你留下来不走吗？"离别那天，她又不舍地叹息："你永远是我的妹妹，没有你的日子我会很难过。"蓬蕾回国两年后，琳达有生以来第一次来到中国，专程探望蓬蕾和她的家人，还去拜访了蓬蕾数鼎科技的同事。

现任慕尼黑再保险大中华区健康险总经理杨琰博士是蓬蕾的闺蜜，她当年服务的公司有一次组织高管参观福特庄园，她看到福特 T 型车的旁边放着一张与真人一样大的相片，"是蓬蕾的靓照耶"，杨琰非常自豪地告诉同事：这位是我的邻居。她还拍了一张照片发给蓬蕾："我在福特庄园看到了你。"

西蒙波娃在《第二性》中写道：女人不是生成的，而是被造就的。经过多年惊心动魄的职场拼搏，经历各种艰难困苦的严峻考验，蓬蕾最终找到了自信，她再也不是那个人云亦云、没有安全感的小白丁了，她已经成长起来，拥有足够的能力、经验、成果和影响力，她有原则，有勇气，有魄力，有实力，有定力，能淡然地看待荣誉，也能坦然地面对困难，连妈妈都说："她与以前真的不一样了。"

蓬蕾终于敢大声地说出：感觉好极了！

蓬蕾在福特庄园 Women Who Motor
展览中的相片

急流勇退

在福特汽车 14 年的职业生涯里，蓬蕾带领团队取得了令人瞩目的成绩，她创建的福特汽车全球市场分析部，用数据驱动、分析建模和智能优化，共同构筑起汽车大数据量化决策及商业应用体系，为福特汽车全球市场的战略决策、战术运营提供了强有力的支撑，其涵盖领域包括产品开发、质量控制、销售及售后、财务运营、公共关系、客户服务、全球战略等，涉及商业价值达数千亿美元，不仅给福特汽车带来了巨大的商业利益，还推动了世界汽车行业的共同进步。

蓬蕾团队创建的残值预测及管理应用体系，已成为广受认可的行业标准。时至今日，在 KBB、ALG、BlackBook 等国际知名残值评估公司的预测分析中，仍然能找到其理念的"影子"。

2009 年，蓬蕾团队被认定为帮助福特汽车走出破产危机的重要功臣，是福特汽车新时代的智囊团——The new Whiz Kids。

因贡献卓越，蓬蕾获得过多项殊荣，其中包括七项福特技术机密奖和一项美国专利奖，2008 年，她被 *Diversity Journal* 评为美国九位杰出美籍亚裔商业领袖之一；2012 年，她成为 *DBusiness Magazine* 杂志 *Powered by Women* 年鉴的第一位，也是迄今为止唯一的亚裔获奖者，该奖项每年授予八位来自不同领域的杰出女性；2014 年，福特庄园举办了为期两年的 Women Who Motor 展览，褒奖七位在美国现代汽车产业史中影响深远和业绩卓著的女性，她是唯一的非白人获奖者。

高光时刻，蓬蕾却急流勇退了。

2014 年，丈夫周二专应聘到中国国家电网工作，他坚持让蓬蕾回国，他说："两个人应该在一起。"

无论是籍籍无名的周太太，还是赫赫有名的 Ms. Peng，一切以先生为重，这一点从未改变过。

同年，蓬蕾放弃了赤手空拳打下的江山，放下了所有的荣耀、光环、资源和人脉，回到中国，一切归零。

周二专在北京上班，蓬蕾在广州打拼，两人也没能在一起。因为周二专的工

蓬蕾团队被称为"福特汽车新时代的智囊团"

作单位位于北京郊区，离主城区很远，如果蓬蕾留在北京，每天会疲于奔波，对工作和生活都很不利。人生不可能事事如意，无论如何从广州到北京还是比广州到美国要快捷方便得多。

从头开始经历的世界更彻底。回国第一年，在陌生的商业环境里，蓬蕾经受了很大的挑战，也遭遇了极大的挫折。

在各种压力、痛苦、烦恼和无奈中，蓬蕾的身体亮起了红灯，几乎所有器官都出现了问题，靠着一种信念，经过中药调整，才逐渐恢复了正常。

费斯汀格法则说：生活中 10% 发生在你身上的事，90% 由你对此事的反应决定。在挫折面前，有一些人认怂了，妥协了，绝望了，从此金盆洗手，告别江湖；而另外一些人，不报怨，不自弃，不自艾，爬起来，拍拍身上的泥土，继续前行。

蓬蕾属于后者。

"福兮祸所伏，祸兮福所倚"，这段经历也让她认识了好多朋友，现在管理团队的大部分成员，都是在那个时候认识的。

为了遵从自己回国的初心，守住自己职业的操守，她选择了创业。

自主创业

2016 年，蓬蕾正式创立广东数鼎科技有限公司。

对于一般人来说，创业的最大动力是实现财务自由，然而对一个已经实现财务自由的人，创业又是为何？

"希望把自己在汽车界多年积累的数字化运营管理、量化决策等方面的理念、经验和能力带给整个行业，帮助中国汽车工业良性持续地发展，更为重要的是培养和成就一批年轻人。"这是蓬蕾创业的初衷，也可以理解成一种情怀。

金钱，不过是一个副产品而已。

在一个浮夸急躁、充满诱惑的市场中，有相当数量的创业公司与资本方签订了激进的对赌协议，造成他们只能关注短期目标，而无法顾及长期策略，这也使得绝大部分创业公司没有时间去反复打磨高品质的产品。

数鼎科技选择了一种最累最慢的方法，聚焦坚守，把事情做到极致，做到厚积薄发，做到行业中的独一无二，这种做事方式，决定了他们的发展必定是缓慢且艰难的。

与数据打交道是良心活，绝对不把不成熟的方案或产品卖给客户，这是蓬蕾的职业操守。她认为以客户为中心，为客户赋能，给客户提供最好的服务，给客户带来更大的价值，是供应商生存和发展的前提条件，理应得到市场的尊重与认可。

然而，由于不健康的竞争以及职业操守的缺失，乙方并没有因为创造的价值而得到平等的机会和承认，这类扰乱市场的现象，也带给她许多困惑、焦虑和失望。尽管如此，她仍然选择对科技、对专业保持起码的敬畏，坚守自己的职业准则，再不顺利也不随波逐流。既然现实如此，那就接受一路走来的风景；既然这条路不可改变，那就扎扎实实地走下去。

经过五年多的日积月累和辛勤耕耘，数鼎科技最终获得了客户、政府和业界的肯定，其职业操守、专业态度、敬业精神也得到了市场的认可，还被微软数字化平台邀请作为第一批创新企业入驻。

数鼎科技创始人兼 CEO
蓬蕾

　　蓬蕾经常对员工说，千万不要把工作仅仅看成是养家糊口的手段，那样会成为一种负担，如果你每天都干着爱干的事业，见着自己喜欢的同事，学着新的知识和技能，同时还赚着钱，那么每天就会感到很幸福、很快乐。

　　有一位公司高管对蓬蕾说："Rose，你改变了我的世界观。"有很长一段时间，他和妻子朝思暮想在广州买一套大房子，当他了解到蓬蕾和先生并没有像有钱人那样四处买房，而是把他们挣的大部分钱都投在了女儿们的教育上，把女儿们培养得十分出色时，很受启发，把买大房子的首付款也用在了孩子的教育上。

　　在物欲横流的环境里，年轻人能把对物质的追求转移到孩子的培养教育和素养提升上确实不容易。

　　有一位投资人说，他在做投资顾问期间看过上千家、服务过上百家企业，这两年服务数鼎科技，他在 Rose 身上看到了一种罕见的企业家精神。

　　"所谓创业，就是嚼着玻璃凝视深渊"。蓬蕾对马斯克的这句话感同身受。创业五年，个中滋味，一言难尽。每天从家到公司，两点一线，独来独往，除了工作还是工作。

　　新冠肺炎疫情期间，蓬蕾和团队重新制订了公司的商业计划，通过调整优化薪酬福利待遇、减少办公室空置面积等一系列举措，确保了即使在没有任何收入的情况下，公司至少还能生存一年半。这一举措让数鼎科技有能力抵抗因疫情暴发所带来的一系列经济危机，保证了公司的正常运转。

　　投资人对蓬蕾的风险控制能力和资金管理能力十分佩服，这得益于她在福特汽车曾经历过的三次金融危机，凡事做最坏的打算、拥抱最好的机会，是她的一贯做法。

成功的秘诀无非是依靠长期积累，打磨产品，积沙成塔，厚积薄发，从一家小企业向行业巨头迈进，数鼎科技未来的路还很漫长。

2020 年 11 月，公司顺利完成了 pre – A 轮融资。

"奇葩"丈夫

蓬蕾与周二专的婚恋，属于典型的父母之命、媒妁之言。

蓬蕾降临人世时，父亲就戴着"特嫌"和"漏网右派"的帽子，从 1957 年开始，被"再教育"近 20 年，直到 1976 年才得以平反。

母亲是个坚强的女性，一个人边教学、边抚养四个孩子。母亲对子女管教严厉，要求孩子们尽量不要引人注目，更不能惹是生非。蓬蕾懂事早，对父母和老师的话言听计从，温顺、内敛、自卑，属于那种不显山不露水的乖女孩。

1980 年，蓬蕾考上了北方交通大学（现北京交通大学）铁道机械化专业，毕业后分配到北京铁路局北京分局工作。那时的蓬蕾，盘亮条顺，肤白貌美，看似活跃，实则心地单纯，22 岁还没有谈过恋爱。

父亲此时已经回第一机械工业部信息中心担任主任兼总经济师。有一天，机械部团委邀请蓬蕾去教大家跳舞，有个团委委员看她长得端庄秀丽，言行举止大方得体，就热心地给她介绍了自己的大学同学——清华大学的在读博士周二专。

在 20 世纪 80 年代，博士简直是"稀缺资源"，当年周二专学的强电专业，在全国仅招收了他一个博士生。

蓬蕾打心眼儿里崇拜周二专，第二次约会时，她就告诉周二专，这件事她做不了主，要去见见家里的其他人，只有家里人说行，才可以继续交往。

父母早已为蓬蕾未来的丈夫定好标准：一个做学问的书生（蓬蕾太单纯，当官的、经商的都不合适她）。周二专是博士，硬件条件是符合的，至于软件，需要面试才知道。

周二专第一次登门拜访，差点被那个阵势吓退，有八个人分别找他谈话，大家汇总后得出的结论是：此人 IQ（智商）很高，EQ（情商）为零。

妈妈说书呆子的精力都放在了做学问上，不容易学坏，还算满意；哥哥说小妹单纯，找一个踏实的人比较安稳，表示支持；爸爸说小伙子长相一般，情商偏低，勉强通过吧（父亲又帅又有才，要求自然是高的）。

交往了一年多，周二专告诉蓬蕾，导师怕他被人挖走，让他尽快在北京结婚。这个求婚语言颇具技术特色，不愧是工科博士。

没有花前月下的卿卿我我，更不会有"山无陵，天地合，乃敢与君绝！"般的山盟海誓，甚至彼此都没好意思说出一句"I love you"，但含蓄的爱一分不少。

1986 年，周二专和蓬蕾，这对才子佳人喜结良缘！

婚后不久，铁道部举办出国人员培训班，蓬蕾想去报名，周二专不同意，"我去试一下，肯定考不上。"结果不但考上了，还考了第一名。蓬蕾要去石家庄铁道学院住校一年，脱产学英文（她良好的英文功底，就是这时打下的），那时交通不方便，每到周末需几经周折才能回家，每次到家已接近中午，午饭后又得离开。

父母说："没必要每周回来，太辛苦了。"

先生说："如果你不回来，我就去找你。"

蓬蕾不愿意让先生来回折腾，还是自己跑吧！在相夫教子方面，奶奶和妈妈都为她做出了很好的榜样。

蓬蕾与周二专在加拿大的
新家合影

周二专出生在一个传统的家庭，父亲是湖南省建筑设计院院长，除了工作不会干任何家务活，妈妈做了一辈子家庭妇女，把父亲照顾得无微不至，常常是爸爸手一伸，妈妈的茶杯就递到手上了。

在先生的潜意识里，男主外、女主内是天经地义的事，也是夫妻之间最好的合作模式。

从1992年到2014年，先生长期出差在外，周末才会回家，家里什么事都管不了，回到家除了洗洗碗，其他家务基本不做。

周二专少言寡语，很实在，不算计，不琐碎，无是非，没有花花肠子和坏心眼儿，对名誉、官位、地位都没有兴趣，只关注学习和研究。他在家时鲜有午夜之前离开书房的时候，视读书和工作为生活中的最大乐趣。他不懂人情世故，与人交往甚少，也不受外界的任何干扰。

在生活上，蓬蕾体贴他，将就他，包容他，再累也要把饭做好，把家里收拾干净，把孩子安排妥当，尽量不在周末出去与朋友聚会，否则他会不高兴："你就不能在我不在的时候出去吗？"这个书呆子，从来记不得蓬蕾的生日、结婚纪念日，更不用说送礼物什么的了。

对这个"奇葩"丈夫，蓬蕾真是又爱又烦。

爱有来生

周二专经常说："在我们家，我管大事，蓬蕾管小事。大事就是谁当美国总统之类的。"

女人的累，不是工作有多忙、家务有多累，而是没有人懂。

周二专有时会不解地问："你这么辛苦，这么累，有什么意义？"

"你真的没有资格问这样的问题！"蓬蕾怼了回去。

尽管已经做到福特高管，她也没有耽误家里的任何事情，下班回到家里，洗衣做饭、整理房间、照顾孩子，样样不少，赚的钱全都拿回家投入到孩子们的教育上。

如果没有她在福特的收入，仅靠周二专一个人的薪酬，是支撑不起两个孩子在私立学校高昂的花费的。大女儿上纽约大学，每年学费、住宿费、生活费，需要 7 万美元；小女儿学芭蕾，舞鞋、练功服消磨得快，每双舞鞋 100 多美元，每周都得换，持续更新的练功服、演出服，还有频繁的大师班、一对一私教，这些费用加起来，不是普通家庭可以承受的。

"为什么我们家的小孩一定要上私立学校？"周二专有时会咕哝几句。

"我们有这个条件，就要投入到孩子身上，教育投资是最好的投资，也会有最大的回报。我们不能只给孩子鱼吃，而是要教会她们捕鱼的本领。"在孩子的教育上，蓬蕾丝毫不含糊。

当蓬蕾的职位和收入已经远高于丈夫时，"老外"都称呼她为 Mrs. Peng，没人知道她是周太太，还说她先生是世界上最幸运的男人。

周二专感到好失落，他是系统架构搭建、企业级应用集成方面的世界级顶尖专家，也是数字孪生、机器学习、大数据等领域首屈一指的学者，可是在异国他乡，一个华人，纵使技术超群，又能有多大的发展空间？

2014 年，周二专受中国国家电网的邀请，回国担任首席专家，后来又在国家电网中国电力科学研究院（简称电科院）担任首席系统架构师。

平台好加上投入大，周二专的研究有了突破性的重大成果，他做的提升电网在线分析系统性能的关键技术研究，将目前国际上分析系统的响应速度从 7 分钟大幅缩短至 300 毫秒，遥遥领先于世界各国的研究成果。

许多人称赞周二专是电力方面最牛的专家、技术上神一样的人物，有一位行业大咖甚至说："周二专是唯一让我佩服得五体投地的科学家，真正的科学家！"

有一次周二专赴美参加 IEEE 国际会议，给蓬蕾发来一张照片，他坐在一群学者中的 C 位（核心位置）上微笑，蓬蕾调侃他要低调，"我是这两个领域的主席，我不坐 C 位，谁坐？"他豪气地回答。

随着事业的成功，周二专的情商有了很大提升，对蓬蕾的事业也给予了极大的帮助和支持，每天都追着给她打电话，还开玩笑地说："在家听领导的；在数鼎尽管不挣钱，还是要听蓬总的，只有在单位，才可以自己做主。"

2020 年，蓬蕾生日那天，同事送花，女儿打电话，蓬蕾问他："同事、女儿都记得我的生日，老公怎么没有表示呢？"

"哦！"过了一会儿，他打来电话问："收到没有？"

"收到什么？"

周二专六十大寿晚宴照

"看账号。"

"哟，收到 1 万元。" 确实进步了。

尽管受到疫情影响，在周二专六十大寿到来之际，蓬蕾还是为他提前筹划了一个生日聚会，宴请了一些亲朋好友，把场面布置得十分温馨，大屏幕上写着："祝六十岁的年轻 Mike 生日快乐！"这个惊喜，让周二专非常感动，大家聊起了很多往事，氛围真诚而温暖，其中一个先生对太太说："你看人家 Rose，把 Mike 的生日过得多精彩，等我六十岁时，也参照搞一个这样的 Party。"他太太笑了："这个标准太高，一般人做不来的。"

一个人最大的魅力，不是靠取悦别人求来的，而是活出自己后赢来的。蓬蕾终于被这个世界温柔以待，不但得到了同事、朋友的敬重与喜爱，也获得了丈夫的尊敬与认可。夫妻俩经过三十多年的包容、忍让、付出、妥协、磨合，相互之间正向促进，双方都变成了最好的自己，她和他，终于活成了一个完整的他们。

生日宴接近尾声时，周二专神采飞扬地举起了酒杯，他发自肺腑地对蓬蕾说："如果有来生，还找你做老婆！"

大女儿 Rebecca

多年前，福特汽车有一位首席财务官（CFO）说，蓬蕾的大女儿 Rebecca（周嘉），将来一定是一个非常了不起的商业女性，那时候她才上高中。

俗话说："三岁看大，七岁看老"。在 Rebecca 三岁多的时候，她陪着姥姥、姥爷徒步两站路去图书馆借书，到了那里，她淡定地对管理员说："我姥姥、姥爷是从中国来的，不会说英语，我来帮他们借书可以吗？"得到允许后，她道了声："Thank You！"，然后就有模有样地带着姥姥、姥爷穿梭于各排书架之间，直到装满一大书包，办完手续，才心满意足地往回走。小女孩超乎寻常的办事能力，给姥姥、姥爷留下了深刻的印象。

蓬蕾送两个女儿回国那年，Rebecca 刚刚八岁，是二年级的小学生。她在加拿大上的是法语学校，中文除了会写自己的名字，只认识一个"人"字。姥姥送她到北京百万庄小学，让她跳了一级去三年级试读，上学第一天，她对全班小朋友们说："我叫周嘉，来自加拿大，不会中文，希望和大家做朋友。"这是姥姥教她的。

Rebecca 在加拿大上学，成绩名列前茅；到了北京上学，每周都要请家长。姥姥和大姨帮她补课，那段时间她从来没有在晚上 11 点前睡过觉，也没有休过周六和周日，就连暑假也没有休息过一天，全部业余时间都用来补课和追赶。一年以后，全班年龄最小的她，各科成绩都排前几名，被评为全校的"进步大标兵"。

Rebecca 的悟性极高，尤其表现在对计算机的驾驭上。九岁的时候，她坐在计算机前，画画，查地图，找资料，写信发信，发贺卡，建邮箱，制作解密各式各样的文件、图像、照片……好像没有她不会做的。每当姥爷、姥姥在计算机应用方面一筹莫展时，就会叫她："Rebecca，你来看看！"只见她坐在计算机前，三下五除二，问题就解决了。

Rebecca 是一个很有孝心的孩子，新型苹果一体机上市时，她恰好回国探亲，想送姥爷一台，那时她还是一个学生，要想实现这个愿望，必须依靠父母的支持。父母认为苹果机的 Mac 操作系统姥爷从未接触过，如果用不上，岂不浪费。她就"带"着父母到当地的苹果专卖店，一边讲解，一边演示这个一体机可以在 Mac 操作系统和 Windows 系统之间任意切换，姥爷使用不会有问题，她说："我贡献100，你们不买就是不舍得钱。"站在旁边的妹妹紧跟着说"我也贡献100"，当然，最后还是父母把钱付了。

Rebecca 很有主见，也很要强，她从纽约大学毕业时，获得了计算机科学和经济学双学位，那时她已拿到华尔街德意志银行、微软、Facebook 的录用通知书，但她对蓬蕾说："妈，我不想马上去公司工作，我想自己做一些事情。"

"你四年在纽约大学的花费，足够我们买一幢房子了，你毕业后不工作，难道还要我们继续提供支持？"蓬蕾有些不高兴了。

"肯定不会要你们任何资助，那样会让我感到不堪。给我点时间，我想干件自己认为有意义和喜欢的事情。"

她7月毕业，11月就举办了一个为技术创新提供资金支持的组织TechStar的募捐活动，走T台的一群人都是她邀请来的华尔街著名天使投资人。蓬蕾也有幸作为VIP受邀参加，在进入会场时，她没有找到贴有自己名字的座位，后来工作人员把她带到标有"Rebecca's mother"的座位前，告诉她："您女儿实在是太厉害了，直接到那些著名的天使投资人办公室去讲她的活动方案，根本不让他们有任何拒绝的机会。"听到这些，作为母亲，蓬蕾感到特别幸福。

这个活动被评为2011年纽约最值得纪念的活动，21岁的Rebecca也被《纽约日报》评为2011年纽约十位高科技行业最值得关注的人物之一。

在担任了两家著名的e-commerce（电商）公司的品牌市场推广、产品上线策略及官网开发总监后，25岁的Rebecca开始了自主创业。第一个公司，是为时尚品牌和电商设计开发的垂直网站及交易平台，同时提供品牌策划、市场定位、产品上线的咨询服务，不少世界大品牌和知名电商都是她的客户；第二个公司，是她和先生共同创立的时装品牌，2018年10月上线，只有一个品牌、一个产品，它是一件又舒适又时尚又环保的居家服，英国杂志、美国杂志都多次做过相关报道。她创立这两家小而美的公司的初心和理念是打造"Small Giant"，没想过要引入资本，成立以来一直健康有序地经营发展，年年盈利状况良好。

Rebecca 与她的小狗 Chino

Rebecca 的第一家公司是面向企业的，第二家公司是面向消费者的，当两种模式都尝试成功以后，她把公司的管理和运营交给先生和职业经理人，自己则全身心地投入到第三次创业中。

这一次，Rebecca 计划引入资金支持，在公司注册四个月后，顺利完成了种子轮融资，从启动到 300 万美元全部到账，仅仅用了 19 天时间，她给蓬蕾打来电话："谢谢妈妈！我的今天，我所有的成就，都离不开您一直以来的信任和支持。妈妈一直都是我的榜样。"她一边说一边哭，流下了感激的泪水。

"非常感谢你能如此感恩，能想到妈妈在你人生路上起到的一点作用。其实你是靠着自己的能力、才华、努力、自信才走到了今天，你要感谢自己！"蓬蕾说。

2021 年 5 月 18 日，Rebecca 和她的好友创立的第三个品牌和第一批产品上市了。当蓬蕾看到"祝贺 A＋＋团队为市场带来 A＋＋产品""这只是开始，前途不可估量"等报道文章及市场评论时，流下了欣慰和心疼的泪水。作为一位创业者，她深知女儿成功的不易和为此所付出的辛劳。

后浪可敬啊！

小女儿 Patricia

小女儿 Patricia 出生的时候，苍穹湛蓝，浮云洁白，随着东方的太阳冉冉升起，美丽的小女孩降临人间，于是给她取名周晓。

Patricia 从小善良纯洁，极富爱心，每天起床，她都要向每个人说"Good Morning"，晚上入睡前，她会祝愿每一位"Good Night"。爸爸周末才能回家，她会提前几天，做卡片、绘画、写信，并把这些礼物装在信封里，贴在车库大门上，以便爸爸下车就能有个惊喜。

"9·11"事件后，她将自己平时积攒的钱全部拿出来，捐献给蒙难者家属。她的干妈委托蓬蕾回美国买一种药，她在旁边听见了，到了机场马上提醒："妈妈，别忘了给干妈买药。"

Patricia 的环境保护意识特别强，每次买咖啡，她都会把纸托、袋子等叠好还回去；购买水果、蔬菜等日常用品，全都装进自己的环保布袋子，绝对不用塑料袋；外出用餐打包时，会把菜都放在一起，尽量减少打包盒的数量。

她说要保护地球，有人笑她："你这样做没什么用。"

"如果我们每一个人都这么做，就有用了。"她认真地说。

受女儿影响，蓬蕾去购物也会自己带袋子，有时候忘记了，还会返回去拿，她不能让女儿鄙视自己。

在 Patricia 小的时候，蓬蕾送她去学习弹钢琴和跳舞，相对于弹钢琴，她更喜欢跳舞，姥爷曾经无奈地感叹道："哀哉！练琴如炼狱也。"姥爷还说："对跳舞，她的瘾却出奇的大，不仅舞蹈课雷打不动，回到家里，得空儿就蹦跶几下……"热爱果真是最好的老师啊。

Patricia 学了一段时间舞蹈后，蓬蕾应老师的要求送她去芝加哥参加一个芭蕾舞学生大赛，出人意料的是，她居然获得了古典舞第一名、现代舞第二名。老师建议蓬蕾带她去应考基诺夫（Kirov）芭蕾舞学院的暑期大师班，为了让孩子见见世面，她与先生陪她到华盛顿参加了这所著名芭蕾舞学院的考试，考试要求很严，全球只招 65 名学生，共有 6 个年级，平均每年招生不足 20 人。

没想到考试进行到一半，突然被叫停了，招生主任问："谁是 Patricia 的妈妈？"她随即兴奋地告诉蓬蕾："你女儿有罕见的芭蕾舞天赋，她身上的每一滴血都写着芭蕾，上帝把她带到这个世界上，她就是为芭蕾而生的！"

考试结束后，蓬蕾问 Patricia："你愿意来这里学芭蕾吗？"

"愿意。"

"那你要答应我一个条件，你需要保持文化课的优秀，不能因为跳舞而耽误了其他课程的学习。如果你答应在四年时间里，每门课都是 A，我们就同意你来基诺夫，否则就要搬回密歇根。"

"Ok。"

就这样，13 岁的 Patricia，独自去了华盛顿，从此，她再也没有真正休过假。

芭蕾舞枯燥单调，日复一日，年复一年，做着同样一件事情。Patricia 起步晚，基础肯定没有别人好，但她爱思考，会琢磨。她说自己每天都在追求一个一生都追求不到的东西——完美，每天都去努力，每天就会离它更近一点。她靠着艺术天赋和后天努力，弥补了自己的所有不足。

Patricia 刚去华盛顿那两年，每个周五下班后，蓬蕾就会直接开车去机场飞往华盛顿，每次到酒店已过晚上 11 点。第二天一大早，她再去学校，女儿的学校是六天制，蓬蕾一边在计算机旁工作，一边等女儿下课。

最后一年上文化课的时候，由于参加国际比赛和受邀参演，Patricia 经常不在学校上课，老师常说上课的时候明显感到最聪明的小女孩没在，可是批考卷的时候，又觉得她一直都在。她是这所学校有史以来，唯一所有文化课和专业课都是"A"的学生。

Patricia 在 16 岁时就获得了美国青少年杰出艺术家奖。她有很多一夜成名的机会，之前 GAP 找她做广告，因为演出去不了，她就问妈妈："我很想做这个广告，但是如果去了，艺术总监会不高兴。"蓬蕾问她："你想做一个艺术家，还是一个明星？"她说："想做艺术家。""那就按艺术家的标准去做事。"同样的情况也发生在德国奔驰、美国 BOSE 品牌的广告宣传上。

2011 毕业时，Patricia 荣获了学校历史上唯一一个"总统奖"奖项。

2011 年，17 岁的 Patricia 作为洛桑国际芭蕾舞比赛获奖者，签约英国伦敦皇家芭蕾舞团；2012 年，她又考入柏林德国国家芭蕾舞团，成为该团历史上第一位华裔签约演员；2017 年，她受好莱坞奥斯卡获奖影片《黑天鹅》艺术总监、世界著名编舞本杰明的邀请，加盟洛杉矶舞蹈团（LADP）。

2019 年 8 月，在舞团事业辉煌、顺风顺水的时候，为了有更大的空间拓展自己的艺术领域，她离开了舞团，成为一名独立艺术家。

Patricia 多次登上国际专业杂志，如美国的《足尖》《舞者之魂》、英国的《全英芭蕾舞新闻》、瑞典的《芭蕾世界》……新冠肺炎疫情宣布封闭的第二周，Patricia 开了公益直播，在线上为全球芭蕾舞者和学生教授芭蕾课。像她这样的国际明星，一般上课收费很高，可是她却在网上免费教了 10 个星期。

舞台上的 Patricia

疫情给每个人的生活和工作都带来了影响，Patricia 也不例外，但她通过对自身的持续挑战，让自己的事业达到了令人赞叹的高度，她现在集编导、导演、演员、编辑、教授于一身，频繁往返于欧美各国，虽然辛苦，但足够充实。

有一次，Patricia 给姥姥发回一组"家庭聚会"照片，通过照片可以看到，房间除了整洁，所有的摆设都颇具匠心，充溢着高雅的气息；她做的糕点千姿百态、色彩绚烂、图案新颖，每种糕点、饰物的摆设都十分考究，这展现了她不凡的审美情趣和艺术细胞——她就是为艺术而生的。

玫瑰人生

蓬蕾最敬佩的人是父亲，尽管他经历了那么多不公，遭受了那么多磨难，也没有改变自己积极乐观的生活态度和追求极致的做事风格，他在干校开过拖拉机、当过饲养员、干过厨师……不管做什么，都尽心竭力，一丝不苟。

父亲去世时，所在临终关怀中心的医生、护士都说，父亲是他们见过的最有尊严和风度的老人，人都不能说话了，还会用点头和握手去感谢医务人员；疼痛难忍时，也没听他哼过一声。父亲从始至终都穿得整整齐齐，他说人活着得要个好，这是对所有人的尊重。

父亲的豁达、乐观、隐忍、善良、认真、不世故、不计较，对蓬蕾的影响非常大，母亲说她全面继承了父亲的风格。

因受父亲牵连，少年时的蓬蕾难免会被孤立、受欺负，甚至入团都很困难……从小她就很自卑，却不敏感，对任何事都不会有过高的期望，每得到一个荣誉都特别感恩，无论多么不好都能找出好的一面。

童年也有值得回忆的美好时光。她就读的北京展览路第一小学离首都体育馆不远，她参加过各种运动会开幕式、闭幕式上的团体操表演，还作为学生代表给西哈努克亲王的太太献过花。

那时每次都是总政歌舞团的老师来编舞，谁的乐感好、形体协调，就会被放在前排的最中间，而每次都是蓬蕾站 C 位。

父亲在干校时，有一次放纪录片，看到纪录片里有自己的小女儿在表演，正在劳动改造的他，心情五味杂陈，无法用语言来表达，后来父亲还多次提起此事。

蓬蕾追求完美，工作事业、孩子丈夫、衣食住行、穿着打扮，样样都力求做到能力范围内的最好。她的内驱力十分强大，想向哪个方向发展，就会专注地忘我进取，结果总是令人望尘莫及。

在国外的企业，种族歧视、性别歧视任何时候都会有，一个女性能冲破那么多层天花板，让别人从俯视到仰视，其内心的强大和坚韧、付出的努力和艰辛，都是常人所无法想象和做到的。

在数鼎科技，只有极少的人不睡午觉，其中一个就是蓬蕾。她每天去得早，走得晚，精神状态绝不比年轻人差，反应也不比年轻人慢，她有这个年龄该有的智慧，通情达理，智慧大气，不争不抢，打扮得体，从容优雅。

马尔克斯在《霍乱时期的爱情》里说："任何年龄段的女人都有她在那个年龄阶段所呈现出来的无法复刻的美。她因年龄而减损的，又因性格而弥补回来，更因勤劳赢得了更多。"

蓬蕾不怕老，她把脸上的皱纹看作是时光留下的痕迹、是智慧的象征、是岁月授予的勋章，年龄带来的是沉淀、经验、成熟和自信，就像陈年老酒一样，时间越长，味道越醇香。国外的许多演员和主持人，越老越有魅力，她们是她人生的楷模。

母亲心疼她无视健康的辛劳，想让她歇歇脚："人的精力有限，一味地付出，将付出不寒而栗的代价！"

蓬蕾安慰母亲："每个人的价值取向不同，我更看重生活的质量，人活着，就是要高高兴兴，抛开一切去做自己想做的事，做到我的最好，才是唯一。虽然累，但很快乐，也很享受。"

经历了几十年的风风雨雨，蓬蕾对自己的人生很满意："就是明天离开，也无憾此生。"

她三十几岁就写了遗嘱，早已把生死想透，她说这辈子早就赚了，一天当别人两三天用，这样算起来，已经活了多少岁？

《玫瑰圣经》里说，西方的玫瑰大部分来自于东方，它们的生命力超强，在空旷的乡下、悬崖上、峡谷大堤上都会生得极其旺盛，并且它们常常爬到高高的大树上，生命之花自低处生长，在高处盛开。蓬蕾就好似东方玫瑰，无论生长在顺境、逆境、高山、低谷，都能吸取各种养分，让自己开出绚丽夺目的花朵，让生命绽放出耀眼的光华，让人生散发出迷人的馨香。

东方玫瑰，恬淡却又非同寻常！

蓬蕾全家合影

汽车海归讲

故事

贰

沃尔沃谈判插曲

赵福全

在参与沃尔沃汽车公司的并购谈判中，有一天早上醒来，我突然想到一个问题，吉利收购沃尔沃的核心在于知识产权，但很多知识产权是与福特共享的（知识产权在福特方），万一有一天沃尔沃经营不下去了，吉利又不能卖这部分知识产权，那沃尔沃的价值不就大打折扣了吗？

我把这个想法告诉了李书福董事长。

李书福董事长说："不用担心这个问题，我们怎么可能卖呢！"

"福特当初买沃尔沃的时候，他们想到过有一天会卖吗？万一经营不好，福特必须授权允许我们把这部分知识产权打包卖给下家，否则沃尔沃就不值钱了。"

李书福董事长想了想，倒吸了一口气说："对啊，这件事你要与他们谈好。"

第二天，我在谈判会议上向福特团队提出了这个问题，那些人马上就跳起来拍桌子，并爆粗口喊道："你们中国人，还没买就想到卖！"

直觉告诉我，他们心里早就有了这种担忧，他们认为李书福没有钱养得起一个花100多亿买来的沃尔沃，买来的目的就是想把它拆分并卖掉一部分。

我的问题恰好让他们误以为证实了自己的猜想，因此他们的反应十分强烈。

"你能不能有点绅士风度，我们这是在谈判，如果你们觉得不合适，可以不卖！当初你们买沃尔沃的时候，想到过今天要卖吗？你懂不懂什么叫前车之鉴？"太小瞧人了，我也生气地提高了嗓门。

"老美"气得双目圆睁，脸色发青，却又无言以对。

僵持不是我的目的，我开始结合自己在美国的感悟，给对方讲道理："我在美国这么多年，了解到一件事，那就是对爱情的理解，美国人与中国人是完全不同的，美国人都到结婚的地步了，还想着离婚时该怎么办，所以才会去做婚前财产公证。这和我们现在讨论的问题，不是一回事吗？"

"老美"不得不承认，我说的有道理。

之后我们反复讨价还价，最终由"十年以内不可以卖"的条件谈成了"四年以内不可以卖，四年以后可以打包卖"的结果。

2010年3月28日，在瑞典哥德堡，吉利集团董事长李书福与福特汽车首席财务官 Lewis Booth 签署了最终股权收购协议。吉利汽车以18亿美元成功收购瑞典沃尔沃汽车公司100%股权，其中包括9个系列产品、3个最新平台、2400多个全球网络以及人才、品牌和重要的供应商体系。

至此，吉利并购沃尔沃这段"跨国婚姻"，终于尘埃落定。

2010年，吉利签署收购沃尔沃协议后，赵福全与李书福在知识产权谈判文件前合影

哥哥，你还好吗？

陈　芳

　　我的哥哥，若用生不逢时来形容他的一生，可以说是很恰当的。他一岁多，赶上了饥荒年，在小小年纪，就尝到了饥饿的滋味，每次吃饭，他的眼睛都会盯着饭锅，当别人添饭时，他就会说："我还饿！"

　　哥哥比我大四岁，他是一个聪明漂亮的小男孩，母亲为此总是很骄傲。据说有一次，他穿了一件很大的衣服出门，风把衣服吹得鼓鼓的，有人就对他说："小朋友，风会把你吹跑哟。"他却回答道："我还有骨头呢。"意思是，我还有分量，不会这么轻易地被风吹走。多么富有哲理，那时他才三岁。

　　在哥哥小时候，父亲带他到杭州五爷爷家。爷爷共有六个兄弟，五爷爷自然排行老五，他是著名医科大学的特级教授，很有一些声望，20世纪50年代末他还上过天安门的观礼台，参加过国庆大检阅呢。五爷爷非常喜欢哥哥，他曾告诉父亲："这孩子的智商很高，要精心培养他，将来前途不可估量。"

童年时的哥哥

青年时的哥哥

饥荒年过去了，母亲还没来得及好好地爱哥哥，就怀上了我。我出生后，母亲的心完全被我这个身患重病的婴儿占据了，她不知道这个孩子的命是否能保得住，不知道明天这个孩子是否还能活在她的怀里。因此，她没有时间去看一眼她那四岁的儿子。父亲又长期在外地工作，除了奶奶，没有人还会关注到哥哥。

从全家人爱护的中心，到被人彻底遗忘，哥哥那份失落和悲伤，只怕没有人知道，更没有人给他安慰。奶奶对哥哥的照顾，也仅仅停留在给他三顿饭吃上，不会再有耐心去呵护他，给他讲故事，哄他睡觉了。

没过多久，"文化大革命"爆发了。父亲在海南被当成反动分子隔离起来，母亲在长沙独自应对各种变化。长沙各派的斗争很激烈，最后发展成武装斗争。母亲让奶奶把我带回了乡下老家，却把哥哥送到了附近农村一个朋友的亲戚家里。

哥哥对这样的安排一直很有怨言，我也不明白为何没有让奶奶把我们两个都带走。其实母亲当时也不清楚老家会是什么样子，再说，奶奶照顾我一个患病的孩子，已经忙不过来，把两个都托付给老人也实在于心不忍。

一个七岁的孩子，就这样突然间失去了保护，哥哥后来告诉我，那家人骗了母亲。母亲应该是给够了生活费的，可是他们并没有好好地照顾哥哥，却叫他干很多农活，还不给他吃饱饭。同时，"武斗"也波及乡下，那里并不安全。他还记得一听到枪响，就赶紧从床上滚下来，趴在地上的情景，没人知道那份恐惧在他小小的心灵里存留了多久，也没有人在意过他的感受。

我们在跟随父母举家南下"五七干校"的路上，哥哥给我讲过他在"武斗"期间的经历。

不满十岁的哥哥，向我描述当年武斗的情景，虽然当时并不十分明白，但他的话，留在了我的记忆里。

哥哥是大家公认智商比我高的人，他既聪明，又敏感，还很脆弱，三岁时就不让别人看他洗脚，洗澡更不可以窥视。哥哥也是一个爱哭的孩子，不仅爱哭，而且很能哭，有时一哭就是一个小时。父亲说他有资格去参加马拉松"哭"比赛。童年的这段经历对于哥哥的心智和性格的影响，不是一般人可以想象的，也为他后来的悲剧埋下了伏笔。

有时我想，我的出生，是对哥哥犯下的一份罪过。我把长辈对他的爱全部剥夺了。如果没有我，他的一生恐怕完全是另外的样子，很有可能像五爷爷讲的那样，前途不可限量。对他的歉疚，尤其是在自己有了孩子之后，常令我泪湿枕边。

到了"五七干校",哥哥和那帮大孩子也没用心好好学习,整天想方设法地调皮捣蛋。记得有一次,不知道是谁的提议,哥哥用硬壳纸做了一个大喇叭灯罩,罩住电灯,然后在灯的下面放了一盆水。真的是飞蛾扑火,灯一开,许多昆虫都飞了过来,由于速度过快过猛,一下子撞到灯罩上,然后全都掉到水盆里。没过多久,水盆里就积满了各种昆虫。他们把大的肥的留下来,把有怪味道的和小的扔掉,然后就放在锅里,下面生起火,开始炒昆虫吃。

炒好了,在小伙伴还没有下定决心吃下这锅美味的时候,父亲突然出现了,只见他怒火中烧,一巴掌把锅打翻在地,随手又给了哥哥一巴掌:"什么时候变成了如此野蛮的人?"父亲的愤怒,多少是为我们感到悲哀吧。

记得还有一次,母亲用一根很粗的甘蔗打哥哥,直到甘蔗断成两节,他在母亲打累的空隙逃了出去。母亲为什么打他,我不得而知。那一次,哥哥到很晚了都没有回来,母亲找不到他,只好自己在房间里抹眼泪。直到半夜,母亲听到外屋父亲的木工房内传来拍打声,出去看,才发现哥哥睡在父亲的一个木箱子里,蚊虫在不停地叮咬他……

从那以后,哥哥和他的朋友们开始了比较频繁的"离家出走",只要有父母打他们,他们就离家出走,半天一天不回家是常有的事。

哥哥应该不是这群孩子中领头的那个,他敏感脆弱且沉默寡言,也不是一个喜欢出风头的人。在我的记忆里,他一直都是一个好学生,几乎每个学期都能把学校里的所有奖状捧回家,学习成绩也总是全班第一名,老师和同学都很喜欢他。

我和哥哥的性别一定是被上帝弄错了,他长得五官清秀,性格文静内向,感性多虑,理应是个女孩;而我不仅长得五大三粗,而且还是男孩性格,下河摸鱼,上房揭瓦,无所不能,爬树、翻墙是每天的功课,是非之地也常常少不了我的影子。

很可惜,哥哥的这种性格父母并没有及早发现,或者说,他们根本就没有意识到这是一个问题。

父亲的性格坚强而刚毅,认为男人理当如此,他对哥哥寄托了全部的希望,也给予了最严厉的管教。像千百年来中国的家长一样,他一直信奉着这样的古训:打是疼,骂是爱,棍棒底下出孝子。父母没有给哥哥需要的温柔与呵护,却常常要他承担非他的过错带来的责罚。哥哥变得更加敏感和沉默,并且频繁地离家出走。

当然，这里面也少不了我的推波助澜。记得有一次，我和哥哥拌嘴。在这种时候，哥哥常常是说不过我的，恼怒之下，他踢了我一脚，其实踢得并不重。哥哥从来没有真正打过我，他踢我，只是虚晃一下威胁而已。那天正好父亲在家，我便趁机号啕大哭，父亲以为他真的踢到我了，而且还是肝的部位。

父亲一气之下，也不听他申辩，狠狠地打了他两个耳光，边打还边说："你这样踢她，会把她踢死的。"哥哥气急了，夺门而出，直到半夜，父亲才把他找回来……我不记得，这样的事做过几回。

哥哥每次出走，都没有走远，不知是害怕外面的世界，还是对这个家还留有一些眷念。哥哥用出走来抗争父母的严厉，但是，这并没有让父母改变对他的态度。

哥哥 13 岁的时候，在一个台风袭击风雨交加的夜晚彻底崩溃，他得了妄想型精神分裂症。

哥哥的崩溃，让父亲幡然醒悟："为什么从古流传下来的教子经验，在我的孩子身上却不能起到作用？"父亲责问自己，他开始关注哥哥的心理变化，开始慢慢为他化解心结，开始对他循循善诱。

可惜，这一切都太晚了……

父亲病重期间，知道自己来日无多，他想把这个处于风雨飘摇的家交给我，希望我能关照脆弱的妈妈、有病的哥哥还有年幼的妹妹。他并没有直接把话讲明白，也许他怕死亡的现实，惊吓到这个只有 15 岁的女儿。

可是，我并没有按照父亲的期望去做，我离家去了几千公里外的地方上大学，直到有一天，接到母亲的信，告知哥哥再次离家出走，再无音讯。我歇斯底里地哭喊，却已无法消除对哥哥、对父亲的歉疚……

哥哥就这样从我们的生活中彻底消失了，没有留下半点痕迹。

在他离开后的这些年里，无论我走在北京的大街上，还是巴黎的小巷里，都会不期然地想到，是不是刚刚与哥哥擦肩而过？即使面对面，我们还会认识吗？有一回，小儿子看着我小时候的照片说："妈妈，你的样子一点也没有变。"听了他的话，我心里一动，哥哥若是见到我，应该还会叫我一声"小芳"吧！

后来，每当我经过教堂或寺庙，都会进去为他点一盏灯或燃一炷香，祈祷他平安，不管他是生活在今生，还是已经去了来世……

吉米与我们

辛　军

吉米（Jimmy）是我们家养的一只柴犬，它来到我们家，纯属偶然。我从小就怕狗，从未想过养狗，更未想到人到中年，还会与一条狗产生如此深厚的情缘。

吉米是美男子，它肌肉壮硕发达，毛质浓密亮丽，性格顺从沉稳，奔跑迅捷灵动，肉墩墩的大圆脸俊美可爱，但凡见过它的人，都忍不住想上前去抱一抱、摸一摸，它呢，也常常展露出一副来者都是朋友的笑脸，摇着尾巴与人玩耍。

吉米靓照

两个儿子与吉米合影

事情还得从几年前说起。有一天，一对美国朋友来家里做客，他们聊起自己的女儿时，有一件事让我很受启发，他们说："每次女儿情绪低落或者遇到不开心的事情，都会抱着家里的小狗，过不了多久，她的心情就会变得好起来。"小狗给朋友的女儿带来了很多安慰和快乐。

以前在书刊、影视作品中经常能看到孩子与狗相处融洽，交上朋友的故事，现在又听到朋友的讲述，我不禁有一些心动起来。

时间如白驹过隙，大儿子已本科毕业进入医学院读医学博士了，小儿子也即将上中学，不久也会离开我们去读大学。没有养宠物的经历是否会给孩子留下一丝遗憾呢？尽管孩子们从来没有提出过养狗的想法。

当我提出想养一条小狗时，小儿子第一个站出来支持，太太则投了弃权票。

接下来我的任务就是选择狗的品种，既要满足孩子的喜好，又不能长相"凶悍"让人不敢接近。经过对狗品种的研究，全家一致通过养一只柴犬，因为它体型中等，很爱干净，性格温顺，长相呆萌，尾巴像镰刀一样卷曲在背后，甚是可爱。

紧接着，调动朋友圈资源，找到一家专业繁殖柴犬的犬舍。当我在犬舍第一次看到吉米的时候，它出生才两周，是五个兄弟姐妹中长得最漂亮、最强壮的一个。第二天，我带着小儿子去看它，孩子也对它一见钟情，还抱着它拍了"定亲照"。两个月后，断了奶的吉米正式来到我们家，成为家庭中的一员。

从此以后，遛狗成为我的又一项工作。每天下班回家，吃完晚饭，我都会带着吉米出去遛弯、跑步。常常我的车还没到家，它就已经趴在门口了，一看到我进门，马上一跃而起，摇着尾巴扑上来，眼中流露出的那种愉悦就好像在说："爸爸，你终于回来了，我好高兴哟！"

它还会趴在门口等家里的每一个人，等大家都到齐了，才会转身趴到桌子下面去，等着晚餐开始。如果桌子上有肉，吉米会把两个前爪子搭在桌子边上，两眼紧紧盯着肉，给它吃了也不会离开，直到肉碗空空如也，才会恋恋不舍地离去。如果桌子上没有肉，它就会趴在我的身旁，目光中不会有任何期待。

有时我与孩子讨论学习上的事情，每当声音有点大的时候，吉米就会躲在远远的角落里，耷拉着眼睛瞅着我们，就好像是自己做错了什么事挨训一样，直到我们讨论结束，它才会又回到儿子的椅子边趴下。

有时候我出差了，它会一直趴在门口等着，直到太太告诉它："爸爸出差了，今天不回来，不要再等了。"它才会慢腾腾地起身，眼中总是带着一点点失落。

小儿子每天放学回家，会与吉米玩一会儿才去做作业，他负责给吉米的碗里加水，小男孩从来没有忘记过给吉米的碗里加水这件小事情。偶尔遛狗的任务会落在他身上，小男孩在遛狗、梳毛、洗爪、擦身体等步骤上也做得一丝不苟。培养孩子的责任心，也算是领养吉米的又一"惊喜"。

大儿子每周与我们视频的时候，也会要求把吉米抱过来给他看一看。青春期的孩子，每当与父母的观点发生分歧、沟通不畅时，只要把话题转到吉米身上，气氛马上就会变得轻松而活跃。

每次回宁波老家看望父母，吉米也会跟我们一起去。晚饭后，我总会带着吉米陪父母散散步，母亲除了给孙子准备喜欢的食物，还会想到给吉米准备好吃的东西，它已经成为我们大家庭中的一员。

平时外出吃饭，有吃剩的肉食，我们会打包带回家给吉米吃。它对牛排特别钟爱，也许因为牛排是半熟的，它能嗅到血腥味。只要有牛排带回家，它就会显得尤其高兴，围着桌子转圈，两爪扒在桌台边沿，双眼直勾勾地盯着美味。

吉米三岁以后，无论是早上还是晚上遛它回家，都不会像以前那样直接扑向它的食碗，而是先淡定地趴下休息，只有当你给它吃些磨牙糖、鸡蛋、肉之类的"前餐"以后，才会去吃食碗里的狗粮。

自古以来，中国民间有"犬有'八德'"的说法，认为狗有忠、义、勇、猛、善、美、劳、勤的美德。吉米在外面碰到人和狗，从来都不吠，遇到逗它玩的路人，也都会很亲热地贴上去。它会善待其他动物，有时见到草地上跳跃的青蛙，它就好奇地跑过去，围着青蛙转，用爪子兴奋地拨弄青蛙周围的小草，但不会去碰青蛙。或许在吉米身上，勇、猛、劳、勤已经退化了，但是忠、义、善却一直都有。

也许是受电影《忠犬八公的故事》影响（其实八公犬是秋田犬，比柴犬大），喜欢柴犬的人特别多。遛狗时经常会有人过来逗吉米玩，而它又特别热情，会突然直立起来，用前爪去与人拥抱。有时地上湿漉漉的，就会在人家衣服上留下印记，让我觉得很不好意思。发生过几次后，遇到行人与吉米玩，我都会收紧缰绳，但偶尔还是会出现"失误"。

每年总会有一两次全家外出旅游的情况，这时我们会将吉米寄养到40多公里外的郊区犬舍，那儿是它出生的地方，犬舍经理认识它，服务专业、贴心，每天会发一段吉米在草坪上撒欢的录像给我们，让我们在万里之外也能了解到吉米每天的生活情况。吉米也特别喜欢这个营地，每次将它送到那儿，都会像回老家一样，摇着尾巴高兴地跟着犬舍工作人员去临时住所。

2019年春节期间，丈母娘不幸过世，全家人陷入了极度的伤痛之中，吉米很有灵性，它能感受到我们的悲伤，平时它都是独自睡觉，但是在那一段时间，它经常会爬到我们的床上，陪着我们一起睡。

吉米知道我是它的大主人，对我特别亲近。每当感到很累、压力很大的时候，总是它陪着我外出散步，它那双单纯的、似乎能读懂我的眼睛，总会让我的心慢慢平静下来，这是不曾期许的回报。吉米就像这个世上的一个亲密而知心的朋友，让我感到特别温暖。

吉米的来到，给我们一家带来了很多欢乐和幸福，也让我们从这份欢乐和幸福中学会了更多，家也更像一个家了。

45 分钟肖像

刘小稚

我对绘画艺术的欣赏和对音乐的喜爱一样，是从童年开始的。我的父亲爱好广泛，喜欢文学和艺术，家里除了历史类的藏书，还有许多文学、艺术类的书籍。那时候父母有一些知识分子朋友，因被打成右派或支援边疆来到青藏高原工作，他们中有优秀的画家和音乐家，这些叔叔阿姨才华横溢，又很善良，一有空就会给我们这些小朋友传授他们的专长，因此，我从小就有机会接触绘画和音乐。

邻居好朋友的爸爸是歌舞团的作曲和指挥，我们常常有机会去听各种音乐会，也会请歌舞团的小提琴首席来教我们拉琴。自从开始学琴，我便迷上了古典音乐。

画家朱乃正老师，也是父母的挚交，他用笔对大自然、人物、颜色、事物的重新表达比真实本身更为高级，无论是油画、国画还是书法，都达到了登峰造极的艺术水准，他被誉为"中国的伦勃朗"。

朱老师除了有艺术天赋，还非常勤奋，每天都在绘画，看书，写字。他是一个纯粹的艺术家，有很多朋友，重情义，讲义气，不太看重金钱、权利和地位这些身外之物。他喜欢旅游，擅长烹饪，综合素养很高，知识面很广。记得有一次我带着素描去请教他，他除了教我一些关键的起笔，还送了我几本书。

我十分尊敬和崇拜朱老师，他对我的人生影响非常大。

1983 年，我出国前专程到朱老师北京的画室与他告别。1992 年从德国回来，又跑去学校看他，他很高兴，即兴给我写了一个册页——《小稚涵大慧》。在他笔下，那个曾经调皮捣蛋的小女孩已经成长为一个日理万机的女博士了。

喜爱、欣赏一个画家，总是希望能拥有他的画，尤其是能反映其艺术功底的那些画作，但是名家的画是稀有品，要有缘分才能够得到。

1997 年，朱老师由于劳累过度中风了，病得不轻，手不能动，说话也很困难。妻子陪着他在山东威海治病疗养了一段时间。

在疗养期间，朱老师慢慢开始恢复绘画，完成了两幅威海海景油画，能用如此逼真的艺术来表达实景，这是功底相当深厚的艺术家才能达到的境界。朱老师的妻子告诉我，他通过画这两幅画，恢复了绘画的能力。可是，这两幅画是在什么情况下才完成的呢？因中风手指僵硬握不住笔，他每画一笔，都要使出全身力气，出满身大汗。只有那种不甘心低头向命运认输、有顽强意志力的人才能够创造出这种奇迹啊！

我听后十分感动，很想收这两幅具有特殊含义的画作，为此，我做了很多努力，常抽空去画室看他绘画。朱老师康复以后，又怀着无法抑制的工作热情和创作欲望，重新投入到创作之中，画出了好多杰作。

比起收藏，我更享受每一次花时间去看画家作画，绘画本身就是画家对生活意义的描述、提炼、回顾和思考，仔细了解一些画了一半和刚画好的作品，看了整体看局部，走近细看再退到远处看，寻问画家自己对画作的看法，得到的解释和答案，更能直接领悟到他们内心的体验、不能言传的感触，甚至不为人知的状态，那是一种完全不一样的感觉。有些作品表层下隐藏的信息，不去聊可能永远也不会知道。

我多次观赏朱老师在威海疗养时画的那两幅画，分析画中所表述的情感和寓意，正好是画家内心想要表达的东西，越看越喜欢，慢慢感觉到那两幅画已经活在了我的心灵深处。最终如愿以偿，我收藏了这两幅作品。

2001 年，公司派我去美国工作，正在准备搬家打包，朱老师打电话来说，要在我离开前，为我画一幅肖像。没过多久，他就提着画箱和准备好的画布画框来我家了。

朱老师在绘画过程中，只短暂休息了一会儿，抽了一根烟，45 分钟后，一幅神形俱佳的人物肖像画就完成了。

如果没有深厚的功底，没有高超的技能，没有对彼此的了解、认可和默契，是绝不可能在如此短的时间内完成这幅肖像作品的。

刘小稚肖像　　　　　　　　　刘小稚和画家朱乃正教授

　　我没能成为职业画家和音乐家，但是艺术和音乐成了一辈子的爱好。俗话说："人生多苦难，癖好是安慰。"看画、听音乐早已成了一种习惯，高兴时、孤单时、痛苦时都会坐在画前或者放一首音乐，让自己平静下来。

　　朱乃正老师已经离开我们好多年了，每到他的忌日，我都会去看他的画作，体会画中所表达的那些思想、情感和寓意，在那一刻，内心会感到十分祥和、舒适和富足。

　　怀念这位杰出的艺术家！

母亲大人

赵　会

从我有记忆开始，母亲总是在哀愁和哭泣。那时候，经常离父亲领工资还有半个月，家里就没钱了，东借西凑，养点鸡，割点草，砍点柴，方能勉强混到月底，母亲常常愁眉苦脸地喃喃自语："如果有一天，我们不欠别人的钱，日子就好过了。"

我的母亲，也是在娇生惯养中长大的。她出生在黑龙江一个农村的大家族里，姥爷排行第五，家里几兄弟生的都是儿子，母亲是家族里唯一的女孩，也是姥爷家的幺女，全家人都很宠她。母亲两三岁就开始抽烟袋，今年86岁了，还在抽，让她戒烟，她说绝对不可能。

父亲和母亲的婚姻属于媒妁之言，那时父亲在县城的电厂当工人，母亲经人介绍认识了父亲，他们结婚后把家安在了县城。

母亲没有工作，靠父亲一个人的收入养活全家，日子过得很拮据。母亲用她那瘦弱的身体，承担起了全部的家务活，孩子们困了、饿了、衣服脏了破了，都去找母亲，她成了五个孩子生活上的唯一依靠。

为了让一家人吃饱饭，母亲养了两头猪、几十只鸡。没有饲料，就到野外去割野草，煮熟后喂养这些家禽。尽管这样，还是不够维持一家人的生活，母亲只好去做砖瓦工，帮别人砌墙盖房。她个子很小，身体又纤瘦，一块砖有5斤重，每天干完活，全身像要散架了一样，回到家里，一家大小的吃喝拉撒还在等着她来应付。

然而生活上的困难，并没有打垮瘦小的母亲。

赵会与父母

"文革"时期，父亲被打成了走资派；哥哥又不争气，惹是生非，被抓进了监狱，三进三出。

父亲被打倒，哥哥又坐牢，要强的母亲在外人面前彻底抬不起头来，她常常泪流满面，总是唉声叹气地说："这日子怎么过啊！"

渐渐地，母亲的心态变得扭曲了，至今仍然没有改变。如果一百件事里面，有一件事不好，她一定会去想那一件不好的事，甚至是无中生有的事。比如，她认为房门不结实，半夜小偷会跑进来偷东西，其实家里并没有什么值钱的东西可偷；去商店买东西，她只问价格，如果感觉贵了，马上就会生气地质问售货人："这个东西为什么要卖这么贵？"而不是转身离开；每次送她礼物，她都会问多少钱，实话实说200元，她立刻会跳起来说："你被人骗了"，如果说只有20元，她才会面露喜色："哟，这东西还不错"。

世间一切，皆为因果。

哥哥从监狱出来后，我在经济上帮助他，让他从东北老家来到三亚的父母身边生活，希望他能够照顾父母，同时也圆了他一直想为父母尽孝的梦想。哥哥在监狱里度过了大半生，监狱对他人生的改造和思过产生了积极的影响，但与此同时，他也在无意中把监狱管教人员对待犯人的态度带进了家庭，他很无奈，父母也很痛苦，母亲经常为此生气，后来只得让哥哥搬出去住，给父母另外请了保姆，家里有需要时，再让哥哥回来帮忙。

每次母亲做了好吃的东西，还是会让我打电话叫哥哥回来吃，心里时常挂念着他。哥哥让母亲操碎了心，丢尽了脸，可是母亲并没有嫌弃他，而是接纳、包容这个犯过错、坐过牢的孩子。母亲常说："你们五个孩子，就像我的五个指头，虽有长短，但哪一根都连着娘的心！"

母亲的善良和慈悲对我的影响很大。哥哥是我的亲人，他是教育缺陷的牺牲品，他的人生有缺憾，鲜有快乐和幸福，我能做到的就是尽量去尊重他、感化他、包容他，他的内心想要做好，就会有希望。慢慢地，哥哥有了一些变化，他感受到了我的尊重和理解，开始认真打工送外卖，现在已经可以自食其力了。对此，母亲感到十分欣慰。

我去年休了十天年假，带着母亲、哥哥、弟弟和弟媳一起自驾游，三个儿子陪着母亲一起开车从三亚到深圳、桂林游玩，在与母亲的相处过程中，我又有了很多感悟。"孝顺"二字，"孝"容易做到，多给些钱，送点礼，生病送医院，这些都不难，但要做到"顺"却很不容易。

人都是时代的产物，没有人能穿越而来。母亲生长的环境与我们不一样，她经历过穷，遭受过苦，你认为好的，她不一定会认为好。就拿食物来说，一顿没吃完，她不让倒掉，说不能浪费，下一顿把剩的食物吃完了，新的又剩了下来，结果一路上都在吃剩下的东西。如果你强调这个对身体不好，她就会十分反感，说你太浪费了，有钱就忘本了。如果硬要去改变母亲，她也烦，你也烦，结果总是两败俱伤，不欢而散。

大多数父母，年龄越大，越固执，越不讲道理，喜怒哀乐无常，"我就这样，你能怎么样嘛！"说起来都是一些日常琐事，也没有什么原则性的问题，千万不要去与父母讲道理，在家没有道理可讲，就算赢了争吵，也会输了感情，得不偿失。父母老了，是最无助的，不但不能给你帮助，还可能会成为你的负担，不要去指责父母，尽量做好当下，不留遗憾。让老人心情平和、过得舒服、活得自在，就达到孝顺的目的了。

母亲没有文化，不善言辞，她曾经说我"心比天高，命比纸薄"。这是她能说出来的最富哲理的话了。可是，母亲只说对了一半，我虽然出生于贫穷家庭，但抱负远大，最终依靠自己的奋斗，获得了想要的一切，也让母亲过上了幸福的晚年生活，我的命并不差。

哀哀父母，生我劬劳。爱是一场轮回，我能回馈给母亲的，不及她给我的百分之一。每逢放假，我都会回到三亚，坐在母亲身边，与她一起回忆过去的那些岁月，一起享受现在的生活。我对母亲说："你现在应该很开心吧，我们再也不欠别人的钱了。"母亲点点头，饱经沧桑的脸上浮现出意足的微笑。

成长中的烦恼

杜 敏

我们家有两个孩子，都出生于美国，在他们读小学的时候，我和先生回国工作，他们也跟随回来学习和生活，后来再回美国上了大学，目前儿子和女儿都已在美国工作和定居。

我曾经是一个小镇姑娘，一路打拼，半生奋斗，最终靠读书改变了命运。做母亲的总是希望自己的孩子能青出于蓝而胜于蓝，对他们期望高，要求自然也不会低，从孩子们上学开始，我就规定，他们的功课要拿全 A。

我是孩子们眼中从来都不会知足的妈妈。

除此之外，艰苦朴素也是我给孩子们灌输的最多的生活理念，俗话说"挣钱犹如针挑土，花钱犹如浪淘沙"。我是一路穷过来的，知道挣钱的艰难，当经济条件好转以后，仍然不会铺张浪费，买衣服要比较性价比，最好买打折的；吃的东西要尽量在家做，又卫生又便宜。

我成了孩子们眼中小气抠门的妈妈。

现在，儿子和女儿都已长大成人，有了自己的事业和生活，发展得都不错，为人处事也有分寸，对父母还特别孝敬，所以一直以来，我都以为自己是个不错的母亲，培养了两个出色的孩子。

当听过他们与朋友聊起成长中的幸福和烦恼时，我才深刻地认识到，在对子女的教育过程中，自己也曾留下过许多无法弥补的遗憾，离一个优秀母亲其实差得很远。

我们一起听听孩子们是怎么说的吧！

女儿张嘉雪

我在美国密歇根郊区长大，从小到大，我从来没有怀疑过妈妈对我的爱。记得在我五岁的时候，有一次妈妈带我和哥哥去超市买东西，在回家的路上，车子左右晃了一下，我和哥哥觉得好玩，就说："妈妈，要不要再晃一下？"妈妈说："不要吧，警察看到了要把我抓进去的。"当车开到空旷无车的地方时，妈妈又让车子晃了一下。后来，每次开车出去，我们都会说："妈妈，让车晃一下。"这成了我们童年一个很愉快的回忆。

前几年，偶然跟妈妈提起在收集星巴克的杯子，那时她经常出差，每到一个国家都会去星巴克看看有没有纪念杯，如果有就买下来。有一次她来美国看我，一下子带来了六七个杯子，让我觉得好暖，没想到只是随便提了一下，妈妈就记住了。

我与哥哥比同龄人成熟，是因为我们在成长过程中都很孤独。爸妈很忙，为了自己的事业，也为了我们，我们很少和爸爸妈妈在一起，更多的是外公外婆与我们生活在一个屋檐下。

小时候总是有一种担心和害怕，爸爸会不会在外面出车祸回不来了，于是就会经常等着爸爸回家。

有半年，我与爸爸先回国，妈妈与哥哥在美国。我生活在爷爷奶奶家里，半年时间只见过爸爸几次，当时他不在上海工作。

我们从国外回上海读书，换过很多次房子，有一段时间，我与哥哥不在一起上学，我转过五次学，上过六所学校，每两年都要转一次学，从美国到中国再到美国，环境一直在变，在这种情况下，我很早就学会了自立。

我读高中的时候，妈妈一个月在美国，一个月在中国，主要由外公外婆来照顾我，外公外婆不会英文，又不会开车，有一个朋友每个周末来接我们去超市买菜，直到我满16岁，学会了开车，才带着外公外婆外出购物。外公外婆让我有一种踏实感，他们弥补了爸爸妈妈不在身边的遗憾。

幸运的是在学校遇到了很多好朋友，与她们一起成长，一起玩耍，有些事可以跟朋友讲，让她们帮助我、关心我。因为太孤独，我也早恋，有了男朋友就像有了一块可以依靠的大石头。

妈妈的控制欲很强，我与她的互动比较少，她只关心与我交往孩子的成绩如何，她的关心都与成绩有关。成绩是可以用数字来表达的，是看得见、摸得着的东西，可是情感没办法用数字来表达。

我转学回美国读高中，要去参加科学奥林匹克竞赛，还当上了那个队的队长，比赛的时候拿了两个冠军，只是开心了一下，就觉得这有什么，还可以做得更好。

考上了密歇根大学，爸爸妈妈并没有什么反应，觉得是应该的，身边的朋友都在庆贺，我也觉得这有什么好庆贺的，很难让自己感到满足和开心，这种观念已深深地印在了头脑里，嵌入了我的思维方式。

在大的节日、生日，在成绩好的情况下，我才可以得到自己想要的东西。等我长大一点了，知道爱美的时候，妈妈常带我去那些可以讨价还价的小店，买几十元的衣服。那时候又不知道怎样去跟妈妈沟通，她就说这个很便宜，比商场便宜很多，我就很烦，"为什么要来这种地方买衣服，为什么要买这些便宜、我不喜欢的东西？"为这事与妈妈吵过好多次，妈妈说："我这个性格没办法改，等以后你经济独立了再去买想要的东西吧。"

妈妈每年都在进步，现在已经比以前好多了。读大学后，妈妈会给我很多生活费，不用贷款读书，不用打工，就是生活好像总是缺少了一些"小确幸"。

小时候，妈妈要拿出做母亲的威严，现在我们长大了，妈妈也愿意与我们分享自己的情感，彼此建立起一些信任，与她越来越近，好像也能够理解当初她为什么要这样做了。

妈妈总是在为别人付出，我更愿意看到她为自己做点什么。我与妈妈在不同的国家，隔得很远，时间上的陪伴不是很多，有时候看到好的文章、好的剧目会推荐给她，这样做也只是一点微不足道的关心。

妈妈一直是坚强的人，但是作为人，怎样去满足自己的情感需求，特别是在人生的下半程，怎样才能感到充实和开心，这是很值得思考的，也是中国传统文化上的一个不足吧。妈妈的下半辈子应该去探索，找到属于自己的快乐，而不是在孩子老公身上去寻找幸福。

儿子张嘉俊

我知道妈妈是很爱我们的。在读小学的时候，很多同学都喜欢玩游戏王，我也不例外，七岁那年圣诞节，出了一个游戏王礼盒，这个礼盒卖得特别火，很多商场都卖断货了。我很想要，妈妈去了很多商场、玩具店都没有买到，她对我说："对不起，这次圣诞节没有买到你想要的礼物……"我当时就哭了。到了平安夜，妈妈像变魔法一样，拿出了游戏王礼盒，也不知道她去什么地方买到的。密歇根的冬天非常寒冷，路上都是冰，妈妈为了给孩子买到一个心仪的礼物，不知道开了多长的路，回想起来都会很感动。去年，我给自己又买了一个游戏王礼盒，现在我有两个礼盒，一个放在家里，一个放在办公室。每次看到它们，都会想到妈妈的爱。

我在国内读书的时候，有一次考了90多分，妈妈问我其他同学考了多少，我说有同学考了70多分，也有人考了100分。妈妈说："你要与考100分的人比，不要与考70多分的人比。"在妈妈的眼里，永远只有100分的人。

小时候，我做得再好、考得再好，妈妈都觉得不够，她认为我还可以做得更好。当时非常不理解，为什么要这样要求我。

妈妈和爸爸都是一样的人，决定做一件事，就一定要做到最好，这种做事的态度为我和妹妹树立了很好的榜样，当我们开始工作，有了自己的事业时，也会有很强的上进心，追求更好、更多、更美，似乎永无止境，这些都是从爸爸妈妈身上继承下来的。

自上学以来，大部分时间，爸爸妈妈都不在家，他们给我和妹妹单独布置作业，不是学校的作业，学校的作业在校车上就完成了。有一次，有个同学说，放暑假到他家去玩，我说要做完暑假作业才行，他问："暑假作业是什么东西？"我说是妈妈布置的作业，每天都规定了要完成多少页。

平时放学也不能出去玩，要做她布置的作业和弹钢琴。

小学五年级，我们从美国搬回中国。那一年，我非常孤独，因为没有时间与邻居小朋友玩，离他们越来越远，其实他们也不是在刻意排挤我，但是我就是想不通，为什么他们不喜欢我了，是不是哪里出了问题？妈妈从来没有想过孩子为什么会不快乐，孩子也是需要社交的，可她并不关心这个。

我喜欢玩游戏，因为游戏能带给我小小的快乐，一方面可以与朋友们一起玩游戏；另一方面也是因为没有朋友，所以玩游戏。从小到大没有办法合理安排与朋友玩的时间，就通过玩游戏这种方式取代了。游戏是我社交的媒介，现在很多人玩游戏，其实也是把它当作一种社交的平台。

读书期间，与妈妈之间的最大冲突是学习成绩下降。初中还好，刚上高中那段时间成绩下降得很快，妈妈认为是我玩游戏太多，不够自律，其实这只是一方面的原因，最大的原因是家从上海闵行区搬到了松江区，房子虽然很大，但是上学路程太远，没办法与同学玩了，我很郁闷，不开心。爸爸妈妈都很忙，爸爸大部分时间在出差，妈妈也不会主动来问我的感受，比如今天过得怎样？与谁一起玩了？她从来不会去了解我们生活中除了学习以外的其他事情。当时早恋也是想要一种感情上的回馈，这种感情关照在父母那里没有得到，于是就向外去寻找。

外公外婆最关心我们，会为我们做一些好吃的东西，怎么去关心别人就是从外公外婆身上学到的，我现在喜欢一个人，就会去烧饭给她吃。

爸爸妈妈与我们的互动都是在成绩上的，做得再好，他们也认为是应该的，我不太盼望这种互动。高中的时候，不知道成绩是给谁看的，反正不是给自己看的。直到上了大学，才找到了自己的路，一旦知道这是在为自己，不是为了爸妈，不是为了别人，很快就有了自己的步伐。但是在初中高中，特别不理解这是为什么，不知道什么才是够，胃口很大，总会有一种没有完全满足的空虚感。

有追求是好事，但是经常对自己表示不满，对自己要求越来越严，把一些失误和错误扩大，就会失去生活的意义。意识到这一点，我就去寻找一些方法，在对自己要求高的同时去审视自己的价值，慢慢去学习怎样庆祝自己的成就，对自己才有了一定的满足感。

妈妈的职业病是买什么都要求性价比，因为这个缘故，当我有收入的时候就要大方，就想要做到让身边的人快乐，现在赚的钱都是小钱，没有必要不大方，我最讨厌别人说我抠门了。

工作后买衣服，宁愿买一件非常中意的、价格贵的衣服，也不会买十件不喜欢的廉价衣服。

妈妈还是在很多方面影响了我，上大学时，如果点披萨外卖，哪怕只有3块钱的路费，我也要走半小时的路自己去买，就是在考虑性价比——披萨才8块钱，凭什么要付3块钱的路费呢？

将来如果有了自己的孩子，我会吸取一些经验和教训，要与孩子有更多沟通，了解孩子的内心世界，关心孩子在想些什么。

其实生活中的许多冲突，如果花钱来解决，是很划算的。

妈妈做到了外企高管，带过那么大的团队，可能她从心里觉得还是不够，盼望她能为自己的成就感到骄傲，更多想想自己要什么，关爱自己，找到属于自己的幸福，活得潇洒一些。

当我了解到孩子们的这些真实想法，内心感到非常难过和愧疚，然而逝去的时光一去不复返，过去的永远都过去了，好在他们已经能够理解我的良苦用心。望子成龙、勤俭节约是一个母亲对子女最纯朴的愿望，在教育孩子的时候怎么去把握这个度很有学问，我做得实在不够好。

如果时光可以倒流，我愿意更多去关注孩子们精神上的需求，关心他们的朋友，关注他们的喜好和快乐，而不是只盯着学习成绩；在经济条件允许的情况下，尽量满足他们合理的消费和某些特殊的愿望，而不是一味地节约。

人生总是带着遗憾向前走的，如果后辈们能够避免这样一些遗憾，相信会少很多烦恼，生活也会更加美满。

2018 年，女儿密歇根大学
毕业时的全家照

我的理财经历

董显铨

我在德国宝马工作时，可以自定上下班时间，通常早上八点上班，下午四点半就下班了。下班后，一个人也没什么事做，通常会开车去周边兜风，到了景致怡人的地方，停下来步行、钓鱼或游泳。当然，出去玩开房车最为方便。

每年 11 月以后，德国报纸上有很多二手房车信息，这时我会买一辆较新的，等到第二年开春以后，把它开出来修整一番，再开出去自驾游，等到 10 月或次年 5 月再卖出去，这样先后倒腾过 6 辆房车，最高一辆赚了 1 万马克，最低也有 2000 马克。德国同事说，中国人是天生的生意人。不过是小把戏而已，本来就是稳赚不赔的事。

那时，经常有同胞给我打电话："董博士，我看中了一辆二手车，帮忙看看可以不？"我上门帮人家挑车，往往只花几千马克就能买到一辆性价比不错的二手车，前前后后帮助别人买了 49 辆，没有一人吃过亏。

在宝马工作时，董显铨驾驶
房车周游欧洲来到法国

从古至今，中国人喜欢买房买地，我也不例外，到德国工作后，我花了很多精力去郊区看房子，可是与收入相比，德国的房子实在太贵了，买不起。

德国的经济被定义为世界上最健全的经济之一，其国民享受的社会保障足可傲视全球，但有房的人也只能占到一半，而其中部分人还是靠继承得来的，另一半人一辈子都在租房住。

我曾到过宝马一个部长的家里做客，他家是一套120平方米左右（恰是全德别墅的平均大小）的别墅，别墅进门是客厅和厨房，洗手间与卧室都在楼上，整个房屋结构十分紧凑。这也体现了德国人的实用主义生活哲学。

在德国，本科毕业后工作买房，一般会按揭30年，前5年固定利息，后25年随行就市，到退休时按揭才能交完。德国的退休金并不高，如果没有自己的房子，租金会显得很贵，需要申请政府补贴。如果有房产，养老就会轻松得多。

买房，在全世界都不容易。

有一年假期，我到位于加勒比海的多米尼加旅游，从没见过那么清澈透明的海水，二三十米能一眼看到底，环境美得像风景画。那是在1994年，当地的土地价格很低，1万美元可以买到1000平方米，我掏了1万美元买了一块别墅用地，还请人栽种了观赏椰子树和牛油果树，计划中的西班牙式通透别墅一直停留在图纸上。

岁月不饶人，年龄大了不想再费心，去年，我把土地送给了外孙，就让孙辈去折腾吧！

没想到当初在德国没有实现的买房愿望，在中国实现了。

我被宝马汽车派回国工作时，公司每月花8000美元帮我租了一套三层别墅，别墅外面没有围墙，我一个人住在里面很害怕，每天回家时，一手拿个电棒，一手拿个镐把，楼上楼下巡视一遍，才敢坐下来休息。

一个人住这么大的房子，太浪费资源，我向公司提出申请，将租房改为发放住房补贴，这样自己就可以租房或者买房住。公司能节约开支，何乐而不为呢？

从此，开启了我在中国的买房之路。

那时中国的商品房是白菜价，我先后在北京、重庆、海南、贵阳、青岛买了一串房子，最贵的每平方米6000多元（北京），性价比最高的联排别墅每平方米4000多元（重庆），最便宜的每平方米500元（贵阳）。工资的节余几乎全部用来投资房产了。多年后，房子成了我收入保值的主要手段。

我在重庆4A级风景区四面山，花几万元买了一套住房，有一次整个楼房就我一个人住在里面，晚上山风刮起来如鬼哭狼嚎，吓得一夜未眠，第二天赶紧下了山。

我从贫穷中走来，始终没学会奢侈，吃穿用都比较简单朴实，唯一买过的奢侈品，是一块劳力士手表，当初还是凭宝马的工作证在慕尼黑商业街一家老字号专卖店打七折买的（只优惠宝马职工）。

宝马的员工每半年可享受7.9折购车一辆，但优惠的部分要纳税，对收入高的人而言就不太实惠。我的实际收入只是毛收入的51%左右，其余的一半纳税，一半缴各种社保：医疗、养老、失业、养老院（将来住养老院免费）。而宝马的科、处、部级都可享受免费车（分别为宝马3系、5系、7系），每半年一辆，但行驶里程不许超过6000公里，汽油也有定量。算下来，我也开过十几辆车了。在北京当首席代表时，进口到中国的第一辆宝马X5就归我使用（其实我和宝马X5很有缘分，早在1990年前后，就负责过宝马X5的模态优化。但X5推迟十年才上市，充分说明宝马在产品战略上落下一颗棋子有多么慎重）。

离开宝马公司后，我再没有买过宝马车，主要原因，一是国内限速，找不到"驾驶乐趣"；二是太贵，炫耀不是我的菜。我又不是穷人暴富，犯不上，因此买的都是二三十万以实用为主的代步车，看重省油与可靠。最近一年，先后购置了两辆电动汽车，一辆放在海口，另一辆放在青岛，以备度假之用，都是经济适用型车。

电动汽车给我带来了不曾有过的驾驶乐趣：起步加速快、出乎想象的静音、"怠速"的概念及其引发的一切问题都不复存在……尤其是使用成本，比起燃油车来说是小数，甚至可以忽略不计。我希望大家响应国家新能源政策，购置新能源汽车。

此外，退休后，我在网上做做理财，炒点小额的外汇与黄金，每日关注行情，也会天天看德国股市分析；炒德国基金已有二三十年历史，经验较为丰富，收益也比较可观。

我无力普度众生，但会在力所能及的范围内做点慈善。我在重庆资助过八名孤儿上学，最后一个也研究生毕业了。做慈善时没想过回报，林语堂先生说"施之者比受之者更有福"，感觉不无道理。

我的育儿经

蓬　蕾

我有两个女儿，大女儿周嘉（Rebecca）、小女儿周晓（Patricia），和天下所有母亲一样，我也希望两个女儿能够阳光健康、幸福快乐、有所作为！

两个女儿出生后，她们的爸爸就一直在外出差，每到周末才能回家，孩子们的衣食住行、培养教育全都落在我的肩上，很劳累很辛苦，但从好的方面来看，家里的教育只会有一种声音。

我对两个女儿疼爱但不溺爱，从小就让她们知道，没有什么是应该有的，如果想要什么东西，就要达到一定的要求，做好了才会有奖励，大女儿说过很多次："在我们家，不是想怎么样就能怎么样的！"

我从小教育她们要善良，要分享，要帮助别人，不能吃独食，绝对不允许买来的食物只有孩子吃或者小孩先挑……在一些小事上潜移默化，才会让她们养成好的习惯。

千万不要小看婴儿的智商，孩子想让你抱，她就会哭，如果你抱她了，下次她再想让你抱，就会更加使劲儿地哭。有些家长说，我们家孩子，你不抱他，他就会哭死过去，这都是家长给惯的。孩子很会钻空子，要掌握好一个度，让小孩尊重你，但不能怕你。如果害怕，小孩就会说谎或做假，只有尊重才会产生敬畏之心，教育才会收到好的效果。

父母的言传身教很重要，父母是孩子的镜子，孩子是父母的影子。你的言行举止孩子都看在眼里，一位粗俗的母亲很难培养出高雅的女儿。我是一个积极乐观、自带阳光的人，从一朵小花里都能看到美丽缤纷的世界，很少有负面情绪，且从来不悲观。在孩子的成长过程中，我总是让她们看到美好的一面，让她们感觉到温暖和幸福，尽可能避免一些负面悲观的东西，久而久之，孩子们的品性也会阳光、开朗、正直。

孩子们的爸爸很努力地工作，收入一直还不错，女儿们从小住在拥有自己的卧室、游乐室、音乐室、专用卫生间和洗浴间的大房子里，家里一尘不染，常年恒温，灯火辉煌，她们的衣服、鞋子、帽子都是配套的，只是我从来不给女儿们买名牌，她们过得舒适但不奢侈。

我告诉女儿们："你们之所以能够过上这样的生活，是因为爸爸妈妈付出了比别人多得多的努力，爸爸在家整天都在工作，妈妈每天一起床就忙个不停。只有付出了辛劳，才配拥有这样的生活。"我让她们明白一个道理，幸福是建立在自强不息的基础上的，是靠奋斗得来的，绝不是靠别人的施舍和别人的给予获得的。

所谓近朱者赤，近墨者黑。孩子们的朋友非常重要，周边的小朋友阳光善良，对孩子才会有正面的促进，如果整天与一群争强好胜或者有不良嗜好的同学混在一起，就会影响她们的健康成长，做家长的要时常关注孩子们的朋友圈。每当有小朋友说她们坏话时，我就告诉女儿们，没有必要与她们针尖对麦芒，离远一点就好。

我经常对孩子们说，女孩子长得好看，是先天优势，但外表美是很短暂的，年老了大家都差不多，所以人的知识和智慧最重要，要有本事、有实力才可以过好这一生。两个女儿都没有把自己的长相当作资本，她们在崇尚个性自由、鼓励发挥创造力并充分展示自我的环境里长大，做事从来不畏首畏尾、瞻前顾后，很有想法，朋友也比较多元化。

两个女儿小时候

　　我身边有些朋友，为了让孩子多睡一会儿觉，就不让他们坐校车，而是自己每天开车送。我可不这么做，孩子们再冷再热都必须自己坐校车上学，有一天开车送她们，那就是天大的福利。

　　父母要让孩子从小就有独立意识，无论做什么，都尽可能依靠自己。两个女儿，从小就让她们自己搭配衣服，我母亲对此有不同看法，认为学生就应该好好学习，衣服弄乱了没有关系，花这么多时间在穿衣上不值得。但是我认为，女孩子学会穿着搭配是最基本的素养，无论何时，女孩都要有自己的穿衣风格。后来，大女儿从事高科技和时尚结合的产业，小女儿也有自己的舞蹈服装品牌，这都与从小对她们的培养有关。

　　在两个女儿小的时候，我经常把她们的头发或梳成小辫或盘在头顶扎得紧紧的，再配上头饰就很好看。我大姐看到后说："孩子的头皮能不能放松一点啊！"我说："要想好看，就得忍着，不可能又要想好看，又不想受一点约束。"

　　我看到有朋友教育小孩，声嘶力竭地又喊又骂，一会儿又像没事一样，又是道歉又是"我爱你"，结果一点效果都没有，反而让小孩觉得父母是在无理取闹。我不会轻易跟孩子们发火，但是如果真的生气了，一定会晾她一天，等她再来找我时，就会让她记住，这种错误绝不能再犯。

　　父母要立好规矩，说出来的话必须做到。有些家长天天说，我给你最后一次机会，如果再这样，就没有下次了。结果孩子还是每天犯同样的错误，家长的话等于白说，因为孩子知道，这些话根本没用。如果我对孩子说，这是我给你的最后一次机会，那就一定是最后一次。

　　小女儿 Patricia 开始学钢琴时，老师测试她对音高的识别能力，老师弹的每一个音，她都能迅速说出位置，而且个个准确无误，老师说："她的耳朵太好了，像她这样没经过专业训练就能听出绝对音高的，大约几十万人中能有一个。"有这样的天赋很不容易，我决定好好培养她。

　　可是，她对练琴很抗拒，大女儿也一样，她们不喜欢，所以不会用心。几年下来，在练琴上没少花时间，但仍做不到自觉自律。我当时特别生气，对女儿们说："不想练就别学了。"可是每次她们都说要学。"好，我给你们机会，再给一个月时间，认真练！"结果她们依然如故，于是我下了最后通牒："不用再学了！"两个孩子抱着我哭，说一定要学。"我给了你们时间和机会，自己不珍惜，现在已经没有可能了！"练了那么多年钢琴，说停就停，老师来说情也没有用。

现在她们俩还说，我真不应该让她们停止练琴。我说："不，当时你们对练琴抵触，学没有意义，而且继续学下去，一定会发生很多不愉快，我们母女之间的感情也肯定没有现在这么好。"

小孩子不可以想学什么就学什么，今天小提琴，明天大提琴，后天钢琴，结果什么都没有学成，这样绝对不行，要学就好好学，否则，就失去机会了。

女儿们说："以后我自己买钢琴，再重新捡起来。""可以啊，这说明是你们自己真心想弹了。"

新冠肺炎疫情期间，小女儿约好与男友见面，我也同意。但后来疫情严重了，她问我是不是不能见面了？我说："没有啊，说好见面就见呗，只要认真做好防护就行，多待两周也没事。"语言和行为、说的和做的一定要一致。

在伴侣的选择上，我对女儿们说，只要这个男孩真心爱你，在乎你，他知道自己去努力，不用有车有房。自己能力没有问题，为什么要依靠对方支持？母亲和我都是职业女性，两代人给孩子们做出了很好的榜样。女性的自立自强非常重要，千万不能让她们觉得女孩就不需要工作，女孩就可以不求上进，以后嫁个老公，在家里待着就行。

2016年，我和先生去大女儿在纽约的公寓吃饭，她一大早就起床，确认家里的所有地方都整洁干净、所有的东西都摆放得恰到好处后，才接我们过去。她的家比妈妈的家还要整齐，书都码得整整齐齐，狗也是规规矩矩，绝不乱来，不该碰的东西一定不会碰。儿时教育的、要求的，会让孩子终生受益。

2018年大女儿结婚时，我们安排得很隆重，她和她先生一而再再而三地感谢，并没有理所当然地接受。

美让人赏心悦目，重视形象不分男女，我从来不会让自己穿得邋邋遢遢，在家也不会穿得随随便便，那样会觉得不在状态。有一天我给大女儿打电话，看她在家还化着精致的妆，穿着很正式的衣服，问她为何如此，她说要开一天的线上会。这就是潜移默化的结果。

疫情期间，大女儿的两个公司，业务不但没有受到影响，反而比之前更好，她把那几个月收入的25%捐给了纽约的慈善机构。

小女儿从事的芭蕾舞行业竞争相当残酷，一个团，领衔的就那么几个人，都是宝塔尖儿，许多舞蹈演员出生于芭蕾世家，在圈子里很有人脉，要不就是家里非常有钱。我们家没有这些条件。当然，她任何时候需要，我都会在精神上、财力上给予鼓励、支持和帮助。父母的良苦用心，她都能体会得到。

小女儿常说："我的妈妈是世界上最无私、最伟大、最美丽的妈妈。有妈妈的支持、有妈妈的肯定，我做什么都踏实，其他都不重要。希望我能让妈妈感到骄傲。"

Patricia 在水上拍摄的照片

有不少朋友们说，Patricia 这么优秀，你应该放弃工作去陪她。我觉得如果我放弃了自己喜欢的工作去陪女儿，会给女儿带来多大的压力啊，她做自己热爱的事业，她的成就和成功属于她，而不是为了回报我。

我给女儿们看过家庭信托条款，如果她们有不良行为或触犯法律，就什么也继承不到，钱会进入指定的慈善机构。女儿们说："妈妈，你培养教育出来的孩子，怎么可能干出那些事？"

两个女儿都特别开朗阳光、心地纯真，很多人都说，她俩的笑是有感染力的，只有从内心感到快乐，并且事业、爱情、家庭都很幸福的人，才会拥有那样的笑容。

有时候我也会想，女儿们做人做事周到得体，一定是我在她们小的时候做对了什么，否则她们怎么会有这么好的根基呢？

蓬蕾与大女儿

蓬蕾与小女儿

我想起了父亲常说的一段话："一个家可以没有显赫的家世和丰厚的财富，却唯独不能没有好的家风。良好的家风会在做事、做人，道德底线上以一种润物无声、潜移默化的方式影响孩子们的心灵、品德、气质，让孩子们养成吃苦耐劳、独立坚强、彬彬有礼、正直善良、知恩图报的高尚品性。长此以往，家族就会兴旺，人类才会祥和。"

父亲的这些话，是我育儿的指导思想，我常常用它来规范自己的言行举止，并且言传身教，影响和教导我的女儿们。也希望她们能将良好的家风一代一代地传递下去。

我与汽车海归的

朋友眼中的牛人

我问过赵福全院长一个问题："中国的民营车企，如长城、吉利、比亚迪等，发展得都还不错，为什么国内的零部件企业却做不强呢？"

他想了想，回答说："整车厂直接面对消费者，只要自己做出来的产品性价比高，就一定会有人买单；而零部件企业面对的是整车厂，能否拿得到订单取决于整车厂的信赖关系，无论德系、美系、日系、韩系，各国整车厂都有自己的一套供应商体系，想要打入很难。一句话，这个局面是由2C（面向用户）还是2B（面向企业）造成的。"

他认为这个话题很重要，三言两语不能表达完整，在接下来的凤凰汽车"赵福全研究院"高端对话栏目中，专门安排了针对这一主题，与多位嘉宾对话来进行讨论，最终形成了《供应链与汽车强国》一书。

当问题彻底论证清楚后，他给我发过来一个"赞"。这个"赞"，是在夸奖我的问题提得好。

收获一枚赵福全院长的赞，着实让我开心了好久。

第一次听说赵福全厉害，是在一次朋友聚会上。有一位朋友知道我在写汽车海归专访，就对我说了一段很有意思的话，他说："汽车海归，要说赵福全第二，恐怕没有人敢称第一。在日本留学，他让日本人刮目相看；在美国工作，又获得了美国人的提拔和重用；回国以后，更是如鱼得水，无论是在企业还是在高校，都战绩显著，声名远扬。你写汽车海归专访，如果不写他，就如同豪华宴席上缺了一道主菜，会逊色不少。"

喔，看来这道主菜是非上不可了。

那时候，我还不认识赵福全院长。不过，对于一个高端猎头来说，找机会认识他，留个电话，加个微信，算不上什么事儿。

在某次行业聚会上，觥筹交错中有位朋友把我带到了赵福全院长的面前，简单介绍了一下彼此，交换了名片，加了微信。

当我完成了当期工作，立刻给赵福全院长发过去一条信息，约他做一次专访。没过多久，收到了他的回复，大意是事情太多，难以抽出时间，等等，委婉拒绝了。

做海归专访确实不容易，遇到的困难多了去了，像他这种咖位，首次约不上很正常，约上了，那才有点奇怪呢。

本着不达目的誓不罢休的精神，我又反复约了几次，终于约到了他的时间：周一下午两点，一小时访谈。

但是在那个周日，却出了点意外。我在家里摔了一跤，当忍着痛从地上爬起来时，看见自己的膝盖肿得像个馒头，心想，这下可好，好不容易约定的访谈估计要泡汤了。

万幸没有伤筋动骨，勉强还可以行走。第二天一大早，我乘早班飞机抵达北京。当我一瘸一拐地走向位于清华大学校园内的赵福全院长办公室时，内心的戏码是，这道主菜可以上桌了。

赵院长的办公室布置得十分简洁，小小的房间充满了书卷气。门对面的红褐色书柜里装满了专业书籍，在书柜前面的同色书桌上，仅有一个笔筒、一个本子；靠右侧摆放着一个黑色双人皮沙发，在沙发的上方，挂着一幅陈忠实先生的书法作品，上书郑板桥先生的名句"浑金璞玉无雕琢，智水仁山自古今"。

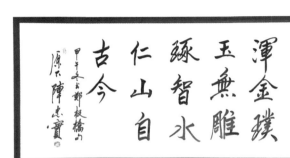

赵福全办公室挂着的
陈忠实先生的作品

我猜想，他到清华大学任教，或许就是为了保持这种原汁原味的初心吧；否则，在这个纷纷扰扰的时代，怎么能静下心来做如此枯燥高深的战略研究呢？

近距离接触赵福全，发现他是一个完美主义者，答应过的事一定会竭尽全力做好。他健谈幽默，才思敏捷，妙语连珠，鲜明的个人特色让人心生敬意，佩服不已。当聊到机会把握的话题时，他举了一个形象的例子："一个老想捡钱的人，地上有5分钱硬币都能发现；一个不想捡钱的人，百元大钞飞过来也不见得抓得住，可能因怀疑是假钞而错失良机。"

在聊到一些管理问题时，赵氏金句脱口而出，比如：

老板的责任是把方向搞清，把钱搞到，把人搞定。

过去只要敢干就成，现在必须会干才行。

工作中要讲理，生活中要讲情，两者混淆会把工作干砸、把日子过差。

……

预定一个小时的访谈足足聊了三个小时，直到秘书催促他再不走就赶不上飞机了，才不得不结束。

这次访谈效果不错，原计划写一篇采访稿，最终在公众号《汽车志汇》上推送了四篇文章，均获得了业内人士的热议和好评。

有一年，赵福全陪同李书福到日本访问。在日汽车工程师协会组织了一场活动，特别邀请赵福全分享回国后的感受，他说："水有点浑，但是不深。"这句话很有内味，与"好脏好乱好快乐"有异曲同工之妙，一下子打消了大家对回国发展的诸多顾虑。

时任在日汽车工程师协会会长的周剑光博士，是赵福全在广岛大学的同门师弟，他对赵师兄极其崇拜，奉为楷模。当初周剑光在广岛大学做博士论文时，赵福全就告诉他，一定要用英文写，要让全世界都能看得懂，但答辩时要用日文，要让教授们都能听得懂。后来，周剑光的博士论文得到了答辩主席的最高评分。

一个内心有力量的人，总会不知不觉地感染到身边的人。2006年到2008年，赵福全都在给海外华人朋友分享回国打拼的理念。有人提出回国工作收入不高，赵福全说："我相信你们回国不仅仅是为了钱，只要把事业做好，期望的钱自然会到手的……"

如果没有遇到赵福全，周剑光不会这么早就回国工作。回国以后，他把赵福全的名言"技术是根，管理是魂"作为座右铭，时刻提醒自己，做技术出身的人，需要不断提高自身的管理能力。

周剑光人生中的几次重大决策，都有赵福全的影子，每次遇到困惑，他都会去找师兄倾诉，以获得一些正面的安慰、建议和引导。在周剑光心里，赵福全不仅是师兄，也是益友，更是良师。

赵福全情商高、会处事、能换位思考的特质，不仅深得朋友们称赞，就连他的部下也极其认可。曾任赵福全秘书的刘宗巍博士，在 2005 年吉林大学汽车学院五十周年庆典上，第一次被其代表校友所做的即兴演讲所震撼，博士毕业时，导师力荐他去追随这位高人。

从此，刘宗巍跟随赵福全从吉利汽车转战清华大学，从秘书到吉利研究院院长助理，再到清华大学副教授，十几年时易世移，他也在与优秀者同行、与智慧者共事、与相知者相处的过程中，顺利实现了自身成长、成熟、成就的人生进阶和职业转型。

刘宗巍感慨地说："赵总对我的指点、培养和提携，无论怎么感谢都不为过。"比如推荐他进入清华大学，让他做源自赵福全本人思想的"赵福全论汽车产业系列丛书"的编者，督促并支持他去麻省理工学院做访问学者……赵福全总能站在他的角度为他谋划，甚至比他自己考虑得更远、更深，"跟着赵总做事，心里特别有底，你只管做好工作，涨薪、升职、发展自然会跟着来。"

赵福全的挚友沈峰博士，回国后的两次职业生涯变动都与他有关。赵福全做吉利副总裁时，推荐沈峰担任沃尔沃中国首席技术官（CTO），沈峰上任后，面临着很大的挑战，一边是国内的 CEO，一边是瑞典人，在做好研发、制造、采购、IT 等工作的同时，还要平衡好中外双方的利益得失。

从国外回来的人才，往往技术能力强过管理经验。对于管理，大家都是边学边干，悟性高、适应能力强才能脱颖而出。沈峰十分佩服赵福全既能抓大事又能抓细节的管理能力，拿他当榜样，在学习领悟中不断提升自身实力，最终获得了中外双方的高度认可。

2017 年，蔚来汽车创始人李斌找赵福全推荐一位既懂管理又懂制造还懂质量的人才，赵福全觉得最合适的人选当然非沈峰莫属。但是造车新势力，有很多不确定因素，赵福全与沈峰一起分析利弊，共同探讨未来的发展。

在赵福全的支持下，沈峰接受了蔚来汽车的橄榄枝，出任执行副总裁。可是不久后，蔚来汽车出现了经营危机，在那个艰难时期，赵福全给过沈峰很多鼓励，患难见真情，走过了这一段，他们之间的交情更进了一步。

在沈峰眼里，赵福全对很多事情的思考，常常能上升到哲学的高度。他能看到行业里一般人看不到的深刻事物，其视野遍及全世界；他在处理棘手问题时，又很有技巧。如此种种让沈峰钦佩不已。两个人彼此投缘，经常一聊就是几个小时，甚至连沈太太都心生"羡慕"。

中国汽车人才研究会朱明荣理事长说，赵福全在中国汽车界是独一无二的存在，他提出的"把上海打造成世界汽车产业中心"的观点，对上海汽车工业的发展产生了非常重要的影响。他在担任世界汽车工程师学会联合会主席期间，帮助中国汽车产业提升了国际地位……无论是对中国汽车产业还是世界汽车产业，他都做出了独特的贡献，在某种程度上，赵福全代表了一个时代，一个汽车海归的时代。

赵福全是一个自带光芒的人，无论身在何处，总能点亮自己、照亮他人。

期待他的更多传奇！

她是一个传奇

陈芳给人的印象，是一位平和谦逊的学者，说起话来慢条斯理，聊到有趣之处，笑得很真实灿烂，难怪有些刚认识她的小年轻会问她："陈老师，您心态这么好，一定过得幸福美满吧！"

与陈芳熟悉以后才知道，她的过往，比别人几辈子都要曲折：一出生就得了先天性巨结肠，能活下来已属侥幸，肠道不适伴随着她的一生；15 岁丧父；16 岁从海南考入北大；哥哥失踪；无法与最爱的人结婚；留学瑞典，获得博士学位；离婚，成为有两个孩子的单身母亲；查尔姆斯理工大学终身教授；把两个儿子培养成材……这其中，有哪一件是平常的？

我因写海归专访与她结缘。第一次见面，与她聊了许多专业和工作上的事，个人成长经历虽略有涉及，但没有深聊，感觉她是一个真诚随和、容易相处的朋友。

写陈芳的故事，更多缘于她的真诚和坦然，如果藏着掖着，就没法写下去，哪知她曾经历过那么多痛楚和厄运，也算是无心插柳，选对了人。

记得有一次陈芳来上海出差，我请她到家里做客，那天她穿着宽松的棉麻衣裙，十分舒服自在，与我近年的穿衣风格非常相似，看来我们都到了不想让身体受到约束的年龄了。我请她吃水煮青菜萝卜，她吃得很开心，还说回去也要照着做来吃。晚上我们坐在地板上聊天，聊了好些往事，那些痛苦的经历一件一件从她的口中说出来，云淡风轻得好似在讲述别人的故事，同为受过生活锤打的女人，自此以后，便有了一些惺惺相惜的感觉。

苦难从来不是财富，在经历苦难以后，还能保持对世间的温柔和善意，而不是对世界的防御和猜疑，才是真正难得的。

因为新冠肺炎疫情不能见面，只能在电话里聊，前后与她电话沟通过十几次，总是在周日上午聊上一两个小时，越是深入地了解她，越会看到她身上的闪光点，感受到她的勇气和无畏，同时也很困惑，都是血肉之躯，为什么她就没有意难平？难道那些过往像大风刮过，无影无踪？可就算麻雀飞过，也会留下影子呀，为什么她能够做到如此波澜不惊？

有一天，听一个导游介绍弘一法师，他说这位多才多艺的高僧，在 15 岁时就写下了"人生犹似西山日，富贵终如草上霜"这样富有人生哲理的诗句；大家耳熟能详的歌词"长亭外，古道边，芳草碧连天……"同是出自弘一法师之手；他在书法艺术上的造诣也无人能敌，圆寂前他写的四字手书"悲欣交集"，如同孩子笔迹般质朴纯粹，导游说，这是弘一法师的返璞归真。

那一瞬间，我突然想到，或许是禅修，让陈芳踏上不计过往、返璞归真这条道路。因为早在 2010 年，她已皈依佛门，在我家住的那次，她五点就起床打坐了。

陈芳不是那种情感细腻的女性，甚至有一些不拘小节，我猜想，正是因为这种大条的个性，才让她在历经各种疼痛之后，仍能安然无恙。她哥哥就是太过聪慧敏感，最后得了妄想型精神分裂症，最后消失在人间。

陈芳的博士生王敏娟，讲过一个趣事：

有一次她与陈芳以及另外一位男同事一起去巴西出差，恰好某个下午没有安排，大家约好跟团去附近的海滩游泳。

游完泳，离上车的时间也差不多了，敏娟和陈芳赶紧去女卫生间换泳衣。巴西人讲西班牙语和本地语，她们讲英语，无法用语言沟通，通过手势比画，她们得知女卫生间有碎玻璃，因此女卫生间被封了起来。

眼看快要发车了，陈芳对敏娟说："我们去男卫生间换吧。"她让敏娟先去，敏娟进去后三下五除二把泳衣脱掉换上衣服就出来了，然后守在门口，等陈芳进去换。

陈芳进去后，五六分钟都没出来。敏娟把那些想进卫生间的男士拦在了门外，外面逐渐排起了长队，男同事也过来换衣服，他会说一些西班牙语，有一个男人指着敏娟说："那个疯了的中国女人站在男厕所门口，不准我们进去。"那些男人真是气坏了。

这时，只见陈芳淡定地走了出来，敏娟问："你怎么花了这么长时间？""我要洗澡啊……"说完，她看了一眼外面的长队，泰然自若地走了。

敏娟也是陈芳的邻居，十几年来与她一起经历过许多事情，看着她作为一个学者，如何抓住机遇，一步一步走向事业的辉煌；作为一个单亲母亲，如何又当爹又当妈，含辛茹苦地把两个儿子抚养成人。敏娟曾感叹地对我说："陈芳，就是一个传奇！"

国外的绝大部分机会都被欧美人占了，一个亚裔女人，能成为查尔姆斯理工大学的终身教授，其意志力和内驱力都超过一般人太多太多，是完全不能用容不容易来形容的。

后来回国发展，又体现了她独到的视野和胆量。一个单身母亲，要平衡好事业和孩子的关系太难了，但她挑战自我，勇敢地跨出了舒适圈。

早在 2011 年，国内绝大部分高校对人机交互（HMI）都很陌生，就连同济大学都不知道 HMI 是什么东西，她就利用假期回国做了大量传播知识的讲学，圣诞节到中国讲学，春节回瑞典工作；暑假到中国授课，开学回瑞典工作。科学无国界，但是科学家有祖国，她尽己所能为国家的 HMI 做出一些改变，是一位很有情怀的学者。

面对中国汽车大发展的风口浪尖，她能从企业的需求中创造出一些方案和蓝图，当别人邀请她回国帮助实现这些蓝图时，一般人会考虑很久，往往在考虑的过程中就失去了这些机会，但陈芳能借力打力，迅速抓住机遇，干净利索地做出决定，从不拖泥带水。回国长期工作，要放弃瑞典终身教授的职位，她马上就选择了放弃。

后来，我引荐陈芳到一汽红旗做高级顾问，她干得也相当不错，为中国汽车自主品牌的发展，奉献了一颗赤子之心。

陈芳的两个儿子，在成长的过程中一点也不省心。大儿子属于那种智商很高，但在某些方面发育得有些不平衡，尤其是在与人交流时，会更多沉浸在自己的世界中，在他很小的时候，陈芳就发现他与一般的儿童不一样，但她并没有把儿子当作特殊的孩子看待，而是带着他去参加各类活动，反复教他怎样去感受别人说的每一句话的意思，常常一句话要重复上百次，帮他重建对人类复杂情感世界的认知规则和秩序，因为干预得早，大儿子发展得比较均衡，也十分优秀，目前是查尔姆斯理工大学复杂自适应系统硕士毕业生，并在一家世界著名的咨询机构从事与5G通信相关的工作。

小儿子在成长过程中，因受一些不良青少年的影响，没好好读书，整天混社会。有一次，警察带着警犬到他们家搜查毒品，"老外"邻居都想让他们搬走，一般的母亲估计已经抓狂了，但陈芳很镇定，她相信自己的孩子（孩子确实也没有吸毒），并没有打骂和歧视孩子，而是在他高中毕业后，及时送回国内读书。孩子本质是不错的，又有母亲的言传身教，在脱离了不好的环境以后，很快就走上了正道，以优异的成绩本科毕业，并多次获得学习奖励。

在人生的每个阶段，陈芳都承受了一般人难以想象的各种艰辛，她能有今天，实在太不容易。王敏娟曾对陈芳说："生活并没有善待过你，但你对得起自己这一生，也对得起你身边的人！"

或许，有些人生下来就是要受苦的，因为"天将降大任于斯人也，必先苦其心志，劳其筋骨，饿其体肤，空乏其身，行拂乱其所为……"这样想来，便为陈芳的传奇人生，找到了一个很好的答案。

陈芳与王敏娟合影

工科男辛军

辛军人品不错，这是朋友们对他的评价。

2013 年，辛军与同济大学的杨志刚博士及其他国家特聘专家一起创立了"汽车与环境"论坛，旨在促进整车和零部件企业协同创新。刚开始，由于是几位特聘专家及助理在业余时间筹划，没有真正意义上的推广宣传，论坛规模较小，参会人员以汽车海归为主。自从盖世汽车的 CEO 周晓莺参与进来以后，论坛发展迅速，目前已经成为覆盖整个汽车技术领域且颇具影响力的一个平台了。

辛军离开上汽集团开始自主创业，恰逢第三届"汽车与环境"论坛举办在即，做论坛需要钱，就要去拉赞助，辛军给上一届的赞助商挨个打电话，几乎每个人都说了差不多一样的话，大意是经费很紧张，赞助很困难。辛军感到纳闷，前面两届拉赞助都很顺利，每届举办后还有点节余，整个经济环境不错啊，他去问周晓莺："师妹（两人是浙大校友），为什么他们现在的经费都很紧张呢？"周晓莺笑了："因为你不在上汽了啊。"

历经半世烟云，在人情世故方面，辛军仍然纯粹得像个孩子，网上说工科男"不解风情，木讷无趣，只知专研"，貌似有点道理。

2015 年，有次辛军与周晓莺约了打网球，在球场上他说了一段话让师妹记忆深刻，他说："大家都在讲，中国是一个汽车大国，不是一个汽车强国，产业空心化是我们这么多年的大短板，这个差距不填平，很难由大变强。像我这样的人，也算是一个实战经验丰富的技术专家，总应该为此做些什么吧！我 50 岁才开始创业，并且选择一个外企垄断的行业，去与国外核心竞争力强的企业竞争，是想为中国的汽车行业做点事情，把自己的技术能力贡献出来，也算是一生所求吧。"工科男实在，没有那些虚头巴脑的腔调，表达的都是真情。

在做论坛的过程中，周晓莺感觉辛军是一个遇到问题迎难而上、行动力很强、办事效率极高的人，比如开会说到需要谁，他马上就把电话打过去。做论坛属于公益活动，通常下班后才能开会讨论，有时会开到晚上十点多，如果没有奉献精神，很难长期坚持下来。

辛军是一个很健康、很自律的人，长年累月坚持锻炼，喜欢跑步、打网球、骑自行车等体育活动，这是他能保持旺盛精力的主要原因。他对后辈的提携也很到位，浙江大学每年组织新生交流活动，每次辛军都会积极分享，是一个价值观很正的男人。

周晓莺敬佩辛军，说自己收获了伟大的友谊。

我对辛军印象深刻，在第一次做访谈时就被他感动了，当时想，如果将来要出书，一定要写一篇他的故事。

2016 年 11 月 20 日，有两位朋友不约而同来看我，记得其中一位还带来了他的博士论文送我做纪念。两位朋友都是从国外留学回来的年轻人，当我告诉他们要去做一位海归朋友的访谈时，两位年轻人表现出了极大兴趣，于是我就带着他们一同前往，顺便还请他们帮我做了笔记。

我们与辛军约在咖啡馆碰头。辛军中等身材，衣着质朴，眼神清澈，给人的感觉随和、沉稳、内敛，一看就是典型的技术专家。

在略为嘈杂的环境中，我与辛军一问一答，聊起了他的成长经历。简单来讲，辛军属于时代的幸运儿，军人家庭背景，上大学、留学、海归、创业样样没落下，如果当初博士毕业不出国留学，应该也是国内某研究所或某大学的专家教授、学科带头人。

辛军语调平缓、波澜不惊地回忆起那些流逝岁月里的人和事……当聊到只身一人回国工作，太太和儿子们都在美国，小儿子才七个月大时，他突然哽咽得说不下去，场面一度显得有些尴尬。一个钢铁直男，在与他并不熟悉的外人面前动情，一定是触及了内心深处的隐痛。当时，我们能真真切切地感受到他对家人的内疚之心和对太太多年付出的感激之情，这对一个功成名就的男人来说，十分难得。

后来写他的故事，我们又有过多次电话沟通。不经意间，辛军总会提起他太太，语气中含着爱意和敬意，如"我让太太帮助录入一下"这些补充的内容我让太太去整理一下"这个我得征求一下太太的意见"……从言谈中可知，太太在买菜、煮饭、洗衣服、照顾孩子的同时，还行使着他的秘书和助理的职责。

因工作之便，我接触过无数成功男士，从未听到他们聊起自己的另一半时有过这样的语气，她究竟是怎样的女子呢？我很好奇。

在辛军的引荐下，我认识了他太太——黄晓东女士。

原来，他们是一对势均力敌的夫妻。

黄晓东本科毕业于复旦大学上海医学院（原上海医科大学），上大学时每年都拿奖学金，属于"别人家的孩子"那类学霸。辛军的母亲与黄晓东的母亲都是医生，相互认识，两家人偶有往来。

黄母是宁波市很有名气的内科大夫，能干睿智，大事能把准方向，小事则从不计较，辛母非常佩服这位出色的女性，或许是爱屋及乌吧，对她的女儿也情有独钟，那时辛军在浙江大学读博士，在双方母亲的撮合下，辛军跑去上海医科大学"拜见"晓东。

第一面，晓东没看上辛军。每个女生心里都有一个白马王子梦，晒得黑不溜秋的辛军，显然不是晓东喜欢的那种类型，那天寝室里的三个外地女生也在，她们一致认为辛军配不上晓东，尽管辛军是一个博士，那个年代博士可是很少见的。

可是，辛军对晓东一见钟情，这位聪明大气、端庄大方的女生就是他想要找的人生伴侣。临走时，他厚着脸皮向晓东要了通讯地址，晓东不好意思拒绝，毕竟是母亲朋友的儿子，带着他在学校逛达了一圈，送他去了车站。

接下来，辛军开始频繁地给晓东写信，常常一周要写好几封，他的字写得漂亮，负责拿信的女生是一个文艺青年，每次看到信就会开晓东的玩笑。

到了年底晓东的生日，辛军跑来学校看她，买了鲜花和水果。冬天来临，辛军变白了不少，看起来顺眼多了。那天寝室里的八个女生都在，俗话说吃了别人的嘴软，女孩子们吃着辛军送来的苹果和梨，四个上海的女生就开始数落三个外地的女生："你们怎么给晓东参考的？人不错嘛。"后来女生们常拿此事开玩笑："如果将来谁生了儿子，要想讨到媳妇，至少得先把苹果和梨的钱准备好。"

大学毕业，晓东本来可以留校读研，但为了离辛军更近，她选择了去浙江医科大学肿瘤研究所工作。

辛军博士退学后，历经各种曲折终于拿到了签证。出国前，两人领证结为连理。没有婚纱、红酒、蛋糕、钻戒，欠着亲朋好友的巨额学费，晓东嫁给了辛军。

晓东不是一个依附丈夫的小女人，有实力成为大女子，然而，她最终还是选择做了小女人。

遗憾吗？至少母亲是有些遗憾的。

幸好，30 多年的付出没有被辜负，与人相守，靠的无非是那品性的最低处。网上说工科男的还有下一句：工科男由于"养家指数高""出轨率低"而备受女生青睐。

莫言说："我敬佩两种人：年轻时陪男人过苦日子的女人，富裕时陪女人过好日子的男人。"从这个角度，黄晓东和辛军，都担得起"敬佩"这两个字。

2017 年 11 月，辛军打来电话，邀请我参加奕森科技的新基地启用典礼，他说有 20 几家媒体参加。那时候，他还不知道我是做猎头行当的，以为我是一名记者。

新基地启用典礼邀请了国家部委、当地政府、园区、行业、客户、供应商等领导参加，看完奕森科技的宣传片，我跟着一行人参观了他们的办公区域、试验设备、涡轮增压器产品……这个成立才三年的汽车零部件企业，已经初具规模，像模像样了。

辛军与晓东在威斯康星大学校园

中午用餐时，碰见了几位海归朋友，大家聊了一些汽车圈的人事和八卦，没想到坐在旁边的两位女士竟然是同行，其中一位还是一家猎头公司的老板，她说，奕森科技的单子很难做，一年成一两单就不错了，她还说，她们公司佛系做猎头，从来不加班。

那天，身为奕森科技创始人兼总经理的辛军是媒体的焦点，身边从头至尾都围着一大群人，离开时，本来想去与他打个招呼，想想还是算了。上车时，回头又看了一眼新建的大楼，这个初创的汽车零部件企业面对的竞争对手十分强大，都是一些国际零部件巨头，未来的路注定会很艰难，好在，他们已经出发。

道阻且长，行则将至。

小稚姐

我与小稚姐，约见过三次。

2017 年 1 月 14 日，北美汽车人协会在上海东郊宾馆举行新春晚会，作为举办方成员，小稚姐要参加晚会的节目表演，我受邀参会，于是我们约好在那里见面，做一次访谈。

上午十点，小稚姐拖着旅行箱来了，她出差刚回上海，还没来得及回家放行李。

小稚姐身穿大红色外套配黑色西裤，整个人看起来精神饱满，没有一丝旅途的疲态。她的皮肤真好，红润光洁，脸上的胶原蛋白令她笑起来嘴角向上，这状态不正应了"革命人永远都年轻"那句话吗，要知道，她已过花甲之年了。

小稚姐和许多人不太一样的地方是非常直率，说出来的话不一定好听，但是受用。

事先在电话里已沟通过此次见面的主题——关于她成长经历的访谈。一坐下来，小稚姐就毫不见外地说："现在有一些优秀的留学人员已经回来了，但还有一大批海外游子，他们对中国的关心和我们是一模一样的，所以你写的东西应该更深刻一点，不要做表面文章，并且质量比数量更为重要。"

好直接，好赤诚，真少见。

用 60 年的长度来讲述自己的故事，自然会有不少世事苍茫的感慨。小稚姐的父母都是记者，崇尚"忠厚传家久，诗书继世长"，家教严厉，父母没有留给孩子们房子、车子、存款等物质上的东西，但是教会了他们读书。

小稚姐在国外读博士，回国做外企高管，是行业的翘楚。

后来创业，遭遇过欺骗和失败，也挺了过来。

现在单身，如果真有来生的话，希望能有四个孩子，把他们都培养成有用的人。

她说无论国内国外，女性的成功都太不容易了，要比男性付出很多倍的努力，要做得非常出色，才可能获得同等的地位。

两个多小时聊下来，让人产生一种沧海桑田的悠远感，她英姿飒爽、侠气凛然，自有一种中性之美、一种与众不同的格局、一种既想远离又想靠近的复杂气场。

后来我写了一篇小稚姐的人物专访，推送在公众号"汽车志汇"上，反响还不错。

2020年夏天，随着新冠肺炎疫情的好转，朋友之间的交往也由线上逐渐变成了线下，为了确认书稿内容，小稚姐约我到长泰广场的新元素餐厅见面详谈，出发前，我将拟好的100个题目发给了她，这次需要深入挖掘。

6月14日上午，一个雷雨交加的梅雨天，进门时小稚姐已经在座位上等我了。由于天气和疫情的原因，餐厅内空空荡荡的，举目望去仅有几个穿着黑衫的服务员。小稚姐说这家的西餐比较合她的口味，疫情期间每天都来这里上网工作，顺便用餐，把这里当办公室和食堂了。

那天，她穿着一件印有某电动汽车品牌标志的T恤，手上戴了一块很酷的黑色腕表，身旁放着一个暗红色的帆布双肩包，感觉很有范儿。她太知道自己适合什么了，那块表戴在我手上，或者我的表戴在她手上，都不是那么回事。

小稚姐说，经常有男士提醒她："做女人，是应该打扮一下的。"意思是女人要化妆，要穿裙子、高跟鞋之类的，每次听到这样的话，她都会付之一笑："我没有时间打扮，人需要自然，不需要浓妆艳抹的外在表现。"

前不久，小稚姐从法兰克福飞美国，她穿了件30年前买的深蓝色大衣，很旧很有年代感，已经不保暖了。快上飞机时，一个人跑过来问她："你是那个名字里含着字母XZ，从中国来的60多岁的女人吗？"新冠病毒肆虐之初，中国人需要隔离14天，机场有专人在确认。当得到肯定答复以后，这位"老外"无论如何都不敢相信，眼前这位神采飞扬的女士已年过60。

所以呢，女人不盛装打扮，并不等于没有魅力。

小稚姐，永远有自己的节奏，也有自己行事的准则。我们边吃边聊，曾经或辉煌或落魄的往事，都能轻松地脱口而出，这也是一种在经历了人生起伏、阅尽人世艰辛后才会有的大家之气。

三个半小时，100个问题全部搞定。回家听录音时才发现，整个过程十分严谨，几乎没有空话闲话。

实话实说，我也不是作古正经的女子，除了谈正事以外，还喜欢聊吃喝、八卦、感情、逸闻趣事，等等。做访谈时，经常会跑题十万八千里，然后才恋恋不舍地回到主题，每次做完访谈，都会听到类似这样一句话，"你是这个世界上知道我秘密最多的人了"，压力山大啊！

回想起来，书里写的八位朋友，与小稚姐沟通的时间最短，总共没超过10小时。

2020年12月21日，我去小稚姐家拜访。早就听朋友聊起过她的家，一直很想去见识一下。国庆期间，小稚姐约我去家里坐坐，当时有客人来访，没有如愿，这次是我主动提出来的。

两次吃饭聊天，都是小稚姐买的单，也不知道带点什么伴手礼才好，临行前，跑去包了一束鲜花。

到小稚姐家已是傍晚时分，她白天外出办事，也刚回来。小稚姐把家里的零食和水果都拿了出来，又泡了一壶红茶，"家里没有开火，我们吃些零食当晚餐吧。"她家里常年备有坚果、饼干、水果等可口小吃。

在小稚姐家吃的零食

上海的冬天天寒地冻，小稚姐的家却温暖舒适，家里的装修已经有十几年了，地暖是德国品牌，家具也是定制的德国品牌，样式简约，质量上乘，厨房、洗手间都还很新，这与她爱物惜物也有一定的关系。

小稚姐是一个豪爽大方的人，每年都会在家里办两三次聚会。她家有一排长长的矮柜，用来摆放聚会所需的各种食物和酒水，目测可容纳四五十人的分量。每次办聚会，所有菜品都是在星级酒店专门定制的，就连装自助餐食物的不锈钢盆都由酒店专门送来，各种菜品、酒水、零食、水果，敞开供应，五星酒店标准。有钱的人很多，但是像她这样愿意花钱请朋友到家里来吃喝的人，却不多。

不久前，德国的博士同学满 60 岁，小稚姐在家里为他办了一个生日聚会，邀请了自己的好朋友一起来祝他生日快乐。这位博士和太太在中国工作有一些年头了，异国他乡的生活时常让夫妻俩感到孤独，小稚姐很关照他们，经常请他们吃饭聊天，让博士夫妇感到特别温暖。

这个家可以称为艺术之家，小稚姐的艺术品鉴赏力很强，家里有一些画是在画家还没有成名的时候就买的，她用真金白银去扶持那些有艺术潜能的画家，当他们成为名家以后，也愿意把自己的心爱之作转给小稚姐收藏。

我对绘画完全是外行，站在朱乃正老师生病疗养时画的那两幅作品前认真研究了半天，也没有看出个所以然，却喜欢上一幅女画家画的"花瓶里的花"，据说是藏品中艺术价值相对低一些的。艺术才是真正的奢侈品，能欣赏一下已经非常满足了。

小稚姐的朋友告诉我，她在台湾工作时，帮朱乃正老师办过一个画展，画展上的画册都是她自己掏钱印制的，算是对大画家的致敬。

女人热衷的名牌包、鞋、衣服、化妆品，对小稚姐没有太大的吸引力，她带我参观了她的衣柜，里面挂的一些衣服都是可以穿好多年的经典款，我还看到了那件深蓝色的大衣，面料和扣子都磨得好旧了，样式真还不错，一点都不过时。她从来不盲目消费，不过手机和计算机却经常换新。

在她家的洗手台上，放着一瓶雅诗兰黛的小棕瓶和一支同品牌的洗面奶，除此之外，没见有其他化妆品。问后才知道，这是多年来她抹在脸上的唯一东西，看来商家是不可能在小稚姐身上赚到美容、化妆方面的钱了。

我也没想明白，一个每天只睡五个小时，经常在外面行走，不涂防晒霜，不擦粉，不戴帽子，不打伞，不做面部保养的 60 多岁的女人，还能拥有一张光滑无瑕的脸，这只能说是上天的厚爱了。

小稚姐抱出了好多本相册，在这个静谧的冬夜里，两个女人坐在一堆老照片前追忆似水年华。年轻时的小稚姐长得端庄大方，可惜几乎没有看到单人相片，全都是合影。其中有一本，她打开几页，又合上了，略带伤感地说："这里面的人，好多都不在了，还是不看了吧。"看着这些泛黄的旧照片，让人不得不感叹岁月无情，一切终将随风而逝，归于尘土。

最让人佩服的是，小稚姐计算机里的相片全都归纳得井井有条，需要什么相片，分分钟就能找出来。

离开时，小稚姐送我上车，她走路好快，我要小跑才能跟得上。坐上车向她挥手告别，突然想起了她的好友丁琳说过的一句话："像小稚姐这样的人，绝对是独一无二的，这么多年来，就连相似的也从未见到过。"

友人赵会

或许，在每个人的一生中，都会有那么几位朋友，在一些关键时刻给你某些提示，让你的人生受益匪浅。

赵会，就是这样一位朋友。

时间回到 2006 年，那场"底特律汽车人才专场招聘会"。窗外雪花飞舞，室内热火朝天，在万豪酒店的大会议室内，重庆市人才招聘活动正在如火如荼地进行着，许多美籍华人前来咨询国内企业的发展现状，海内存知己，血又浓于水，大家交谈甚欢，相见恨晚。在这场招聘会上，我有幸认识了多位美籍汽车行业人士，其中交往最深的，就是赵会。

因为同年，赵会回国工作，成了我的同事。

赵会是长安汽车引进的第一位美籍专家，因为他开了一个好头，陆续有世界各地的高端汽车人士加盟公司，由此迎来了长安汽车自主创新的全新局面。

赵会是一个很聪明、识时务、有韧劲的人。

刚回国时，他买了一辆蒙迪欧轿车，在那个年代，有实力买蒙迪欧轿车的人并不多，研究院里的许多年轻人，结婚时都来找他借车做花车用，周末经常能看见这辆前盖上站着新娘和新郎两个小玩偶的车，花枝招展地出现在迎接新娘的马路上。

公司自主品牌轿车上市后，领导号召员工买自家研发的轿车，作为一名外籍专家，本来可以置之不理，但是赵会立即响应号召，把买来时间并不长的蒙迪欧，置换成了质量不太稳定（当时自主品牌轿车与现在相比，品质一致性较差）

的志翔轿车。这种能放下身段、入乡随俗的海归，给大家的印象真的不错。

正是因为从海外回来的"洋博士"凤毛麟角，公司领导在人、财、物方面都给予了他们鼎力支持，也让本土部分中层干部羡慕嫉妒恨，"老子每天加班加点地干，薪酬还不及你的三分之一（当时本土员工与海归的收入相差很大），凭什么你拿着高薪，要风得风，要雨得雨，难道就因为多喝了几年洋墨水？"

这并非杜撰，我曾经带着一位海归专家去部门入职，刚走到会议室门口，就听见里面有人大声地说："今天要来一个把我们半层楼人的工资都拿走的专家，也不知道是一个什么角色？"那位海归，站在门口，进也不是，退也不是，场面十分尴尬。

由此可见，当时员工对海归的抵触情绪有多大。

有两个本土干部，想打压一下赵会的威风，他们把赵会叫到自己的小办公室，其中一人盯着他的眼睛说："不要以为在国外大公司干过，就很厉害，出洋相的时候在后头……"态度十分无礼。

赵会愣住了，他从未想到自己会成了别人的眼中钉、肉中刺，看着这两位气势汹汹的干部，他平静地说："我来公司不是为了打压任何人，我是为做事而来。"说完，转身离去。

受得屈中屈，方为人上人。遇到困难逃避最容易，但是想做出一番业绩，必须迎着困难上。赵会无心理会这些杂声，"夫唯不争，故天下莫能与之争！"他用专业精神和人格魅力，最终感动了这两位干部，后来他们成了可以混在一起"斗地主"的朋友。

职场的江湖，并没有那么黑暗，只要处理得当，也可以把对手变成战友。

那时公司在吉林大学设立了奖学金，要找一位专家去"扎场子"，考虑到赵会是东北人，便邀请他一同前往。台上坐着一排老师，台下坐着几百号学生，轮到赵会发言，他没有写发言稿，上台显得有些紧张，语言既不简洁也不流畅，没有想象中海归那种挥斥方遒、潇洒自如的气势，从台上下来后问我感觉如何，当时没好意思打击他，只是半开玩笑地说："还有提升的空间。"

海归，确实也需要在新的环境中学习和成长。

"君子之交淡如水"，离开重庆后，大家各忙各的，有时一年或几年才联系一次，朋友圈也从来看不到他的只言片语，点赞什么的更不会有。

有一次回重庆，我邀约赵会与另外一位朋友一起吃饭，席间聊到正在为一些原创文章的题材而苦恼，赵会建议说："不如写写我们这些老朽吧，我们生活在一个特殊的时代，经历过很多曲折，这些故事也许会随着我们的离去而消失，不如趁机写出来，应该还是有一些意义的。"

后来，我写了45篇汽车人才专访，第一篇，当然写的就是赵会博士。

赵会的专访在"汽车志汇"上推送后，他太太发来信息，说了很多感激的话，感觉他们一家人都很善良。印象最深刻的是雷剑梅博士在文章后面的留言，她说："赵会博士，静水深流。"

有一年，北美汽车人协会给赵会颁发了"海归成就奖"，他很开心，获奖感言即兴而发："我从台下走到台上领奖大约用了30秒，但我为了获得这份荣誉用了30年。我在美国福特汽车工作生活了16年，归国后在长安汽车工作了14年，我首先要感谢这两家公司给予的工作机会；感谢评委及老朋友们的认可和帮助；我更体会到，评委把这个奖颁给我，是为了强调要把中国汽车做大做强，需要我们海归执着的工匠精神。"

哈，这哥们，确实进步很大。

后来，在某次行业聚会上，又看到了赵会，他长胖了，气色不错。一问才知，在他女儿的强烈干预下，把几十年的烟瘾戒了。提起女儿，赵会总是骄傲的，他女儿我见过，一位很秀气的女孩子，性格像赵会，独立、自强、成熟，在美国做急诊科医生。新冠肺炎疫情暴发后，她每天要诊治几十个病人，职业素养决定了她必须冲锋陷阵。美国"黑人之死事件"发生时，她画了一幅神形俱备的黑人肖像，去参加反对种族主义的示威游行，当她把美国电台记者采访的视频拿给老爸看时，赵会颇有点自豪。

赵会的女儿

我一共写了八位海归，访谈完前面七位，最后才去找赵会聊，把他放在最后，是因为老朋友了，在时间和内容上都不会有不确定的因素。在与赵会的沟通过程中，我也讲到了自己这些年来的各种境遇，聊到最后，赵会突然说："不如把你与我们的故事作为书里的最后一篇吧，感觉这样会更加完整。"

就这样，有了本书的结尾篇《我与汽车海归的故事》。

赵会半生从事汽车碰撞安全工作，几十年如一日，专心致志地做着同一件事情，这种坚持和执着，正是一种匠人精神！在追逐短期回报和效益的"快餐时代"，这种匠人精神，实属少见。

在海归朋友中，赵会是话最少的一位，他看似沉默的外表下，充满了智慧；不多的语言中，给我的启发却最多。

有一位这样的朋友，也算幸运。

少女心

我与杜敏第一次见面，就有一种"与君初相识，犹如故人归"的感觉，可是怎么认识她的，却一点也想不起来了。

杜敏是那种容易让人产生好感的女人，大眼睛，高鼻梁，圆脸盘，眼角有细微鱼尾纹，人到中年，看上去还有稚气，热情明媚，没有城府，很少女。

在外企做过高管的女人，身上多少会散发出一种凌然孤傲的气场，让人望而生畏，但杜敏是例外的。她非常感性，乐于分享，聚会时的餐饮、小酌、茶叙；出游时的花木、山水、邂逅；看一本小书产生的联想；打新冠肺炎疫苗后的身体反应；陪伴多年的 iPad 坏了，在 Apple Store Genius Bar（苹果店的天才吧）修复激活后的感悟……诸如这般的万千思绪，都是在她的朋友圈，隔三岔五就能看到的。

她身上这种又复杂又单纯的气场，很吸引人。

有一次，我问她："做一次专访如何？"

"好啊。"她爽快地答应了。

就这样，我和杜敏成了朋友。

杜敏身上有三个明显的标签：聪明、要强、敏感。在她很小的时候，如果考试得了第二，回家就会躲进洗手间，心里念着第一名的名字，嘴里喊着我要打败你。从小到大，她一直追求从 A 到 A +，做任何事都力求尽善尽美，对自己、丈夫、孩子都是如此，活得很累，可自己却浑然不知，乐在其中。

杜敏告诉我，她之所以有今天，是因为抓住了三次改变命运的机会。

第一次，从崇明岛考进上海交大读本科，认识了先生张林，在他的影响下，去美国留学。

第二次，从上海交大赴美国韦恩州立大学读硕士，毕业后留在美国工作，后来进了通用汽车。

第三次，被通用汽车推荐读 EMBA，认识了在麦格纳做高管的同学，在同学的举荐下回中国做麦格纳的供应链管理，最后做到了博格华纳的全球副总裁。

杜敏从来不会花很多时间、精力和金钱去梳妆打扮，化妆品买得很少，衣服只买经济实惠的，奢侈品几乎不买，她的收入不比丈夫低，家里的钱大都用来投资房产了。

她非常能吃苦，身体素质好，能吃能睡，喜欢饱满的工作状态，几乎没有人能拼得过她。出去玩大家都累了，只有她生龙活虎地跑东跑西，还不停地发朋友圈分享。

在美国时，杜敏与父亲配合，帮助朋友家里搭建别墅露天平台，她负责计算材料，需要多少木头、钉子……计算好后，与朋友一起去买，父亲负责施工，他们只收一点手工费，做出来的露天平台又便宜又好。他们帮好多朋友家里搭建过露天平台，也让父亲顺便挣了点钱。

有一次，我与杜敏在电话里聊家常，聊到动情之处，她大声地哭了起来，一刹那，我觉得这个女子真是可交之人，明心见性，至真至诚，实属少见。

先生张林与她的性格恰恰相反，张林是一个偏理性的人，看问题比较冷静，很少发脾气。一家四口一起打牌，张林拿到好牌也稳得住，不声张，不像杜敏，有了好牌就得意忘形，藏不住。打牌能够反映出人的个性。

夫妻俩性格互补，杜敏偏强势，凡事都有自己的想法和认知，对很多细节都有要求，事无巨细，如小时候孩子上马桶，连先拿纸还是后拿纸这种小事都要管，家务活基本全包了，甚至连先生的内衣、袜子都要洗。有一个爱操劳的太太，张林也乐得清闲。

我在公众号上推送了杜敏的专访，张林马上就转发了。好友老陈开玩笑说："有杜敏的地方就有热闹，有张林的地方就有狗粮。"两口子还真是默契。

有时候，杜敏会问张林："人活在世上到底为什么？"

张林说："老婆，你想多了。"

她到处找启示，找答案，找结果。她知道人要有善心，要有正能量，要播撒希望的种子，要让周围的人都变好，但是，这些好像又不是她想要的答案。

离开博格华纳，她开始自责，认为是自己没有做好。有一段时间，她没事就哭一场，好像真的找不到生活的意义了。

她开始每天下午两点跑步，如同一日三餐、睡眠、家务一样，纳入了生活循环，坚持下来，体重下降了，活力又回来了。她独自外出旅游，在海边有了一些感悟，小时候，幸福是一件实物；长大后，幸福是一种状态；然后，忽然有一天发现，幸福既不是实物，也不是状态，而是一种领悟。

2021 年，她从美国回来隔离了 21 天，解禁出关马上发信息约我去吃本帮菜。几年没见，她丰满了，心宽福自来；我消瘦了，为书消得人憔悴，大家精气神都还不错。那天，我第一次看到了机器人上菜。

两个趣味相投的女人，天南海北，滔滔不绝，一直说一直说，后来，她先生来了，又加入了其他谈资，当聊到汽车海归的诸多趣事时，大家更是忍俊不禁，哈哈大笑，引来旁桌的侧目。

这两口子，举手投足间都有很多相似之处，深情不及久伴，厚爱无须多言，相濡以沫几十年，他们在精神上已经有了爱的包浆。吃完饭，杜敏将剩余的菜打好包，开心地说，"晚上不用做菜了。"

在回家的车上，看到杜敏将当天相聚的心情抒发在了朋友圈。

世间百态，诸多纷扰，她却能活在自己的内心，纯粹、豁达、简单、丰富，她的少女感，是还保留着好奇，是爱和温暖。

莫言说："构成我们身体的各种物质元素，竟然能以如此奇妙、绝对复杂、非常完美的方式，组成我们这样一个个有情感、有理想、有追求的鲜活的个体、鲜活的人。这就是极大的意义，这就是宇宙的意义，不仅仅是地球的意义。人活着的终极意义，就是要探究宇宙和我们自身的奥秘。"

我把这段话，送给杜敏，同时，也送给自己。

老董博士

认识董显铨先生是在 2003 年，那一年他来公司技术中心做顾问，我在公司负责高端人才管理，在工作上与他有不少交集。

董先生已年过花甲，比我们要年长很多，大家都叫这位"洋博士"为老董博士，以此区别另一位"土鳖"小董博士。

在认识的海归朋友中，老董博士算是特殊的存在。

那时，老董博士的薪酬比较高，每一个工作日的收入比后勤工人一个月的工资还要高出一些。人力资本亦是一种非物质资本，只有用好他，才能"物有所值"。

有一天，老董博士怒气冲冲地来到我的办公室，把一叠资料摔在办公桌上，"你们一天付这么多钱给我，就是让我跑上跑下复印这些东西的吗？"原来，他有一些技术资料需要复印，没人帮他，也没人告诉他复印机在什么地方，他为此浪费了不少时间也没能把资料复印好。

我去技术中心找到一把手，让他给老董博士配一个秘书或助理，否则太大材小用了。一把手听后，马上把相关领导叫到办公室，当着我的面教训了这位领导一通，让他立刻把助理的事解决好。

我与这位领导从一把手办公室出来时，他哭丧着脸对我说："你，你，你，又在害我。""什么叫又在害你，以前告过你状吗？解决了不就行了，否则以后出现类似的问题，老大还不是会知道。"这位领导人非常好，没有记我的仇。

后来老董博士做了董事长顾问。董事长要求海归们每周都要写周报。这个周报的作用可大了，无论多么棘手的老大难问题，只要写进周报，很快就能得到解决。但周报不可能写成绩吧，写的都是问题。问题写出来不得罪别人，就得罪自己。每次交周报的时候，专家们都很为难，但是老董博士不怕事，他提出的问题很犀利，也因此得罪了不少人。

有朋友劝他："您这是何必呢？都这把年龄了，要少种刺，多种花，没有必要这么较真儿。"他却瞪着一双"铜铃老眼"说："我只是就事论事，他们要生气，与我有何相干。"

老董博士曾经帮助我引进过一位海归专家。当时该部门领导对引进海外人才十分反感，找出各种理由阻止，但是业务瓶颈又亟须引进专业人才来解决。我请老董博士在写给董事长的周报里面明确该业务引入高端人才的必要性。后来董事长大笔一挥，海归人才便顺利引了进来。

这也算是一次"假公济私"吧。

有个领导，与老董博士之间产生了一些误解，让他陷入了很深的烦恼之中，他找到我，希望我能约老董博士出来一起聊聊，把误解消除掉，他说了一句话让我特别感动，他说："我做了几十年的技术，这一辈子也只想做技术，真的没有其他想法。"

我出面约老董博士与他一起吃了顿饭，大家都是因为工作产生的误解，也没有什么私人恩怨，相互之间坦诚相待、真诚沟通，彼此聊得还很开心。

回到家时，已经很晚了，儿子还没有睡觉，他说明天中考。啊，我竟然把儿子的中考给忘了，结果一整晚都没有睡好，老是在想一个问题："到底是工作重要还是孩子重要？"至今仍然印象深刻。

那时候，我们经常组织海归、博士做沙龙活动，请这些高端人才去附近风景优美的农庄或者某个五星级酒店边喝茶，边聊天，边用餐，然后形成会议纪要上报公司领导。

聊天的内容很重要，里面要有干货，否则会议纪要写什么呢？总不至于写喝了清香袭人的碧螺春、吃了风味独特的农家菜吧。

每次为写会议纪要抓耳挠腮的时候，总是老董博士能救我。他见多识广、造诣深厚，再加上声音洪亮、情绪激动，很容易让人受到感染；他敢说，也能说，每次还都能说到点子上，没有他参加的高级人才沙龙，很难写出高水平的会议纪要。

有一次，在一个高档饭店做完沙龙活动已经快夜里 11 点了，结账时银行卡出了点问题，怎么都刷不出钱来，身边也没有人带那么多现金，那时没有支付宝、微信之类的移动支付方式，幸好这家酒店离我家不远，我急着回家去取钱，酒店的服务员却拦住说："不行，你得留下一个人，否则我不好交代。"他看了这群人一眼，指着老董博士说："就把他留下来吧！"

当我再回到酒店时，看到有几位年轻的博士陪着老董博士坐在大厅的沙发上，他一副生无可恋的样子，有些委屈地对我说："我这辈子还是第一次被当作人质抵押呢，而且，才抵这么一点钱。"我笑着回答他："谁让你长得这么富态，一看就是有钱人，不找你找谁？"

还有一次，在一个农庄搞活动，老董博士一瓶啤酒下肚，聊得高兴了，马上站起来，给大家打了一套二十四式太极拳。一个 60 多岁的老人，还能随其本性、率性而为，也是十分难得的。

有一年公司体检，我被怀疑得了重症，在医院住院复检的两天时间里，有许多朋友打电话来询问病情，给出了好些建议，其中老董博士打了好几通问候电话，还准备组织大家来医院看望我，令我十分感动。那时候想，这么多年把公司当家来经营，果然没有被辜负，如果真的活不了几天，也没有什么好遗憾的。

老董博士是青岛人，长得高大魁梧，上班时，总是穿着浅色衬衫外加一条背带裤，给人的感觉就像 20 世纪四五十年代的英国绅士或旧时上海滩的大佬，很有派头，后来熟悉后才知道，穿背带裤完全是因为他的肚子太大了，穿西裤皮带扣不住，并没有其他原因。

老董博士喜欢喝酒，一日三餐，中餐和晚餐必喝"液体面包"啤酒，最喜欢德国白啤，近 30 年来，基本没有吃过粮食。

他有钱，但没有不良嗜好，一辈子没上过牌桌，有一次吃完饭，有人邀请大家去打"机麻"，他不知道什么是"机麻"，还以为是一种用机器来做麻醉的按摩呢，让大家很是惊讶。

那时候，他独自一人住在重庆龙湖花园一套三层别墅里，枕头旁长年放着一把电棍，以防万一。陪伴他的是十几只野猫。野猫们很聪明，知道此地有免费提供猫粮的金主爸爸，附近的猫都跑过来"骗吃骗喝"。

有一天下班回家，老董博士看到家里不大的花园里面挤满了野猫，目测有二三十只，方才意识到问题的严重性，必须要采取点行动，否则后果不堪设想。他找来麻布口袋，把那些猫捉进麻袋里（太厉害了，能把野猫全都装进麻袋，那可是野猫，换作我，恐怕一只都装不进去），开车送到几里外放了，等第二天下班踏进花园一看，乖乖，全都跑回来了。他又重新装上几麻袋野猫，开车到几十里外的地方放了，才算消停。

儿子出国留学时，为了感谢朋友们对孩子的关心，我请了一些好朋友欢聚，老董博士也带着他的小女儿来了，简直是一个模子刻出来的，小女儿长得太像老董博士了，只不过是微缩版的，大约四五岁的样子。小女孩特别聪明伶俐，她问父亲："这位阿姨是谁？"老董博士笑着说："是爸爸的领导。"哈哈，副总裁都要怕他三分，谁有胆量做他的领导！

聊天时，老董博士也会提起关于女儿的一句话"安安没长大，爸爸就老了"。他还补充道："我要好好锻炼，能活到女儿上大学，就知足了。"我们在拼命奔事业、拼命赚钱的时候，他想的却是能活长一点，看到女儿长大成人。听后心里多少有些伤感，不知是为他还是为自己。人在不同的年龄，追求的目标果真不一样啊。

他女儿果然不负众望，于2020年考上阿姆斯特丹大学，学习计量经济学。

有一天，天上下着毛毛细雨，老董博士从公司门口的银行走出来，他在烟雨朦胧中踽踽前行的背影正好被我的美女助理看到了，助理很感叹："怎么感觉老董博士很可怜，一个人孤独地生活，有钱好像也不是很幸福呢？"

多年后，有个朋友出差来看我，他说在机场看到老董博士了，与他同行的还有一位中年女士，长得很是顺眼，言谈中能感觉到他们的默契。

我想，老董博士应该不再孤独了。

董显铨与女儿安安

候选人的太太

我是在周二专先生的朋友圈认识蓬蕾的。

周先生是我的候选人，他在美国的时候，我们通过邮件和电话联系，彼此并没有见过面。周先生回国后，我约他喝过一次咖啡，那也是迄今为止唯一一次与他相见。

记得我们聊了很多工作上的话题，他提到自己的太太是做大数据研究的，近期也回国工作了，那些日子，我正在满世界找大数据专家，对此印象很深。周先生给我的感觉是一位书卷气很浓的学者，有些不食人间烟火，当时心里还有点担心，他能否在国企做好。

古诗云：青山遮不住，毕竟东流去。没想到，周先生不但做得好，而且，做得非常好。当然，这是后话了。

有一天，周先生在朋友圈发了一张图片，是一位气质非凡的女士做演讲的相片，直觉告诉我，这位女士是他太太。

当时，我正在写海归专访，特别想找一些有故事的女性海归来写，周先生的太太如此体面，她一定很不寻常。我给周先生打了个电话，他很快把太太的微信推给了我。

就这样，我认识了蓬蕾。

不久后，蓬蕾要到上海出差，我与她约好见面做一次访谈。

2017 年 11 月 27 日上午，在一家古色古香的湘菜馆，我见到了蓬蕾。她西服长裤高跟鞋，职业范儿十足，带着京味儿的普通话不急不缓，随和真诚，谈吐间能感受到她的善良与豁达，没有任何炫耀的语言，却让人感受到一种强大的内在力量和精神世界。

比如为了做好礼品店的工作，她可以从上午到晚上都不吃不喝，直到下班回家才吃饭喝水；为了在福特站住脚，她可以每天只睡两三个小时，脸上长满了脓包也不停歇，直到做出业绩……

可以说，她得到的认可、金钱、荣誉、地位都是用命换来的，她拼尽了所有力气，才碰上了今天的好运气。身为女人，我很佩服，却不嫉妒，因为这样的付出，需要多强的意志力才能做到！

几十年与人打交道，我接触过无数高端人士（博士、教授、院士、专家、海归等），自认为见多识广、阅人无数，可是那天她走了以后（赶去与客户开会），我在那家餐馆坐了很久，直到大厅的灯全都熄掉，才起身离开。

回去的路上，耳机里循环着《You Raise Me Up》，听着天籁般的歌声，不知不觉泪流满面。

后来，北美汽车人协会开年会，邀请蓬蕾的小女儿 Patricia 来演出，我在专访里写到过 Patricia，特别想去看看真人长啥样，恰好主办方给我安排的餐位就在她的餐桌旁。那天化了妆的 Patricia 看上去婀娜多姿、光彩靓丽，有如仙女下凡，美得不可方物。

演出结束后，我跑到后台去找她合影，她微笑着和我一起拍了几张相片，她的动作、站姿都属于芭蕾范儿，与常人确实不太一样。

后来接到蓬蕾打来的电话，问我在什么地方，她说有人给 Patricia 献了鲜花，让我带回家，可是我已经快到家了，无法再返回，心里还有点遗憾呢。

能在人、事、物上看到美好的人，内在一定是美好的。新冠肺炎疫情期间，Patricia 在线上免费教芭蕾舞，网上有个人说她的腿长得不好看，与芭蕾舞演员特有的那种又细又长的美腿不一样……她回复说："你看，像我这样的条件都可以达到这种高度，我相信，你们可以做得更好。"这种胸怀和境界，衬得那人好没品。

Patricia 被同行誉为"芭蕾仙子""天神下凡"，有外国媒体说她像郝本，其实是气质像。台上的她可能让人觉得高不可攀，可是在台下，她就是一位邻家少女，家里聚会，只要她在，就会为大家烹饪烘焙、端茶送水，完全没有一点国际明星的傲气和张狂。

漫画家 Ore 画的
芭蕾功夫女神 Patricia

　　从十几年前签约成为职业芭蕾舞演员至今，Patricia 一直是一个人在欧美打天下，和她共事过的人都说她是一个很干净、很纯粹的艺术家。她像天使一般，活在一个梦幻的世界里。她 17 岁就出名了，能够一直保持内心的纯真、善良、淡定与谦卑，与老师、编舞、同行、长辈、朋友的交往都很有分寸，这里面有蓬蕾很大的功劳。

　　蓬蕾是一个心很大的母亲，从不杞人忧天，而是积极乐观，充满了正能量。Patricia 一个人在英国工作时，每天都要排练到很晚，漂亮女孩深夜回家，多次被人尾随，换一个母亲，肯定整天担惊受怕，吃不下睡不好，而蓬蕾的做法却是积极想办法，花重金把女儿的住宿租在了离芭蕾舞团和剧院只有几百米的地方，减少了女儿下班回家路上的危险。

　　因为写这本书的缘故，我与蓬蕾有过多次电话沟通，她除了更忙，精气神都没变，还是那么风风火火、激情四溢，有一次她要来上海出差，我们约好一起吃饭。

　　那天，蓬蕾着深色长裙配驼色羊绒大衣，看起来略有些憔悴。她告诉我，前一段时间一直生病，站着、坐着、躺着都不行，头晕目眩，上洗手间都得扶着墙才能起身，看西医没有检查出所以然，看中医扎针灸才有所好转。每天照常去上

班，公司里没有几个人知道她在生病。

这个"女金刚"，早些年的拼搏，早已把身体搞坏了，之前去体检有 19 项指标需要跟进，她从不当回事，该怎样还怎样，病来了才去面对。

蓬蕾聊到了先生，说他的事业做得非常成功，就是生活能力太差。南航改到北京大兴机场着陆后，他不知道怎么回家，蓬蕾告诉他具体路线：从机场出来坐地铁到草桥站，再打个专车就到家了，他说"申请蓬总带着走一次"。

家里没水了，他不知道怎么在"京东到家"上买，蓬蕾正在湖南开会，他打来电话，蓬蕾赶紧把水买好，半小时后，他发来微信："水到了，谢谢老板！"

疫情期间，单位的食堂都不开门，周先生学会了做西红柿炒鸡蛋和烤牛排（烤熟就行，要求不能太高）。

有一次，蓬蕾与小女儿去美甲，美容师给她推荐护肤品时说："做完后，你们就像姐妹俩了。"

"我们为什么要像姐妹俩，我们就是母女俩！"

"做完脸会显得年轻，老公会更喜欢。"

"这个书呆子，才不会关心我的脸上有没有皱纹呢。"

当然，喜欢穿着打扮，也是蓬蕾的个人特色。当初在福特工作时，秘书小姐称她是"时尚女皇"，还问她："你有穿重样衣服的时候吗？"那些"战袍"很多都是她回国时购买的，职业装在国内有价格优势，多买一些，就可以搭配出自己的风格。

蓬蕾很少用昂贵的大牌包，最近一次看她拎了一只 MK 的手提包，能装下计算机、眼镜盒、手机、口红等一切用品。一个内心丰富强大的女性，的确不需要用那些名牌来加持。

蓬蕾喜欢小狗，大女儿养了一只柴犬（Chino），上过纽约地铁的广告牌，聪明得不可思议，每次蓬蕾与女儿视频聊天，Chino 都在一旁参与，有一次它想出去玩，女儿就对它说："给 Rose 打个招呼，我们就出去。"小狗很不情愿，但又不得不做，它用眼睛斜视着蓬蕾，"汪"了一声，应付了事。

大女儿有一次带着她的丈夫和 Chino 回父母家，女婿是英国人，很绅士，小两口与长辈们一起出去拍照、吃饭、聊天，就连父母的朋友都感到很贴心、很舒服。

自 2007 年以来，一家四口分别在四个不同的国家或地区，没有聚在一起过了，但是彼此的心，却紧紧连在一起。每天晚上 11 点以后，是蓬蕾最快乐的时光，与先生、女儿们通完电话或视频，再有什么事儿都不是事儿了。

"你的人生如此美满，如果十分是满分，你给自己打多少分？"

她说："在生活上，尽了最大努力，也得到了丰厚的回报，特别是两个女儿，很值得自己骄傲一下，打八分吧；在职业生涯上，谈不上有多成功，时代进步太快，需要学习和提升的地方很多，特别是创业以后，经历的许多事都没有前车之鉴，需要不断地摸索，有好多不尽人意的地方，只能打七分。"

最近一次与蓬蕾聊天，"大家都说要择一城终老，退休后，你和周先生要去什么地方养老呢？"她说，很可能会回到密歇根，那里四季分明、清静干净，再养一只小狗，轻轻松松、平平静静地安度晚年。